Wirtschaftslehre

Jahrgangsstufen 1 + 2

Jürgen Kochendörfer
in Zusammenarbeit
mit der Verlagsredaktion

**Berufliches Gymnasium
Baden-Württemberg**

Cornelsen

Wirtschaftslehre

Jahrgangsstufen 1 + 2

Berufliches Gymnasium
Baden-Württemberg

Verlagsredaktion: Amira Sarkiss
Außenredaktion: Veronika Kühn, Köln; Dold & Straub GbR, Züssow
Bildredaktion: Gertha Maly, Joscha Belling
Covergestaltung: Rosendahl Berlin
Layoutkonzept: SOFAROBOTNIK GbR, Augsburg & München; Torsten Lemme, Berlin
Layout/Technische Umsetzung: Straive, Chennai
Titelfoto: Shutterstock/aurielaki

Dieses Buch wurde erstellt unter Verwendung von Materialien von:
Roman Capaul, Uta Eichborn, Christian Fritz, Stephanie Hall, Christoph Hertrich, Ariane Hoffmann, Ute Morgenstern, Franziska Paolantonio, Michael Piek, Kerstin Raff, Mascha Schwerdt-Schneller, Daniel Steingruber, Hans-Peter von den Bergen, Petra Walenciak, Gisbert Weleda

www.cornelsen.de

1. Auflage, 1. Druck 2022

Alle Drucke dieser Auflage sind inhaltlich unverändert und können im Unterricht nebeneinander verwendet werden.

Druck: H. Heenemann, Berlin

ISBN 978-3-06-452368-5 (Schülerbuch)
ISBN 1100027343 (E-Book)

PEFC
PEFC/04-31-1156

PEFC zertifiziert
Dieses Produkt stammt aus nachhaltig bewirtschafteten Wäldern und kontrollierten Quellen.

www.pefc.de

Vorwort

Die Unterrichtsinhalte des Fachs **Wirtschaftslehre** an den Jahrgangsstufen des Beruflichen Gymnasiums Baden-Württemberg sind breit gefächert. Schülerinnen und Schüler erwerben dabei notwendige Kompetenzen, also Fähigkeiten, um verantwortungsbewusst Probleme zu lösen und sich als „mündige Wirtschaftsbürger" im Privat- und Berufsleben zu bewähren.

In der Jahrgangsstufe 1 nehmen die Schülerinnen und Schüler die Perspektive einer Unternehmerin oder eines Unternehmers ein. Sie simulieren eine Unternehmungsgründung und handeln in den ausgewählten Unternehmensbereichen Finanzierung und Personalwirtschaft.

In der Rolle als Bürgerin oder Bürger analysieren sie in der Jahrgangsstufe 2 das System der Sozialen Marktwirtschaft und erkennen den Staat als regulierendes System einer Volkswirtschaft. Ausgehend von den rechtlichen Grundlagen verstehen sie seine Handlungsmöglichkeiten und wirtschaftspolitischen Entscheidungen in konkreten Situationen.

Dieses Schülerbuch eignet sich für die Klassen 12 und 13 der beruflichen Gymnasien in den folgenden Richtungen:

- agrarwissenschaftliche Richtung (AG)
- biotechnologische Richtung (BTG)
- ernährungswissenschaftliche Richtung (EG)
- sozial- und gesundheitswissenschaftliche Richtung (SGG) in den Profilen Soziales und Gesundheit
- technische Richtung (TG) in den Profilen Mechatronik, Gestaltungs- und Medientechnik, Informationstechnik, Umwelttechnik und Angewandte Naturwissenschaften

Die oftmals komplexen Zusammenhänge sind übersichtlich und verständlich dargestellt. Die Kapitel sind dazu einheitlich aufgebaut:

- Am Anfang stehen erkenntnisleitende Fragestellungen in Form von Fallbeispielen, die einer Lösung zugeführt werden.
- Bei Sachdarstellungen sind gesetzliche Vorgaben mit eingebunden.
- Die Einbeziehung von bildlichen Darstellungen, Textquellen, Schaubildern, Statistiken, veranschaulichenden Skizzen und Karikaturen erleichtern das Verständnis.
- Zusammenfassungen von Kerninhalten durch Merksätze und Infoboxen erleichtern das Erkennen von Zusammenhängen.
- Aufgaben am Ende der Kapitel dienen zum Wiederholen und Vertiefen. Dabei werden Operatoren verwendet, also Verben, die zu einer bestimmten Tätigkeit auffordern, z. B. erläutern, beschreiben, begründen.

Für Veränderungsvorschläge sind Verlag und Autor jederzeit dankbar. Wir wünschen Ihnen viel Erfolg mit unserem Lehrwerk!

Februar 2022 Redaktion und Autor

IV Unternehmensgründung

1 Die ersten Schritte zur Selbstständigkeit ... 10
1.1 Am Anfang steht eine Geschäftsidee ... 10
1.2 Der Gründungsplan (Businessplan) ... 13
1.3 Persönliche Voraussetzungen für eine Unternehmensgründung ... 15
1.4 Die Unternehmensgründung als Geschäftsprozess ... 17
Aufgaben zu Kapitel 1 ... 19

2 Marketing ... 20
2.1 Marketingbegriff ... 20
2.2 Bestandteile eines Marketingkonzepts ... 21
2.2.1 Marktanalyse ... 21
2.2.2 Marketingziele ... 26
2.2.3 Marketingmix ... 27
2.2.3.1 Preisgestaltung im Rahmen der Preispolitik ... 28
2.2.3.2 Standortanalyse im Rahmen der Distributionspolitik ... 32
Aufgaben zu Kapitel 2 ... 36

3 Rechtsformen von Unternehmen ... 37
3.1 Einzelunternehmen ... 38
3.2 Gesellschaft des bürgerlichen Rechts (GbR) ... 40
3.3 Gesellschaft mit beschränkter Haftung (GmbH) ... 42
3.4 Unternehmergesellschaft (haftungsbeschränkt) ... 44
Aufgaben zu Kapitel 3 ... 45

V Unternehmensführung an den Beispielen Finanzierung und Personalwesen

1 Kapitalbedarf und Finanzierung ... 48
1.1 Ermittlung des Kapitalbedarfs ... 48
1.1.1 Kapitalbedarfsplan ... 49
1.1.2 Liquiditätsplan ... 52
1.2 Finanzierung ... 53
1.2.1 Finanzierungsanlässe ... 53
1.2.2 Kreditwürdigkeitsprüfung (Bonitätsprüfung) ... 54
1.2.3 Finanzierungsarten – Woher kommt das Geld? ... 54
1.2.4 Eigenfinanzierung ... 55
1.2.5 Fremdfinanzierung ... 56
1.2.5.1 Kurzfristige Fremdfinanzierung: Kontokorrentkredit und Lieferantenkredit ... 56
1.2.5.2 Mittel- und langfristige Fremdfinanzierung: Fälligkeits-, Abzahlungs- und Annuitätendarlehen ... 57
1.2.5.3 Alternativen zu einem Darlehen: Leasing und Factoring ... 58
1.3 Staatliche Gründungshilfen ... 60
1.4 Kreditsicherheiten ... 62
1.4.1 Personalsicherheiten ... 62
1.4.2 Realsicherheiten ... 62
Aufgaben zu Kapitel 1 ... 64

2 Aufgaben und Ziele des Personalwesens ... 65
2.1 Personalbedarfsplanung ... 67
2.2 Personalbeschaffung ... 70
2.2.1 Personalauswahl ... 71
2.2.2 Arbeitsrechtliche Bestimmungen der Personalauswahl ... 73
2.3 Personalführung und Motivation ... 74
2.3.1 Führungsverhalten ... 74
2.3.1.1 Führungsstile ... 75
2.3.1.2 Führungstechniken ... 80
2.3.2 Zielvereinbarungen ... 81
2.4 Personalfreisetzung ... 82
2.4.1 Form der Kündigung ... 82
2.4.2 Außerordentliche Kündigung ... 83
2.4.3 Ordentliche Kündigung ... 84
Aufgaben zu Kapitel 2 ... 86

VI Wirtschaftsordnung am Beispiel der sozialen Marktwirtschaft

1 Merkmale der sozialen Marktwirtschaft ... 90
1.1 Wirtschaftsordnung ... 90
1.2 Vorgaben des Grundgesetzes ... 94
1.3 Gestaltung der sozialen Marktwirtschaft ... 96
1.3.1 Tarifrecht ... 96
1.3.2 Wettbewerbspolitik ... 100
1.3.3 Finanzierung staatlicher Aufgaben ... 102
Aufgaben zu Kapitel 1 ... 105

2 Bedeutung des Marktes 106
2.1 Markt, Marktarten und Marktformen 107
2.2 Funktionen des Preises 108
2.3 Preisbildung bei vollkommener Konkurrenz 108
2.3.1 Preisbildung am Beispiel einer Warenbörse 108
2.3.2 Modell des vollkommenen Marktes mit Wettbewerb 110
2.3.3 Preisveränderungen im vollkommenen Markt 112
2.3.4 Marktkonforme und marktkonträre Eingriffe des Staates in die Preisbildung 115
Aufgaben zu Kapitel 2 116

VII Wirtschaftspolitische Ziele und Instrumente in der sozialen Marktwirtschaft

1 Die Ziele des Stabilitäts- und Wachstumsgesetzes 120
1.1 Das Stabilitäts- und Wachstumsgesetz – Magisches Viereck 120
1.2 Stetiges und angemessenes Wirtschaftswachstum 123
1.2.1 Bruttoinlandsprodukt (BIP) – Entstehung, Verwendung, Verteilung 123
1.2.2 Nominales und reales BIP 126
1.2.3 Das BIP als Wohlstandsindikator? 127
1.2.4 Alternativkonzepte zum BIP 127
1.2.5 Konjunkturverlauf und Konjunkturindikatoren 129
1.2.6 Konjunkturpolitik 133
1.3 Hoher Beschäftigungsstand 136
1.3.1 Angebot und Nachfrage auf dem Arbeitsmarkt 136
1.3.2 Beschäftigungspolitik 137
1.4 Preisniveaustabilität 138
1.5 Außenwirtschaftliches Gleichgewicht 141
1.5.1 Leistungsbilanz 143
1.5.1.1 Leistungsbilanzüberschüsse 143
1.5.1.2 Leistungsbilanzdefizite 144
1.5.2 Politische Maßnahmen zur Verringerung von Leistungsbilanzüberschüssen 145
Aufgaben zu Kapitel 1 146

2 Weitere wirtschaftspolitische Ziele 147
2.1 Erweiterung des Stabilitäts- und Wachstumsgesetzes – Magisches Sechseck 148
2.2 Erhalt einer lebenswerten Umwelt 149
2.2.1 Externe (soziale) Kosten 149
2.2.2 Politische Maßnahmen 150
2.3 Gerechte Einkommens- und Vermögensverteilung 152
2.3.1 Verteilungsgerechtigkeit 152
2.3.2 Einkommensverteilung 154
2.3.3 Grenzen des Wohlfahrtsstaats .. 156
Aufgaben zu Kapitel 2 157

VIII Aktuelle Entwicklungen im Zahlungsverkehr

1 Bargeldzahlung 160
1.1 Banknoten: gesetzliches Zahlungsmittel 160
1.2 Die Ausgabe von Bargeld 161
2 Bargeldlose Zahlung 162
2.1 Kartengestützte Zahlungssysteme 162
2.1.1 girocard 163
2.1.2 SEPA-Lastschrift 164
2.1.3 Kreditkarte 165
2.2 Kontaktlose Zahlungssysteme .. 166
2.2.1 Kontaktloses Bezahlen mit Karte . 167
2.2.2 Kontaktloses Bezahlen mit dem Smartphone 167
2.3 Online-Bezahlverfahren 168
2.3.1 PayPal 168
2.3.2 giropay 169
2.4 Weitere Zahlungsmöglichkeiten 170
2.4.1 Überweisung, Lastschrift und Dauerauftrag 170
2.4.2 Kryptowährungen 171
Aufgaben zu Kapitel 1–2 173

IX Geldanlage und Altersvorsorge

1 Geldanlage 176
1.1 Bedeutung des Sparens 176
1.2 Ausgewählte Anlageformen 178
1.3 Anlagemotive: Sicherheit, Rendite und Liquidität 181

2 Altersvorsorge 183
2.1 Probleme der gesetzlichen Rentenversicherung 183
2.2 Altersvermögensgesetz (AVmG) . 184
2.2.1 Betriebliche Altersvorsorge 185
2.2.2 Private Altersvorsorge 188
Aufgaben zu Kapitel 1–2 189

X Wirtschaftsethik

1 Ethische Aspekte von Produktion, Konsum und Investition 192
1.1 Unternehmensethik 193
1.1.1 Unternehmensethische Ansätze . 194
1.1.2 Berücksichtigung der Anspruchsgruppen 194
1.1.3 Corporate Social Responsibility (CSR) 196
1.2 Konsumentenethik 197
1.3 Investorenethik 198

2 Gerechtigkeit 199
2.1 Verschiedene Formen von Gerechtigkeit 199
2.2 Messgrößen für soziale Gerechtigkeit 201
2.3 Soziale Gerechtigkeit und Coronapandemie 202
2.4 Maßnahmen für soziale Gerechtigkeit 202
2.5 Integrationspolitik als Sozialpolitik 202
3 Nachhaltigkeit 203
3.1 Ökonomie und Ökologie 203
3.2 Klimawandel 204
3.3 Ökobilanz 205
3.4 Nachhaltigkeit von privaten Konsumentscheidungen 206
Aufgaben zu Kapitel 1–3 207
Stichwortverzeichnis.................. 209
Bildquellenverzeichnis 214

Teil IV

Unternehmens-gründung

Mehr als jeder zehnte erwerbstätige Deutsche sichert seinen Lebensunterhalt durch eine selbstständige Tätigkeit. Dazu gehören z. B. Handwerksmeister und Einzelhändler, aber auch Ärzte, Apotheker, Unternehmensberater, Rechtsanwälte, Notare, freie Ingenieure, Steuerberater, Künstler und Landwirte.

Wer sich selbstständig macht, muss nicht nur über die notwendigen berufsfachlichen Kompetenzen verfügen, sondern darüber hinaus auch über das kaufmännische Grundwissen, das zur Führung eines Unternehmens erforderlich ist. Berufsständische Organisationen, Berufsgenossenschaften, Sozialversicherungsträger, Gewerbeaufsichtsämter und natürlich auch die Finanzämter schauen genau hin, ob Gewerbetreibende und Freiberufler ihren Verpflichtungen nachkommen. Unternehmensgründer müssen deshalb gut auf ihren Neubeginn vorbereitet sein. Sie tragen eine hohe Verantwortung, für sich selbst, ihre Familien, ihre Mitarbeiter und diejenigen, für die sie Güter erzeugen oder Dienstleistungen erbringen.

In diesem Teil des Buches werden individuelle, wirtschaftliche und rechtliche Aspekte einer Gründung beleuchtet. Es geht dabei um die Voraussetzungen für eine erfolgreiche Unternehmensgründung, die Inhalte eines Gründungsplans, Einblicke in das Marketing und die Merkmale wesentlicher Unternehmensformen.

1 Die ersten Schritte zur Selbstständigkeit

Bente Larsen ist schon seit fünf Jahren als gelernte Zweiradmechatronikerin in der Produktion des Fahrradherstellers Fly Bike Werke GmbH tätig. Wie man Fahrräder konstruiert, aus vorgefertigten Baugruppen montiert und natürlich auch repariert, beherrscht sie mittlerweile „aus dem Effeff". Nun überlegt sie, ob sie ihre Leidenschaft für Fahrräder zur Grundlage einer eigenen unternehmerischen Existenz machen soll. Kunden zu beraten und ihnen ein genau auf ihre Bedürfnisse zugeschnittenes Fahrrad zu verkaufen, das würde ihr großen Spaß machen. Bekannte und Freunde suchen schon jetzt ständig ihren Rat und ihre Hilfe. Sie wendet sich mit ihrer Idee an einen Gründungsberater, der sie darüber informiert, dass das Erstellen eines Gründungsplans für die konkrete Realisierung ihrer Idee unumgänglich ist.

1.1 Am Anfang steht eine Geschäftsidee

Die Gründung eines Unternehmens ist für den Gründer der Schritt in die berufliche Selbstständigkeit. **Berufliche Selbstständigkeit** bedeutet, alle wichtigen Entscheidungen selbst treffen zu können, keine Vorgesetzten zu haben und bei Erfolg des Unternehmens ein gutes Einkommen erzielen zu können. Gleichzeitig trägt der Unternehmer das Risiko des wirtschaftlichen Scheiterns und verzichtet auf ein geregeltes Einkommen und den Schutz durch die gesetzliche Sozialversicherung.

Die **Motive** dafür, diesen nicht immer einfachen Weg einzuschlagen, sind vielfältig. So sind manche Gründer mit ihrem bisherigen beruflichen Umfeld unzufrieden. Oder sie wollen lieber selbst bestimmen, was und wie viel sie arbeiten. Die Selbstständigkeit kann auch eine Möglichkeit sein, der Arbeitslosigkeit zu entfliehen. Einige Gründer haben eine Erfolg versprechende Geschäftsidee entwickelt und glauben, dass die Zeit für die Umsetzung reif ist.

Was auch immer die individuellen Gründe für den Schritt in die Selbstständigkeit sind: Eine tragfähige Geschäftsidee ist die unabdingbare Voraussetzung für den Erfolg eines neu gegründeten Unternehmens.

Eine Geschäftsidee ist die Vorstellung des Unternehmensgründers davon, womit er in Zukunft sein Geld verdienen, welche Produkte bzw. Dienstleistungen er also anbieten möchte.

Sie kann sich auf ein bereits bestehendes Geschäftsmodell beziehen (wie im Beispiel von Bente Larsen oben). Oder sie kann ein bestehendes Geschäftsmodell weiterentwickeln oder auf neue Produkte übertragen, in Bente Larsens Fall z. B. auf E-Bikes oder Motorräder. Grundlage für eine Gründung kann auch eine völlig neue Geschäftsidee sein, wie es z. B. bei Start-ups[1] üblich ist. Manche Geschäftsideen basieren sogar auf eigenen Patenten.

[1] Als **Start-ups** bezeichnet man junge, noch nicht etablierte Unternehmen, die zur Verwirklichung einer innovativen Geschäftsidee mit geringem Startkapital gegründet werden. Zur geschäftlichen Expansion sind sie oft auf Kapitalbeteiligungen externer Gesellschafter angewiesen sind.

Zu den bekanntesten deutschen Erfindern gehört Artur Fischer (1919–2016). Der Entrepreneur[2] aus Tumlingen (Kreis Freudenstadt) meldete im Laufe seines Berufslebens 2 252 Patente und Gebrauchsmuster beim Deutschen Patent- und Markenamt (DPMA) an, darunter 07.11.1958 seine populärste Erfindung: den Spreizdübel.

Die Abbildung zeigt Fischers Spreizdübel in einem Folgepatent von 1961 (DPMA DE 1097117A). Beim Eindrehen einer Schraube spreizen sich die beiden Dübel-Hälften im Bohrloch auf. Dabei pressen sich Sperrzungen und Zähne des Dübels elastisch gegen die Bohrlochwand und verhindern so ein Mitdrehen des Dübels. Die sägezahnförmigen Einschnitte, die das verdrängte Wandmaterial aufnehmen, erhöhen die Festigkeit der Verbindung.

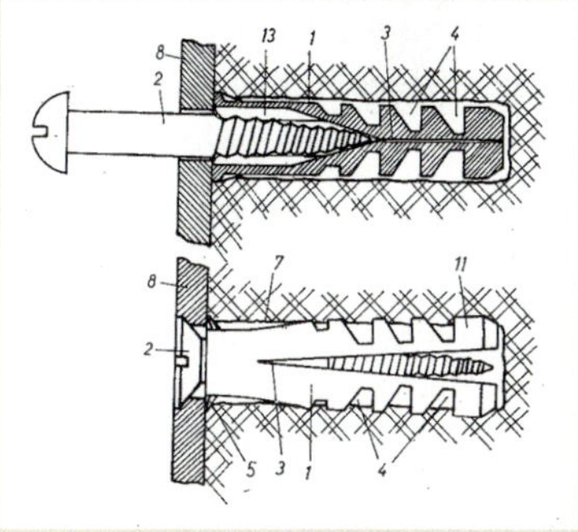

Der 1919 geborene Fischer war schon als Kind ein eifriger Bastler. Daher überrascht es kaum, dass ein großer Teil seiner späteren Schutzrechtsanmeldungen Spielzeug betrifft, etwa die bekannten „Fischertechnik"-Baukästen.

Artur Fischer hatte eine Schlosserlehre absolviert. Nach Kriegsdienst und Gefangenschaft gründete er 1948 seine eigene Ein-Mann-Firma, die „Artur Fischer Apparatebau". Heute beschäftigt die Unternehmensgruppe weltweit 4 000 Mitarbeiter und verkauft ihre Produkte in über 100 Ländern.

[2] Unter einem **Entrepreneur** versteht man eine Gründerin oder einen Gründer und Inhaber eines Unternehmens mit der Lebenseinstellung und Fähigkeit, immer wieder Innovationen hervorzubringen. Entrepreneure sind durchsetzungsfähig, handeln eigenständig und verantwortungsbewusst. Sie übernehmen nicht nur die größte Verantwortung in ihrem Unternehmen, sondern zeichnen sich auch durch eine besondere Geisteshaltung aus, die ihnen dabei hilft, mit Unsicherheiten und Risiken umzugehen und ihr Unternehmen zum Erfolg zu führen. Der Begriff **Entrepreneurship** beschreibt den gesamten Themenbereich der beruflichen Selbstständigkeit.

Exkurs: Ein bestehendes Unternehmen übernehmen

Wer seine Berufsausbildung oder sein Studium abgeschlossen hat, kann ein bereits bestehendes Unternehmen erwerben. Das kann für viele Unternehmensgründer eine gute Option sein. Viele ältere Unternehmer wollen in den Ruhestand gehen, geeignete Nachfolger aus dem Kreis der eigenen Familie gibt es nicht immer. Deshalb suchen z. B. Einzelhändler, Handwerker oder Angehörige freier Berufe wie Steuerberater, Architekten und Ärzte geeignete Nachfolger. Oft sind die bisherigen Eigentümer bereit, ihren Betrieb oder ihre Geschäfts- oder Praxisräume zu verpachten. Angebote für Unternehmensübernahmen finden interessierte Gründer in sogenannten „Betriebsbörsen" im Internet. Banken und staatliche Fördermittel helfen bei der Finanzierung.

Der größte **Vorteil** einer Übernahme besteht für den Käufer darin, dass er ein bereits eingeführtes Unternehmen einschließlich des Kundenstamms übernimmt. Im Idealfall übernimmt der Pächter[1] bzw. Käufer ein eingespieltes Mitarbeiterteam sowie die Räumlichkeiten und Kontakte des bisherigen Eigentümers zu Banken und Geschäftspartnern. Auch Fahrzeuge und das Warenlager werden meist an den Pächter verkauft.

[1] **Pacht** bedeutet, dass der Verpächter Eigentümer bleibt und dem Pächter die Räume und Einrichtungen zur Nutzung überlässt.

Eine Übernahme kann aber auch **Nachteile** haben: Die neuen Besitzer müssen geeignet sein und sich auch durchsetzen können. Ferner können Nachfolger nicht sicher sein, ob sie bei den Kunden volle Akzeptanz genießen werden. Die Käufer müssen sich auch unbedingt ein Bild vom Zustand der Betriebs-, Laden-, Büro- oder Praxiseinrichtung machen. Hat der alte Eigner mit der Technik und den Kommunikationsmitteln Schritt gehalten oder hat er Investitionen gescheut? Wenn das der Fall sein sollte, fallen hohe zusätzliche Kosten an. Außerdem müssen sich Käufer im Klaren sein, dass die bisher Beschäftigten in den meisten Fällen übernommen werden müssen.

Handwerkskammern oder Industrie- und Handelskammern erstellen, oft kostenlos, **Gutachten über den Kaufpreis von Betrieben,** die zur Übergabe anstehen.

Verkaufsangebot in einer Betriebsbörse im Internet: Etablierte Apotheke in Tübingen mit Potenzial sucht Nachfolger

Unternehmenskonzept: Neben dem Verkauf von Arzneimitteln bietet die Apotheke auch umfangreiche Beratungsleistungen und verschiedene Serviceleistungen wie Blutdruckmessen an. Aufgrund ihres langjährigen Bestehens verfügt die Apotheke über eine große Anzahl an Stammkunden. Sie spricht durch ihren zentralen Standort Touristen und Neukunden an.

Historie: Die Apotheke wird bereits seit 1984 erfolgreich von dem jetzigen Inhaber geführt.

Besonderheiten: Die Kunden schätzen die guten Parkmöglichkeiten und den behindertengerechten Eingang der Apotheke. Zudem profitiert das Unternehmen neben der zentralen Lage auch von dem hohen Bekanntheitsgrad in der Region. Zur Weiterführung des Unternehmens ist eine Qualifizierung als Apotheker erforderlich.

Kunden: Stammkunden vertrauen seit Jahren auf den kundenorientierten Service und nehmen den kostenlosen Lieferdienst für Arzneimittel gerne in Anspruch.

Unternehmenszahlen: Mit einem qualifizierten und kompetenten Team, bestehend aus vier Mitarbeitern (2 PTA[2] und 2 PKA[3]), sowie den beiden jetzigen Inhabern, wurde im letzten Jahr ein Umsatz von über 1,2 Mio. € erwirtschaftet. Da es im näheren Umkreis der Apotheke keinen Drogeriemarkt gibt, bietet sich die Erweiterung des Sortiments um Kosmetikprodukte an.

Verkaufsgrund: Der Verkauf erfolgt aus Altersgründen.

Verkaufskonditionen: Der Verkauf inklusive Immobilie erfolgt gegen Gebot.

[2] **PTA** pharmazeutisch-technische/-r Assistentent/-in

[3] **PKA** pharmazeutisch-kaufmännische/-r Angestellte/-r

Aus diesen Gründen können Unternehmensgründungen scheitern
Eine Unternehmensgründung ist kein einfaches Unterfangen, viele Gründer scheitern in den ersten Jahren. Um dem vorbeugen zu können, ist es wichtig, die möglichen Gründe zu kennen, die zu einer Unternehmensaufgabe führen können:

1. Aufgrund mangelnder Berufserfahrung überschätzt der Gründer seine Fähigkeiten.
2. Der Gründer hat keine oder nur unzureichende kaufmännischen Kenntnisse.
3. Stress und Arbeitsbelastung werden unterschätzt.
4. Die Familie steht nicht hinter dem Gründer.
5. Vor der Gründung wurde keine ausreichende Marktanalyse ▸ durchgeführt.
6. Der Kapitalbedarf ▸ wird falsch eingeschätzt.
7. Der Gründer verzichtet auf Hilfe, z. B. der Industrie- und Handelskammer (IHK), der Handwerkskammer (HWK) oder eines Steuerberaters. ▸

Marktanalyse
▸ Kap. 2.2.1, S. 21

Kapitalbedarf
▸ Teil V, Kap. 1.1, S. 48

Gründungsberatung
▸ Kap. 1.2, S. 14

1.2 Der Gründungsplan (Businessplan)

Um aus ihrer Geschäftsidee ein ausgereiftes Geschäftskonzept zu entwickeln, muss Bente Larsen (Einstiegssituation auf S. 10) eine Vielzahl von konkreten Überlegungen und Recherchen leisten, die sie in einem Gründungsplan festhält.

Im Gründungsplan (auch: Businessplan) werden die Merkmale der Geschäftsidee in Bezug auf Kunden und im Vergleich zur Konkurrenz dargestellt. Es wird beschrieben, wie die Geschäftsidee funktionieren kann und wie sie in die Praxis umgesetzt werden soll.

Der Gründungsplan zwingt den Unternehmensgründer, alle wichtigen Aspekte der Gründung **strategisch zu durchdenken,** zu prüfen und zu planen.

Der Gründungsplan dient auch als eine Art **Fahrplan** zur Strukturierung und Umsetzung von Ideen in der Anfangsphase der Unternehmensentwicklung.

Wenn für das geplante Unternehmen ein **Bankkredit** oder **Zuschüsse aus einem staatlichen Förderprogramm** für Existenzgründungen beantragt werden soll, ist ein Gründungsplan Voraussetzung. Dort muss nicht nur nachgewiesen werden, dass die notwendigen Qualifikationen für das Gründungsvorhaben vorhanden sind, sondern auch, wie hoch der Kapitalbedarf für das geplante Unternehmen ist und welche Perspektiven das Produkt am Markt hat.

Gliederung eines Gründungsplans

1. **Zusammenfassung:** Zu Beginn werden die Kernaussagen von jedem Kapitel zusammengefasst.
2. **Gründer/-in:** Seine Stärken und Schwächen, seine Ausbildung, seine beruflichen Erfahrungen und seine Motivation. Also eine aussagekräftige Beschreibung der Qualifikationen, die für den Gründer oder die Gründerin sprechen.
3. **Geschäftsidee:** Darstellung des unternehmerischen Vorhabens, des Gewerbes, der Produkte und Dienstleistungen.
4. **Markteinschätzung:** Fundierte Recherche zu den aktuellen, auf den geplanten Firmensitz bezogenen Brachen- und Marktentwicklungen, zu Kunden und Zielgruppen, dem Wettbewerb, dem Standort und möglichen Lieferanten.
5. **Marketingkonzept:** Marketingziele im Vergleich zur Konkurrenz. Geplantes Sortiment und angebotener Service, Preise und Konditionen, Vertrieb und Maßnahmen der Werbung und Öffentlichkeitsarbeit. Beschreibung von Alleinstellungsmerkmalen und Kundennutzen.
6. **Rechtsform, Firmierung und Mitarbeiter:** Einzelunternehmen oder Gründung mit Partner, Rechtsform, Firmenname, ggf. Mitarbeiter (Anzahl, Qualifizierung usw.).
7. **Geplanter Standort:** Kriterien eines geeigneten Standorts, ggf. vorhandene Angebote für eine Betriebsübernahme.
8. **Chancen und Risiken:** Die wichtigsten Chancen und Risiken für das neu gegründete Unternehmen und wie der Gründer auf negative Veränderungen reagieren würde.
9. **Beratung:** Namen und Institutionen der Berater im Vorfeld der Gründung und zur späteren Unterstützung.
10. **Anhang:** Zum Gründungsplan gehören ein Lebenslauf und Zeugnisse des Gründers, eine Übersicht über seine Lebenshaltungskosten, der Kapitalbedarfsplan►, die Rentabilitätsvorschau, der Liquiditätsplan►, die Finanzierung► sowie ggf. das bereits vorhandene Angebot für eine Betriebsübernahme.

Kapitalbedarfsplan
► Teil V, Kap. 1.1.1, S. 49

Liquiditätsplan
► Teil V, Kap. 1.1.2, S. 52

Möglichkeiten der Finanzierung
► Teil V, Kap. 1.2, S. 53

i

Gründungsberatung

Gründerinnen oder Gründer können jederzeit kostenlos Gründungsberatungen der Industrie- und Handelskammer (IHK), der Handwerkskammer (HK) oder auch der Landwirtschaftskammer in Anspruch nehmen.[1] Für Gründer, die einen freien Beruf ausüben, kommen z. B. die Ärztekammer, die Steuerberaterkammer oder die Apothekenkammer als Ansprechpartner infrage. Auch Kreditinstitute verfügen oft über erfahrene Berater, die den Markt kennen und rechtzeitig auf Chancen und Risiken einer Gründung hinweisen.

Ideal ist es, wenn Gründende bereits einen Geschäftsplan mitbringen, den sie mit einem Experten Punkt für Punkt durchgehen können. Vor dem Gespräch sollten Gründungsinteressierte zumindest die Größe ihres Zielmarktes und die Kaufkraft ihrer potenziellen Kundschaft in Erfahrung bringen.

Sollte darüber hinaus zusätzlicher Expertenrat notwendig werden, kann auf die Hilfe externer Berater zurückgegriffen werden.

[1] Die Kammern bieten auch regelmäßig Existenzgründerseminare und Buchführungslehrgänge an.

Das Land Baden-Württemberg unterstützt gewerbliche und freie Existenzgründer mit einem Gründungsgutschein, der Gründenden eine bezuschusste Gründungsberatung ermöglicht. Bis zu 80 % der Beratungskosten werden vom Land übernommen, die restlichen 20 % müssen Gründer selbst tragen.

1.3 Persönliche Voraussetzungen für eine Unternehmensgründung

Bente Larsen (Einstiegssituation auf S. 10) hat eine Ausbildung als Zweiradmechanikerin abgeschlossen und konnte bereits Erfahrungen in der Produktion des Fahrradherstellers Fly Bike Werke GmbH sammeln. Auch in ihrer Freizeit stehen Radfahren und Räder an erster Stelle. Sie ist sich aber nicht sicher, ob diese Voraussetzungen ausreichen.

Eine gute Geschäftsidee ist wichtig, aber man muss auch davon überzeugt sein und andere davon überzeugen können, dass man selbst in der Lage ist, sie in die Praxis umzusetzen.

Branchenbezogene Kenntnisse und Erfahrungen sind bei einem Schritt in die Selbstständigkeit natürlich sehr wichtig. Aber auch ein gewisses Maß an **kaufmännischen Kenntnissen** ist für eine dauerhafte und erfolgreiche Unternehmertätigkeit unabdingbar. Fehlen diese Kenntnisse, müssen sie erworben werden (z. B. in Existenzgründungsseminaren).

Wer sich selbstständig macht, sollte **körperlich und psychisch fit** sein. Lange Arbeitszeiten und die häufig unsichere Situation belasten den Gründer. Eine längere Krankheit kann dazu führen, dass man kein Geld mehr verdient und das Unternehmen gefährdet ist. Ein Selbstständiger muss auf viele gesetzliche oder tarifliche Errungenschaften, die für einen Arbeitnehmer selbstverständlich sind, verzichten. Ihm steht kein festes Gehalt, kein fester Urlaubsanspruch und keine Lohnfortzahlung im Krankheitsfall zu. Unregelmäßiges Einkommen ist die Regel. In der Anlaufphase des Unternehmens ist sogar mit gar keinem Einkommen zu rechnen. Vor allem muss sich der Gründer um seine soziale Absicherung bei Krankheit, schlechter Auftragslage, Berufs- oder Erwerbsunfähigkeit selbst kümmern.

Durch die Unternehmensgründung sind auch **das persönliche Umfeld und die Familie** betroffen. Ein planbares Einkommen fällt weg und auch zeitlich kommen persönliche Beziehungen häufig zu kurz.

Um Kunden, Mitarbeiter und mögliche Geldgeber von seinen Ideen überzeugen zu können, bedarf es außerdem einer **guten Kommunikationsfähigkeit.** Darüber hinaus verfügen erfolgreiche Unternehmer beispielsweise über Eigenschaften wie Selbstdisziplin, Zielstrebigkeit, Kreativität und Risikobereitschaft sowie Freude an der Arbeit.

Unternehmerpersönlichkeit

In vielen Publikationen zum Thema Unternehmensgründung ist vom „Unternehmertyp“ die Rede, der man sein müsse, um als Selbstständige(r) erfolgreich zu sein. Aus unserer Sicht gibt es den Unternehmertyp schlechthin nicht. Allerdings gibt es bestimmte Persönlichkeitsfacetten, die den Erfolg oder Misserfolg einer unternehmerischen Tätigkeit beeinflussen.

Wichtige Ausprägungen sind z.B. Mut, Risikobewusstsein, aber auch Risikobereitschaft, Organisationstalent, Zielorientiertheit, Durchsetzungsvermögen, Kommunikationsfähigkeit, aber sicherlich auch das Durchhaltevermögen, längere Misserfolgsphasen durchzustehen.

Neben Ihren persönlichen Eigenschaften sollten Sie aber auch hinterfragen, ob Ihre Familie bereit ist, die Selbstständigkeit und die damit verbundenen zeitlichen und finanziellen Anforderungen mitzutragen. Unterschätzen Sie nicht, wie wichtig der Rückhalt in der Familie für den Erfolg Ihres Unternehmens ist.

Quelle: https://www.ihk-limburg.de/starthilfe/existenzgruendung/basisinformationen/unternehmertyp-2302536

Test: Sind Sie ein Unternehmertyp?

Die folgenden Fragen können Ihnen einen Hinweis geben. Kreuzen Sie die Antworten an, die am ehesten auf Sie zutreffen. Addieren Sie dann die angegebenen Punkte. Sie können maximal 16 Punkte erreichen. Je höher die von Ihnen erreichte Gesamtpunktzahl ist, desto eher sind Sie ein Unternehmertyp.

1. **Haben Sie schon einmal etwas bei eBay oder auf einem Flohmarkt verkauft?**
   Ja, hat Spaß gemacht. O 2 Punkte
   Ja, war aber kein Erfolg. O 1 Punkt
   Nein. O 0 Punkte
2. **Haben Sie schon mal während der Ferien oder auch während der Schulzeit gejobbt?**
   Ja, regelmäßig. O 2 Punkte
   Ja, ab und zu. O 1 Punkt
   Nein. O 0 Punkte
3. **Könnten Sie sich vorstellen, später einmal mehrere Jahre lang 60 oder mehr Stunden pro Woche zu arbeiten und während dieser Zeit überaus sparsam zu leben?**
   Ja, unbedingt. O 2 Punkte
   Vielleicht. O 1 Punkt
   Nein. O 0 Punkte
4. **Können Sie sich vorstellen, nach dem Abitur eine gewerbliche, kaufmännische oder soziale Berufsausbildung und anschließend eine Fortbildung zum Handwerksmeister oder zum Handels- oder Sozialfachwirt abzuschließen, um innerhalb weniger Jahre das Rüstzeug für eine erfolgreiche Selbstständigkeit zu bekommen?**
   Ja, das habe ich vor. O 2 Punkte
   Ja, eventuell. O 1 Punkt
   Nein, ich will studieren. O 0 Punkte

5. Waren Sie in den letzten drei Jahren durchweg körperlich fit und leistungsfähig?
Ich war fast nie krank. O 2 Punkte
Ich war ab und zu krank. O 1 Punkt
Ich war häufig krank. O 0 Punkte

6. Arbeiten Sie neben der Schule noch in einem Sport- oder einem anderen Verein mit?
Ja, dort wirke ich aktiv mit. O 2 Punkte
Ja, aber nur als Vereinsmitglied. O 1 Punkt
Nein. O 0 Punkte

7. Gehen Sie mit Stresssituationen gelassen um, z.B. wenn mehrere Klassenarbeiten anstehen?
Ja, ich arbeite dabei mit System. O 2 Punkte
Eher ja. O 1 Punkt
Nein, ich reagiere hektisch. O 0 Punkte

8. Werden Ihre Eltern bzw. Verwandte bzw. Ihr/-e Partner/-in Sie voraussichtlich bei einer Selbstständigkeit unterstützen?
Ja, unbedingt. O 2 Punkte
Ja, mit Einschränkungen. O 1 Punkt
Nein. O 0 Punkte

1.4 Die Unternehmensgründung als Geschäftsprozess

Im Folgenden wird der Prozess, den ein Unternehmensgründer durchläuft, mithilfe einer erweiterten ereignisgesteuerten Prozesskette (eEPK)►. beispielhaft dargestellt.

Darstellung von Geschäftsprozessen mithilfe von ereignisgesteuerten Prozessketten (EPK)
► Eingangsklasse, Teil II, Kap. 2.1.5, S. 73 f.

Symbole zur Modellierung von Geschäftsprozessen

Symbol	Erläuterung
Ereignis	Ein Ereignis beschreibt das Eintreten eines wirtschaftlichen Zustands, der eine Handlung (Funktion) auslöst.[1]
Funktion	Die Funktion beschreibt, was nach einem Ereignis geschehen soll.[2]
OR XOR AND	Logische Operatoren ermöglichen es, Verzweigungen zwischen Ereignissen und Funktionen herzustellen. OR = Eine der beiden Möglichkeiten oder beide müssen wahr sein. XOR = Exklusives Oder: Nur eine Möglichkeit ist wahr. AND = Beide Möglichkeiten müssen zutreffen.
→	Informationsfluss zwischen Ereignissen und Funktionen
Organisations-einheit	Die Organisationseinheit gibt an, welche Person (Abteilung) die bestimmte Funktion ausübt.
Informations-objekt	Mit dem Informationsobjekt werden die für die Durchführung der Funktion benötigten Daten angegeben.

[1] Bei Ereignissen wird das Verb im Partizip II formuliert.

[2] Bei Funktionen wird das Verb im Infinitiv formuliert.

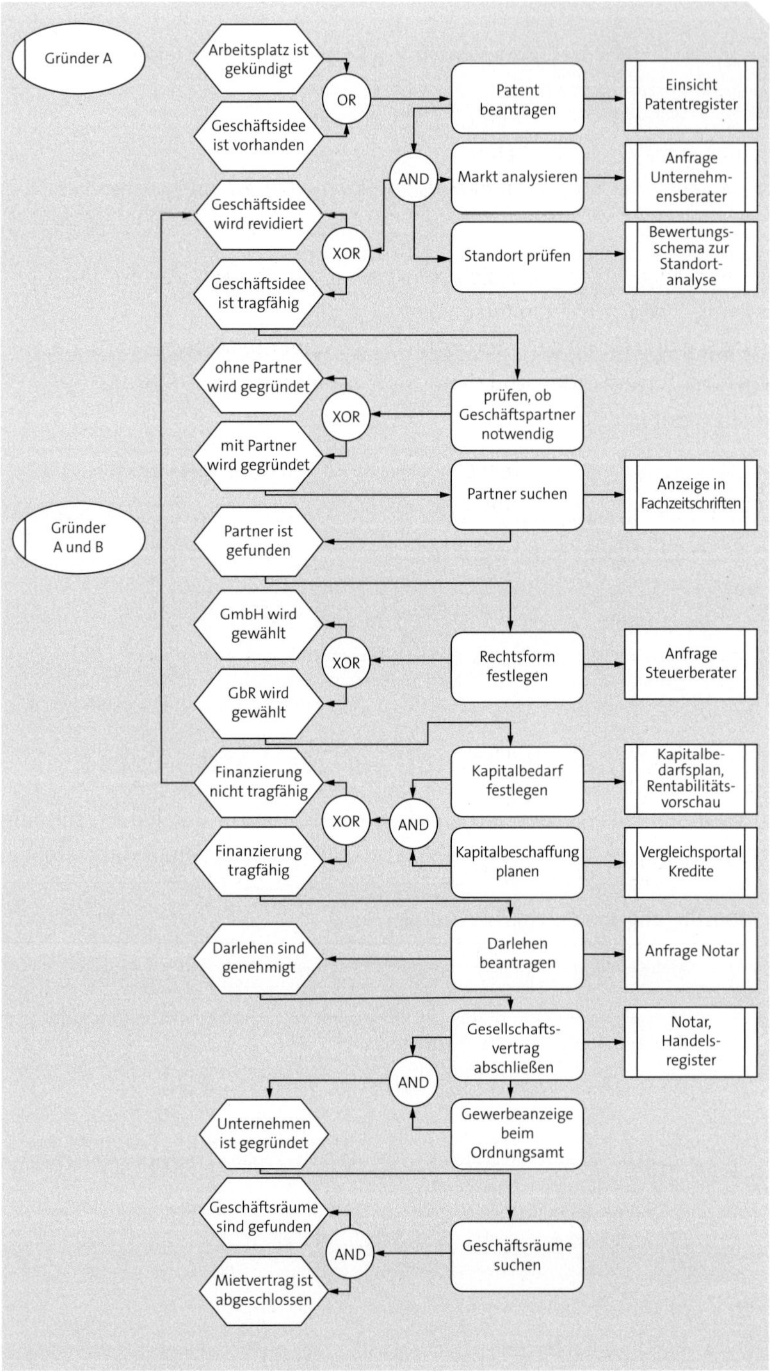
Gründer A
Arbeitsplatz ist gekündigt
OR
Geschäftsidee ist vorhanden
Patent beantragen
Einsicht Patentregister
AND
Markt analysieren
Anfrage Unternehmensberater
Geschäftsidee wird revidiert
XOR
Standort prüfen
Bewertungsschema zur Standortanalyse
Geschäftsidee ist tragfähig
ohne Partner wird gegründet
XOR
prüfen, ob Geschäftspartner notwendig
mit Partner wird gegründet
Partner suchen
Anzeige in Fachzeitschriften
Gründer A und B
Partner ist gefunden
GmbH wird gewählt
XOR
Rechtsform festlegen
Anfrage Steuerberater
GbR wird gewählt
Finanzierung nicht tragfähig
Kapitalbedarf festlegen
Kapitalbedarfsplan, Rentabilitätsvorschau
XOR
AND
Finanzierung tragfähig
Kapitalbeschaffung planen
Vergleichsportal Kredite
Darlehen sind genehmigt
Darlehen beantragen
Anfrage Notar
Gesellschaftsvertrag abschließen
Notar, Handelsregister
AND
Unternehmen ist gegründet
Gewerbeanzeige beim Ordnungsamt
Geschäftsräume sind gefunden
AND
Geschäftsräume suchen
Mietvertrag ist abgeschlossen

Aufgaben zu Kapitel 1

1. Recherchieren Sie beim Deutschen Patent- und Markenamt (DPMA) nach
   a) weiteren Patenten von Artur Fischer.
   b) Patenten anderer bekannter Gründer. Recherchieren Sie im Internet deren beruflichen Werdegang.

2. Jeder Unternehmensgründer sollte sich sehr genau mit den Motiven für seine geplante Selbstständigkeit auseinandersetzen.
   a) Beschreiben Sie drei für eine Existenzgründung geeignete Motive.
   b) „Ich will schnell reich werden und dann ein sorgenfreies Leben führen!" – Erläutern Sie, warum dies kein geeignetes Motiv ist.

3. Am Beginn jeder gelungenen Unternehmensgründung muss eine Erfolg versprechende Geschäftsidee stehen. Ist eine geeignete Geschäftsidee gefunden, kann ein Gründungsplan erstellt werden.
   a) Beschreiben Sie kurz die üblichen Elemente eines Gründungsplans.
   b) Erläutern Sie, warum Existenzgründer einen Gründungsplan erstellen sollten.

4. Fassen Sie oft genannte Merkmale einer Unternehmerpersönlichkeit zusammen. Nehmen Sie dazu Stellung.

5. Erörtern Sie, ob Schülerinnen und Schüler beruflicher Gymnasien bessere Voraussetzungen für eine spätere Existenzgründung mitbringen als solche allgemeinbildender Gymnasien.

6. Ergänzen Sie die auf S. 18 dargestellte erweiterte ereignisgesteuerte Prozesskette um die Funktionen „bei Bedarf Existenzgründerseminare besuchen, um kaufmännische Kenntnisse zu erwerben" und „ggf. externe Berater hinzuziehen".

2 Marketing

Felix Müller, 28 Jahre alt, legte drei Jahre nach dem Ende seiner Berufsausbildung zum „Anlagenmechaniker – Sanitär-, Heizungs- und Klimatechnik“ die Prüfung als Installateur- und Heizungsbaumeister ab. Anschließend arbeitete er weitere zwei Jahre in seinem Ausbildungsberuf und half bei der Arbeitsvorbereitung. Als der Landtag von Baden-Württemberg im Oktober 2021 ein neues Klimaschutzgesetz verabschiedete, sah er die Chance, sich selbstständig zu machen. Die wichtigste Neuerung: Wer ein neues Haus bauen will, muss ab 01.05.2022 eine Solaranlage auf seinem Dach installieren lassen. Zudem müssen Hausbesitzer vom 01.01.2023 an bei einer grundlegenden Dachsanierung eine Fotovoltaikanlage einbauen lassen. Felix Müller entschließt sich daher, sich mit einem Installations- und Servicebetrieb für Heizungssysteme und Fotovoltaik selbstständig zu machen. Staatliche Hilfsprogramme erleichtern die Finanzierung. Felix Müller weiß, dass es viele Sanitärbetriebe mit dem Schwerpunkt Heizungsbau gibt. Im Zusammenhang mit seinem Gründungsplan beschäftigt er sich deshalb intensiv mit seinem Marketingkonzept.

2.1 Marketingbegriff

Marketing wird häufig mit Werbung (z. B. Fernsehwerbung) gleichgesetzt. **Aber Marketing[1] ist viel mehr!**

Marketing umfasst alle Maßnahmen, die ein Unternehmen ergreift, um sich Absatzmärkte zu schaffen, zu vergrößern oder zu erhalten. Denn nur so sind Verkaufserlöse zu erzielen, die Gewinne ermöglichen. Der Absatz hat für Unternehmen eine zentrale Bedeutung, da viele Märkte Käufermärkte sind. Der **Käufermarkt** ist durch eine knappe Nachfrage gekennzeichnet, der ein großes Angebot gegenübersteht.[2] Die Bedürfnisse der Nachfrager bestimmen über Art, Qualität und Anzahl der angebotenen Waren. Ihre Bedürfnisse müssen im Zentrum der Unternehmensführung stehen. Marketing umfasst also den Aufbau, den Erhalt und die Stärkung der **Kundenbeziehungen.**

Marketing wird nicht nur von einzelnen Abteilungen eines Unternehmens (z. B. der Werbeabteilung) betrieben. Vielmehr ist Marketing eine **unternehmerische Denkhaltung** und ein **ganzheitliches Leitkonzept der Unternehmensführung.** Marketing in diesem Sinne beinhaltet Kundenorientierung, Wettbewerbsorientierung und Markterschließung sowie eine Ausrichtung der gesamten Organisation an den Bedürfnissen der Kunden.

[1] **Marketing** (engl.) vom Markt her handeln

[2] Der **Verkäufermarkt** dagegen ist durch ein knappes Angebot gekennzeichnet, dem eine sehr große Nachfrage gegenübersteht. Unter den Anbietern herrscht ein großer Konkurrenz- und Preisdruck. Hier bestimmt der Verkäufer, in welcher Art, Menge und Qualität die Waren angeboten werden.

Unter Marketing (deutsch: Absatzwirtschaft) versteht man die Ausrichtung eines Unternehmens an den Bedürfnissen potenzieller Kunden. Alle unternehmerischen Entscheidungen haben das Ziel, die Erwartungen der Kunden zu erfüllen. Aufgabe des Marketings ist es, die Bedürfnisse des Marktes zu erkennen, genauso wie Veränderungen. Ziel ist es, für steigende Absatzzahlen zu sorgen.

2.2 Bestandteile eines Marketingkonzepts

Ein erfolgreiches **Marketingkonzept** umfasst immer einen ganzheitlichen Handlungsplan. Aufbauend auf der **Marktanalyse** beinhaltet das Marketingkonzept die **Marketingziele** und eine geeignete **Marketingstrategie,** um diese Ziele zu erreichen. Auf dieser Informationsgrundlage werden dann durch den **Marketingmix** die entsprechenden **Marketinginstrumente** festgelegt. Nach erfolgreicher Realisation wird in der Regel ein **Marketingcontrolling,** insbesondere eine Werbeerfolgskontrolle, durchgeführt.

Bestandteile eines Marketingkonzepts		
Marktanalyse	Wo stehen wir?	Absatzmarkt erforschen
Marketingziele	Wo möchten wir hin?	Ziele festlegen
Marketingstrategie	Wie gelangen wir ans Ziel?	Weg festlegen
Marketingmix	Was müssen wir dafür einsetzen?	Werkzeuge/Instrumente auswählen
Marketingcontrolling	Wie erfolgreich waren wir?	Wirksamkeit und Wirtschaftlichkeit ermitteln

Im Folgenden werden die Marktanalyse▸, die Marketingziele▸ und der Marketingmix▸ näher erläutert.

Marktanalyse
▸ Kap. 2.2.1, S. 21

Marketingziele
▸ Kap. 2.2.2, S. 26

Marketingmix
▸ Kap. 2.2.3, S. 27

2.2.1 Marktanalyse

Bei einer Marktanalyse werden wichtige Merkmale eines potenziellen Marktes beobachtet. Diese Momentaufnahme soll eine Einschätzung geben, wie erfolgreich ein Produkt oder eine Dienstleistung am Markt bestehen kann.

Die folgende Tabelle zeigt die wichtigsten **Kennzahlen** einer Marktanalyse. Sie liefern dem Unternehmen Hinweise auf zukünftige Absatzchancen:

Begriff	Definition	Beispiele für das Unternehmen von Felix Müller (vgl. S. 20)
Marktpotenzial	Wie viele Einheiten einer Ware könnten auf dem Markt maximal abgesetzt werden, wenn alle denkbaren Kunden zum Kauf der Ware bereit wären?	Anzahl der gewerblichen und privaten Nutzer von Öl-/Gasheizungen und Solaranlagen im Umkreis von 20 km zum Handwerksbetrieb
Marktvolumen	Wie viele Güter einer bestimmten Art werden innerhalb einer Periode in einem Markt tatsächlich verkauft?	Anzahl von Kunden, die jährlich neue Heiz- und Solaranlagen installieren oder einen Kundendienst benötigen
Absatzpotenzial	Welchen Anteil an einem Marktpotenzial glaubt ein Unternehmen insgesamt erreichen zu können?	jährlicher Umsatz an Heizkesseln, Solarmodulen, Ersatzteilen und Dienstleistungen
Marktanteil	Wie groß ist der prozentuale Anteil am Marktvolumen, den ein Unternehmen in einer Periode hat?	prozentualer Anteil an allen Handwerksbetrieben im Umkreis von 20 km mit einem vergleichbaren Angebot

Im Rahmen der Marktanalyse wird auch die **aktuelle Situation** des Unternehmens näher betrachtet. Dabei werden erforscht:

- das Absatzprogramm des Unternehmens (Produktanalyse)
- das Kaufverhalten der Konsumenten (Kundenanalyse)
- die Konkurrenzsituation (Konkurrenzanalyse)

Die gewonnenen Informationen kann das Unternehmen nutzen, um den Markt mithilfe von passenden Marketing- und Vertriebsstrategien optimal zu bearbeiten.

Produktanalyse

Im Rahmen der Produktanalyse prüft das Unternehmen seine bereits existierenden Produkte anhand verschiedener Kriterien. Es werden solche Kriterien ausgewählt, die für den Kundennutzen entscheidend sind, z. B. Qualität, Bedienbarkeit oder Design. Die Produktanalyse ist Grundlage für die Vermarktung der eigenen Produkte oder auch Produktverbesserungen. Auch die Produkte der Konkurrenz können in die Produktanalyse einbezogen werden.

Kundenanalyse

Die Kundenanalyse ist eine systematische Betrachtung der Kunden oder Kundengruppen eines Unternehmens. Vereinfacht gesagt, zeigt sie, was die Zielgruppe will.

Als **Zielgruppe** definiert man im Marketing eine Gruppe von Marktteilnehmern, die ein Unternehmen mit seinen Marketingmaßnahmen erreichen möchte, um Produkte oder Dienstleistungen an sie zu vertreiben. Die Gruppe besteht aus größtenteils ähnlich reagierenden potenziellen zukünftigen Kunden. Die Zielgruppe soll durch Marketingkampagnen erreicht werden können.

Wenn Felix Müller (Einstiegssituation auf S. 20) Heizkessel, Solaranlagen und Kundendienstleistungen anbieten will, sind Hausbesitzer und Bauherren die Zielgruppe, die er mit Werbung und persönlicher Ansprache erreichen möchte. Meist handelt es sich dabei um Menschen mittleren Alters, die über ein geregeltes Arbeitseinkommen verfügen. Sie sind die Zielgruppe der Werbemaßnahmen von Felix Müller.

Die von der Werbewirtschaft als besonders interessant eingestufte Zielgruppe sind die 14- bis 49-Jährigen, da diese besonders gut durch Werbung im Fernsehen, im Internet und in gedruckten Medien erreichbar sind.

Unternehmen definieren ihre Zielgruppe nach verschiedenen Kriterien. Zunächst sollten potenzielle Zielgruppen anhand der Wünsche und Probleme des Kunden ausgemacht und im Anschluss durch weitere Kriterien in Untergruppen eingegrenzt werden. Die klassische Unterscheidung der Kunden nach charakteristischen Merkmalen ist Grundlage der sogenannten **Marktsegmentierung.**

Beispiel einer Marktsegmentierung

- **Geografie**
  - Beispiel: Verbraucher, die in einem Umkreis von 15 km zum Anbieter wohnen
- **Sozialökonomie**
  - Beispiel: Gutverdienende aus dem gehobenen Mittelstand, die sich auch größere Anschaffungen leisten können
- **Psychografie**
  - Beispiel: Familien, die großen Wert auf einen gesunden Lebensstil und eine gesunde Ernährung legen
- **Kaufverhalten**
  - Beispiel: Menschen, die wenig Freizeit haben, über ausreichend Geld verfügen und deshalb zu Spontankäufen neigen

Zielgruppe für eine Restaurantkette, die ausschließlich vegane Ernährung anbieten möchte

Die Zielgruppe umfasst vorwiegend 20- bis 50-jährige Frauen und Männer mit und ohne Kinder. Mitglieder dieser Zielgruppe verfügen über ein mittleres bis höheres Einkommen, sind durchschnittlich bis überdurchschnittlich gebildet und wohnen überwiegend in Städten ab 200 000 Einwohnern. Sie haben einen gehobenen Lebensstil, halten sich selbst für modern und weltoffen. Sie weisen ein aktives Freizeitverhalten auf, nutzen kulturelle Angebote, abonnieren eine überregionale Tageszeitung und sind am aktuellen Tagesgeschehen interessiert. Ihr hoher Anspruch zeigt sich auch im kritischen Umgang mit Medien und Werbung.

Die Frauen und Männer dieser Zielgruppe arbeiten im Dienstleistungsbereich oder in kreativen Berufen. Sie treiben gerne Sport und achten auf eine ausgewogene Ernährung. Sie zeichnen sich durch Individualität aus. Werbung stehen sie kritisch gegenüber, sie müssen durch wissenschaftlich belegte Argumente überzeugt werden. Beim Einkauf ist ihnen Qualität wichtiger als der Preis. Sie bevorzugen gesunde, frische Produkte, die sie gerne vom Wochenmarkt oder in Bioläden kaufen. Die Umweltverträglichkeit von Produkten spielt für sie eine entscheidende Rolle, Nachhaltigkeit gehört zu ihrem Lebensstil.

Ist die Zielgruppe definiert, fragen Anbieter danach, welche **Wünsche und Bedürfnisse** für diesen definierten Personenkreis wichtig sind, aber auch, inwieweit die potenziellen Nachfrager über **Kaufkraft** verfügen, um diese Bedürfnisse befriedigen zu können. Ihre Werbung richten sie so aus, dass sich ihre Zielgruppe angesprochen fühlt.

Konkurrenzanalyse

Bei der Konkurrenzanalyse werden die geschäftlich relevanten Aspekte der Konkurrenten des Unternehmens genau betrachtet. Sie gibt Aufschluss darüber, welche Chancen und Risiken sich aufgrund der Wettbewerbssituation ergeben.

Fragen, die beantwortet werden, sind z. B.:
- Wer und wo sind die Hauptkonkurrenten?
- Welche Produkte bzw. Dienstleistungen bieten diese Konkurrenten an?
- Biete ich etwas an, das die Konkurrenten nicht haben?
- Welche Angebotspreise kalkulieren die Konkurrenten?
- Welches Ansehen genießt das Konkurrenzunternehmen bei seinen Kunden?
- Mit welchem Aufwand kann der Vorsprung der Konkurrenten aufgeholt werden?

Konkret gibt die Konkurrenzanalyse **Informationen darüber,**
- wer die Konkurrenten sind,
- welchen besonderen Nutzen diese den Kunden anbieten,
- in welchen Bereichen die Konkurrenten möglicherweise besser sind und
- in welchen Bereichen ein Gründer besser werden kann als seine Konkurrenten.

Entscheidend ist also: Das Angebot eines Gründers muss **besser oder günstiger** sein als das seiner Konkurrenten. Gründer müssen deshalb feststellen, welchen Bedarf ihre Kunden haben (Kundenanalyse) und welche Produkte oder Dienstleistungen ihre Konkurrenten bereits anbieten.

Einen Wettbewerbsvorteil bzw. ein Alleinstellungsmerkmal können Gründer schaffen, sofern sie die „Schwächen" ihrer Konkurrenten kennen. Von der Konkurrenz kann man also lernen und das eigene Angebot immer wieder verbessern. Dies kann die Qualität, die Umweltfreundlichkeit oder die Preisgestaltung betreffen. Vor allem für kleine Unternehmen ist es z. B. besonders wichtig, einen besonderen Kundendienst anzubieten. Ein tatsächlicher Wettbewerbsvorteil entsteht meist erst durch die Kombination mehrerer solcher Nutzen-Faktoren.

Beispiel für eine Markt- und Standortanalyse für den Installations- und Servicebetrieb für Heizungssysteme und Fotovoltaik von Felix Müller

Felix Müller (Einstiegssituation auf S. 20) hat sich für die Übernahme eines bereits bestehenden Installations- und Servicebetriebs für Heizungssysteme und Fotovoltaik entschieden. ► Der bisherige Inhaber will die Betriebsgebäude aus Altersgründen an einen Nachfolger vermieten und die Werkzeug, Maschinen- und Geschäftsausstattung mit zwei Betriebsfahrzeugen verpachten. Der bisherige Unternehmer war wenig flexibel und ohne Erfahrungen mit Fotovoltaik und Wärmepumpen.

Exkurs: Ein bestehendes Unternehmen übernehmen

► Kap. 1.1, S. 11

Felix Müller ist Mitglied eines größeren örtlichen Sportvereins und ebenso im städtischen Musikverein aktiv, er kennt also viele Einwohner persönlich. Er pflegt darüber hinaus einen guten Kontakt zum Meister eines Elektroinstallationsbetriebs, mit dem er zusammenarbeiten möchte. Bei zeitgemäßer Haustechnik, z. B. der Verkabelung von Heizungsanlagen mit Solar-Unterstützung, müssen Heizungsbauer und Elektroinstallateure Hand in Hand arbeiten.

Zwei Monteure des bisherigen Betriebsinhabers mit leistungsgerechtem tariflichem Einkommen können übernommen werden. Beide verfügen über eine Zusatzausbildung als „Elektrofachkraft für festgelegte Tätigkeiten", die sie aber nur zu einfachen Installationen im Heizungsbereich berechtigt.

Produktanalyse

Felix Müller verfügt bereits über Erfahrungen in nachhaltiger Gebäudetechnik. Auf diesen profitablen Geschäftsbereich will er sich vorrangig konzentrieren. Gute Marktchancen bestehen aber auch im Service, in der Wartung, der Reparatur, im Notdienst, vor allem aber bei den gesetzlich vorgeschriebenen Solaranlagen für alle Neubauten.

Auch bei der Umstellung von Öl- auf Pelletheizungen und der Ausstattung von Neubauten mit Wärmepumpen sind in Zusammenarbeit mit dem Elektrofachbetrieb bei guter Beratung, Termintreue und qualitativ hochwertiger Leistung auskömmliche Preise realisierbar.

Kundenanalyse

Felix Müller will vorrangig anspruchsvolle Privatkunden mit höherer Kaufkraft in einem Umkreis von 20 bis 30 Kilometern rund um den Standort ansprechen. In der Kleinstadt und ihrer Umgebung existieren etwa 20 000 Haushalte. Die Stadt selbst hat 15 000 Einwohner. Im Industriegebiet am Stadtrand haben sich mehrere mittelständische Gewerbebetriebe und ein Großbetrieb angesiedelt, die häufig Heizungsbau- und regelmäßig Wartungsarbeiten in Anspruch nehmen.

Konkurrenzanalyse

In der Kleinstadt sind noch zwei weitere Betriebe dieser Branche tätig, ein weiterer im Umkreis von 10 km. Alle drei sind auch überregional tätig. Es herrscht ein harter Wettbewerb, der bei größeren Aufträgen teilweise erhebliche Preiszugeständnisse erfordert. Bei allen Konkurrenten klagen Privatkunden aber über lange Wartezeiten, vor allem im Service.

Standort
Das Unternehmen liegt im Industriegebiet der Kleinstadt. Am Stadtrand kann eine Fläche von 150 m^2 für Werkstatt, Lager-, Büro- und Sozialräume gepachtet werden. In der direkten Nachbarschaft des Gebäudes befinden sich ein Lebensmittelmarkt sowie ein Autohaus. Dies sorgt für eine hohe Passantenfrequenz. Die monatliche Kaltmiete beträgt 1.400,00 €. Der Mietvertrag hat eine Laufzeit von fünf Jahren mit der Möglichkeit einer Verlängerung um weitere fünf Jahre. Gebrauchte Maschinen, Werkzeuge und Geschäftsausstattung können für monatlich 750,00 € vom Vorgänger gepachtet werden.

2.2.2 Marketingziele

Die **Marketingziele** leiten sich aus den übergreifenden Unternehmenszielen ab. Ausgehend von der vorhandenen Situation des Unternehmens und den unternehmerischen Zielen können quantitative und qualitative Marketingziele festgelegt werden.

Die **quantitativen Ziele** sind vor allem marktökonomische Ziele wie Absatz, Umsatz, Preisniveau und Marktanteil.

Neben den quantitativen, marktökonomischen Zielen sind für das Marketing **qualitative Ziele** bei Entscheidungen bedeutsam, da sie langfristig der Umsatzsteigerung und der Erhöhung des Marktanteils dienen. Es gibt dabei eine Vielzahl an möglichen qualitativen Zielen, z. B.:
- die Bekanntheit erhöhen
- die Kundenzufriedenheit oder Kundenbindung erhöhen
- das Unternehmens- oder Markenimage verbessern

Modernes Marketing geht jedoch über diese Ziele hinaus und beachtet auch **gesellschaftliche Herausforderungen** bei Entscheidungen und Zielsetzungen. Klimawandel, soziale Ungerechtigkeiten und Umweltverschmutzung sind Faktoren, die für die Konsumenten zunehmend eine Rolle bei der Kaufentscheidung spielen. Kunden erwarten immer häufiger von Unternehmen, dass sie auf diesen Gebieten einen Teil der Verantwortung mit übernehmen. Kunden wollen selbst mit „gutem Gewissen" einkaufen! Diese Erweiterung der Ziele beschreibt der Begriff der **Nachhaltigkeit.** Zugrunde liegt hierbei unter anderem die Auffassung, dass Unternehmen nur dann langfristig erfolgreich sein können, wenn sie ihre Gewinn- und Umsatzinteressen mit sozialen, ökologischen oder ethischen Zielen vereinbaren. Dazu gehören z. B. die Schonung der Umwelt, die „gerechte" Bezahlung der Mitarbeiter oder eine menschen- oder familienfreundliche Gestaltung der Arbeitsbedingungen.

Beim nachhaltigen Marketing kann danach unterschieden werden, ob ein Unternehmen diese Ziele implizit oder explizit verfolgt. Ein **implizites nachhaltiges Marketing** bedeutet, dass das Unternehmen die Ziele verfolgt, ohne dies nach außen zu tragen. Beim **expliziten nachhaltigen Marketing** wird offensiv mit ökologischen, ethischen oder sozialen Werten geworben. Dabei darf bei den Kunden allerdings nicht der Eindruck entstehen, dass das Unternehmen ökologische oder soziale Werte lediglich missbraucht, um seinen Gewinn zu maximieren.

Unternehmen setzen sich in der Regel mehrere der genannten Ziele. Dabei kann es zu **Zielkonflikten** kommen.

Bestehen die Ziele eines Unternehmens z. B. in der Erreichung eines maximalen Gewinns und einer hohen Bekanntheit des Produktes, kann es bei der Wahl der einzelnen Marketinginstrumente zu Widersprüchen kommen. Zur Steigerung der Bekanntheit wären z. B. die Werbeaufwendungen zu erhöhen und es müsste ein enges Verkaufsnetz geschaffen werden. Dies kostet zunächst Geld und reduziert damit den Gewinn.

2.2.3 Marketingmix

Anhand der Ergebnisse der Marktforschung, der Marketingziele und der Zielgruppe werden die einzelnen Marketinginstrumente ausgewählt und miteinander kombiniert. Die verschiedenen Marketinginstrumente, die eingesetzt werden können, um die Marketingziele zu erreichen, bezeichnet man als Marketingmix. Die Anbieter möchten durch das Bündeln verschiedener Marketingaktivitäten die Wünsche der Zielgruppe gezielt ansprechen und die Kundenzufriedenheit steigern.

Der Marketingmix ist die optimale Abstimmung der Marketingaktivitäten zum Erreichen der Marketingziele.

Die wichtigsten Marketinginstrumente werden auch als die „vier Ps" bezeichnet. Die Abkürzungen stammen aus dem Englischen und stehen für „Product", „Price", „Place" und „Promotion". Im Deutschen spricht man von Produkt-, Preis-, Distributions- und Kommunikationspolitik.

Marketingmix mit vier Entscheidungsfeldern

Produktpolitik	Preispolitik	Distributionspolitik[1]	Kommunikationspolitik
Welche Eigenschaften müssen Produkt und Dienstleistung haben?	Welchen Preis sind die Kunden bereit, für das Erzeugnis bzw. die Dienstleistung zu bezahlen?	Auf welchem Weg wird das Produkt bzw. die Dienstleistung vertrieben?	Wie wird mit den Kunden kommuniziert?
• Sortiment • Qualität • Kundendienst • Design • Verpackung	• Preisgestaltung • Rabatte/Skonti • Zahlungsfristen • Finanzierungsmöglichkeiten	• Standort • Absatzwege • Logistik • Außendienst • Online-Verkauf	• klassische Werbung • Online-Werbung • Product-Placement • Ausstellungen • Public Relations

[1] Die Distributionspolitik wird auch als „Vertriebspolitik" bezeichnet.

Die Basis für den Marketingmix ist die **Produktpolitik.** Ohne ein überzeugendes Produkt oder eine entsprechende Dienstleistung, die einen konkreten Kundennutzen und Mehrwert liefern, wird es kaum gelingen, sich Marktanteile zu sichern.

Die **Preispolitik**►, besser das Preis-Leistungs-Verhältnis, ist ebenfalls eine wichtige Größe. Neben dem Preis selbst geht es um die Gewährung von Rabatten, Finanzierungsmöglichkeiten sowie Liefer- und Zahlungsbedingungen.

Preispolitik
► Kap. 2.2.3.1, S. 28

Distributionspolitik
► Kap. 2.2.3.2, S. 32

Distributionspolitik ► ist notwendig, da Anbieter ein Produkt nur verkaufen können, wenn das Produkt zum Kunden gelangt. Anbieter müssen Vertriebswege suchen und direkt oder indirekt über Händler mit dem Kunden in Kontakt treten.

Mit **Kommunikationspolitik** verfolgen Anbieter das Ziel, die Kaufentscheidung der Zielgruppe positiv zu beeinflussen. Werbung ist eins der Instrumente, aber es gibt auch andere imagefördernde Maßnahmen (z. B. Teilnahme an Messen, Tage der offenen Tür).

i

Werbung ist allgegenwärtig

Werbung ist ein wichtiger Teil der Kommunikationspolitik von Unternehmen. Wünsche und vermeintliche Bedürfnisse werden, vor allem bei jungen Menschen, oft durch Werbung beeinflusst.

Tag für Tag laufen unzählige Werbespots über den Fernsehmonitor. In Zeitungen und Zeitschriften werden Werbeanzeigen geschaltet, an Fassaden und in Gebäuden hängen Werbeplakate. Es werden Werbegeschenke verteilt, Prospekte und Werbebriefe verschickt.

Dazu kommt die Internetwerbung in ihren vielen verschiedenen Formen, nicht zuletzt in Gestalt der wachsenden Zahl von Influencerinnen und Influencern, die vor allem ein junges Publikum ansprechen.

38 Mrd. € flossen im Jahr 2021 in Deutschland in die Werbung. Fast eine halbe Million Menschen sind im Bereich Werbung und Marketing beschäftigt.

2.2.3.1 Preisgestaltung im Rahmen der Preispolitik

Die **Preispolitik** ist ein wichtiges Instrument im Marketingmix. Will ein Unternehmen einen hohen Marktanteil erzielen, muss der Preis für Sachgüter und Dienstleistungen möglichst niedrig sein. Strebt es aber eine maximale Produkt- oder Dienstleistungsqualität für anspruchsvolle Kunden an, steigen seine Personal- und Sachkosten. Ein höherer Preis ist notwendig und wird meist auch akzeptiert.

Bei der Herstellung von Sachgütern und der Erbringung von Dienstleistungen werden Arbeitskräfte, Gebäude, Maschinen, Erzeugnisse von Zulieferern und Fertigungsmaterial eingesetzt. Den Geldbetrag, der dazu aufgewendet wird, bezeichnet man als **Kosten**. Ist die Kostenstruktur bekannt, lassen sich Preise für die angebotenen Waren und Dienstleistungen berechnen. Nur wenn diese Preise am Markt durchsetzbar und höher als die Kosten sind, kann das Unternehmen auf Dauer überleben.

Handelskalkulation

Handelsunternehmen kaufen Waren ein und verkaufen diese anschließend weiter. Die Handelskalkulation dient ihnen als Grundlage für ihre Preisberechnung.

Die Handelskalkulation ist eine Kalkulationsmethode für Handelsunternehmen, um damit die Verkaufspreise und die Preisuntergrenzen für Produkte festzulegen.

Dies geschieht, indem zunächst der Bezugspreis **(Bezugskalkulation)** und dann der Verkaufspreis **(Verkaufskalkulation)** der Waren errechnet wird.

Handelskalkulation für Kosmetikprodukte

Josefine Herfordt hat vor Kurzem eine Apotheke in Tübingen übernommen. Sie fragt sich nun, wie sie ihre Gewinnspanne vergrößern kann. Rezeptpflichtige Medikamente sind preisgebunden, Apotheken haben in diesem Bereich also keinen Spielraum für die Preisgestaltung. Auch Rabatte sind nicht zulässig. Deshalb entscheidet sich Josefine, ihr Angebot an nicht preisgebundenen Waren wie Verbandsstoffe und Nahrungsergänzungsmittel zu erweitern und außerdem Kosmetika anzubieten. Der Verkauf von Kosmetikprodukten erscheint ihr besonders lukrativ.

Josefine möchte nun wissen, zu welchem Preis sie ihren Kundinnen und Kunden die Kosmetika anbieten muss, um damit einen guten Gewinn zu erwirtschaften. Dabei hilft ihr die folgende Handelskalkulation:

	Kategorie	Prozentsatz	Wert
	Listeneinkaufspreis (netto)	100 %	100,00 €
–	Lieferantenrabatt	25 %	25,00 €
=	Zieleinkaufspreis		75,00 €
–	Lieferantenskonto[1]	2 %	1,50 €
=	Bareinkaufspreis		73,50 €
+	Bezugskosten[2]		6,50 €
=	Bezugspreis (Einstandspreis)		80,00 €
+	Handlungskosten[3]	30 %	24,00 €
=	Selbstkosten		104,00 €
+	Gewinn	30 %	31,20 €
=	Verkaufspreis (netto)		135,20 €

Bezugskalkulation (Listeneinkaufspreis bis Bezugspreis)

Verkaufskalkulation (Bezugspreis bis Verkaufspreis)

Die Handelskalkulation zeigt Josefine Herfordt, dass sie ein Kosmetikprodukt, das sie für einen Listeneinkaufspreis von 100,00 € netto einkauft, für 135,20 € (netto) verkaufen muss, wenn sie einen Gewinn von 30 % erzielen will. Der Endpreis für ihre Kundinnen und Kunden für dieses Kosmetikprodukt inkl. 19 % USt beträgt somit 160,89 € (Verkaufspreis netto 135,20 € + 19 % USt 25,69 €).

[1] **Skonto** ist ein Preisnachlass, der bei Bezahlung innerhalb einer Frist gewährt wird, um die Kunden zu einer schnellen bzw. pünktlichen Zahlung zu bewegen.

[2] **Bezugskosten** sind z. B. Versandkosten und Transportversicherung. Der Preis eines Lieferanten gilt grundsätzlich, falls nichts anderes vereinbart wurde, ab Werk oder Lager.

[3] Zu den **Handlungskosten** gehören alle Kosten, die im Warenhandel entstehen. Dazu gehören Kosten für Personal, Strom, Heizung, Miete, Kfz, Versand, Zinsen und Abschreibungen. Für die Handlungskosten wird ein Zuschlagssatz ermittelt, der in die Berechnung des Verkaufspreises einfließt.

Zuschlagskalkulation

Die Zuschlagskalkulation wird bei der Einzel- oder Serienfertigung unterschiedlicher Erzeugnisse angewendet. Sie eignet sich aber auch für Dienstleistungsunternehmen.

Die Zuschlagskalkulation rechnet die Einzelkosten direkt den Kostenträgern (Aufträge, Produkte) zu und verteilt die Gemeinkosten mithilfe von Zuschlagssätzen auf die Kostenträger.

Sie beruht also auf der Trennung der Kosten in Einzel- und Gemeinkosten. **Einzelkosten** sind Kosten, die einem Produkt direkt zugerechnet werden können. **Gemeinkosten** sind Kosten, die einem Produkt nicht direkt zugerechnet werden können.

Ein Schreiner fertigt einen Tisch an. Die Kosten, die für das dabei verwendete Holz anfallen, sind Einzelkosten, da sie diesem einen Tisch direkt zugerechnet werden können. Die Miete für die Räume der Schreinerei hingegen sind Gemeinkosten, da in den Räumen verschiedene Produkte hergestellt werden.

Kostenarten

Einzelkosten (EK)	Gemeinkosten (GK)
Kosten, die dem Produkt (Kostenträger) direkt zugerechnet werden können	Kosten, die dem Produkt nicht direkt zugerechnet werden können
Beispiele: • Material einschließlich Zulieferteile (Materialeinzelkosten) • Arbeitsentgelte bei der Produktion einschließlich Lohnnebenkosten (Fertigungseinzelkosten)	Beispiele: • Kosten der Verwaltung • Miete/Pacht • Heizung, Strom • Werbung • Instandhaltung • Versicherungen • Abschreibungen • Lagerkosten • Kfz-Kosten

Begriffserläuterungen zu den Kostenarten

Lohnnebenkosten: Arbeitgeberbeiträge zur Sozialversicherung (Renten-, Kranken-, Arbeitslosen-, Pflege- und Unfallversicherung), bezahlte Urlaubs- und Feiertage, Entgeltfortzahlung im Krankheitsfall, Urlaubs- und Weihnachtsgeld.

Abschreibungen: Gebäude, Maschinen und Einrichtungsgegenstände verlieren durch die Herstellung von Sachgütern und die Erbringung von Dienstleistungen an Wert, sie nutzen sich ab. Abschreibungen sind die geschätzten Kosten für diesen Wertverlust.

Lagerkosten: Dazu gehören unter anderem die Personalkosten des Lagers, die Abschreibungen der Lagereinrichtung, die Instandhaltungskosten, Heizung, Strom, Reinigung, Versicherungsgebühren, vor allem aber die Verzinsung des in den Lagerbeständen investierten Kapitals.

Da nur die Materialeinzelkosten und die Fertigungseinzelkosten genau ermittelt werden können, schlägt man die Gemeinkosten in Form von **Gemeinkostenzuschlagssätzen** prozentual den Material- und den Fertigungseinzelkosten hinzu.

Die Zuschlagssätze werden gebildet, indem das prozentuale Verhältnis der entsprechenden Gemeinkosten zu bestimmten Einzelkosten oder Kostenbereichen ermittelt wird. Bezugsgrößen für die Zuschlagssätze können das Material, die Fertigungskosten, die Herstellkosten oder die Selbstkosten sein. Die Zuschlagssätze werden vor allem mithilfe der Vorjahreswerte ermittelt. Kleinbetriebe ohne kaufmännische Abteilungen, die sich schwertun, Gemeinkostenzuschläge zu ermitteln, nehmen Betriebsvergleiche zu Hilfe, die ihnen von Kammern, den Innungsverbänden oder Steuerberatern zur Verfügung gestellt werden.

Zuschlagskalkulation in einem Handwerksbetrieb

Das Unternehmen der Bauschlosserin Dalia Akay erhält von einem Kunden den Auftrag, ein Balkongeländer aus Edelstahl herzustellen und anzubringen. Dazu wird Fertigungsmaterial im Wert von 800,00 € benötigt. Die Herstellung (vor allem Schweißarbeiten) und das Anbringen erfordern fünf Arbeitsstunden bei einem Stundenarbeitsentgelt von 19,00 € pro Stunde. Der Zuschlagssatz für die Materialgemeinkosten beträgt 10 % der Materialeinzelkosten, der Zuschlagssatz für die Fertigungsgemeinkosten 140 % der Fertigungseinzelkosten, also der Arbeitsentgelte (Löhne und Gehälter). Verwaltungs- und Vertriebsgemeinkosten betragen jeweils 10 % der Herstellkosten. Dalia Akay möchte einen Gewinn in Höhe von 8 % der Selbstkosten erwirtschaften.

Materialeinzelkosten	800,00 €
+ Materialgemeinkosten (10 % der Materialeinzelkosten)	80,00 €
= Materialkosten	**880,00 €**
Fertigungseinzelkosten	95,00 €
+ Fertigungsgemeinkosten (140 % der Fertigungseinzelkosten)	133,00 €
= Fertigungskosten	**228,00 €**
Herstellkosten (= Materialkosten + Fertigungskosten)	**1.108,00 €**
+ Verwaltungsgemeinkosten (10 % der Herstellkosten)	110,80 €
+ Vertriebsgemeinkosten (10 % der Herstellkosten)	110,80 €
= Selbstkosten	**1.329,60 €**
Selbstkosten	**1.329,60 €**
+ Gewinnzuschlag (8 % der Selbstkosten)	106,37 €
= Angebotspreis (netto)	**1.435,97 €**

Wenn Dalia Akay einen Gewinn in Höhe von 8 % der Selbstkosten erreichen will, muss der Kunde 1.708,80 € (Angebotspreis netto 1.435,97 € + 19 % USt 272,83 €) für die Ausführung des Auftrags bezahlen.

2.2.3.2 Standortanalyse im Rahmen der Distributionspolitik

Distributionspolitik

Das grundsätzliche Ziel der **Distributionspolitik** (auch: Vertriebspolitik) ist, dass die hergestellten Sachgüter oder erbrachten Dienstleistungen zur richtigen Zeit am richtigen Ort im richtigen Zustand in der richtigen Beschaffenheit und in der richtigen Menge dem Käufer zur Verfügung gestellt werden.

Es geht also um den zielgerichteten Warenfluss zwischen den Marktakteuren im **Absatzweg**. Beim Absatzweg hat ein Hersteller oder Dienstleister die Wahl zwischen Direktvertrieb und indirektem Vertrieb (Handel), er kann unterschiedliche Zielgruppen auf verschiedenen Absatzwegen bedienen.

- **Direkter Absatz:** Absatz vom Erzeuger direkt zum Verbraucher.

> Eine Schneiderin verkauft die von ihr hergestellte Kleidung direkt im eigenen Online-Shop und in einem kleinen Ladenlokal.

- **Indirekter Absatz:** Absatz vom Erzeuger über ggf. Großhändler und Einzelhändler zum Verbraucher

> Ein Hersteller von Bio-Ketchup verkauft sein Produkt über den Groß- und Einzelhandel sowohl an die Gastronomie als auch an Endkunden.

Die Gesamtheit aller Absatzwege bildet das **Vertriebssystem.**

Direkter und indirekter Absatz

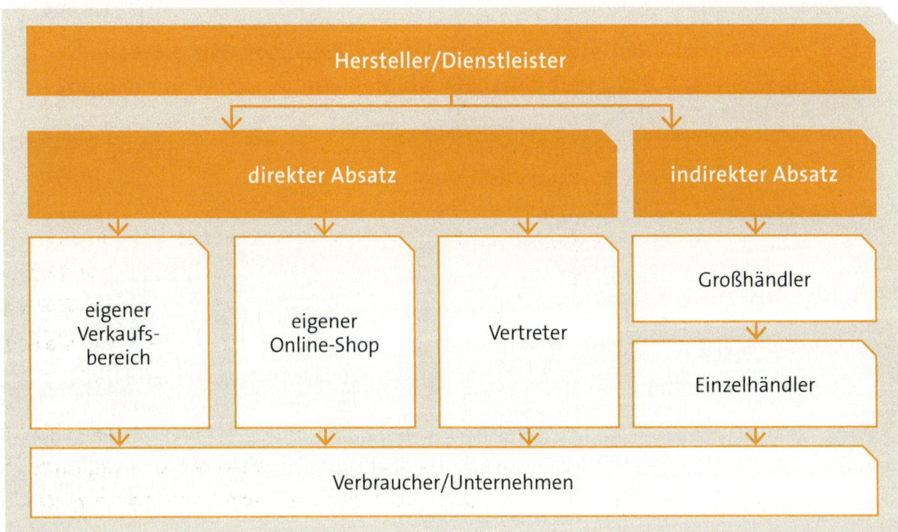

Standortfaktoren

Eine wesentliche Entscheidung im Rahmen der Distributionspolitik ist die Wahl des optimalen Standorts für das Unternehmen. Im Prozess der Standortsuche werden sogenannte Standortfaktoren diskutiert. Unabdingbar ist es, sich intensiv mit entsprechenden Argumenten für oder gegen einen möglichen Standort auseinanderzusetzen, zumal die Standortentscheidung eine strategische, also langfristige Entscheidung ist. Fehlentscheidungen in diesem Bereich können eventuell hohe Kosten auf längere Zeit nach sich ziehen.

Der Standort entscheidet beispielsweise über

- die Nähe zu Kunden und Lieferanten,
- die Nähe zur Konkurrenz,
- die Höhe der Miete, Pacht oder Kaufsumme für ein Gebäude,
- die Höhe der zu entrichtenden Steuern,
- das Angebot an qualifizierten Fachkräften,
- die Höhe der Lohn- und Lohnnebenkosten,
- die Inanspruchnahme kommunaler Fördermittel,
- Verkehrswege und -anbindung,
- Umweltauflagen, die bei Produktion oder Transport zu berücksichtigen sind,
- die Möglichkeit einer späteren Unternehmenserweiterung.

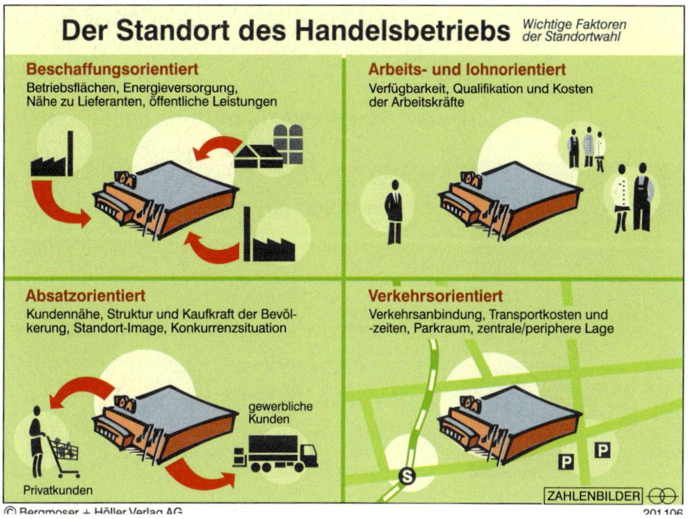

Als Standortfaktoren werden Aspekte bezeichnet, die bei der Standortwahl eines Unternehmens eine Rolle spielen. Die Faktoren ergeben sich aus dem Standort selbst und aus dessen Umfeld.

Die Standortfaktoren lassen sich in „harte" und „weiche" Faktoren einteilen:

- **Harte Standortfaktoren** geben Aufschluss über den betriebswirtschaftlichen Nutzen eines Standorts. Beispiele sind die Kaufkraft in der Region, Mietpreise oder die Verkehrsanbindung.
- **Weiche Standortfaktoren** sind kaum betriebswirtschaftlich quantifizierbar, wirken sich aber auf die Zufriedenheit des Gründers und der Mitarbeiter aus. Sie erleichtern es auch, qualifizierte Mitarbeiter zu finden. Beispiele sind das Vorhandensein von vielerlei Schultypen, Forschungseinrichtungen, Freizeitmöglichkeiten sowie Weiterbildungs- und Kulturangeboten.

Neben den Standortfaktoren sind bei der Standortwahl weitere Aspekte zu beachten. Sie ergeben sich häufig aus der **Branche** und **Zielsetzung** des Unternehmens sowie seinen **betrieblichen Besonderheiten.** Zahlreiche gewerbe- und baurechtliche Vorschriften können die Standortwahl beeinflussen:

Zum einen ist es die **Baunutzungsverordnung,** die vorschreibt, welche Betriebe in welchen Gebieten zulässig sind. Zum Beispiel werden störende Betriebe in Wohn- und Mischgebieten nicht erlaubt. Zum anderen ist es die **Arbeitsstättenverordnung,** die Vorgaben für die Räume enthält. Dies betrifft z. B.: Raumabmessung, Raumhöhe, Belichtung, Beleuchtung, Verkehrswege, Fluchtwege, Raumlüftung, Raumtemperaturen, Toilettenräume, Pausenräume, Umkleideräume, Schallpegelwerte und Brandschutzvorkehrungen. Weiterhin sind die Bestimmungen des **Immissionsschutzgesetzes** zu beachten.

Informationen dazu, ob ihr Betrieb am geplanten Standort genehmigt werden kann, erhalten Gründer beim Bauplanungsamt der zuständigen Gemeinde. Das Gewerbeaufsichtsamt und die Berufsgenossenschaft informieren darüber, ob die vorgesehenen Räume den Bestimmungen entsprechen.

Standortwahl mithilfe der Entscheidungsbewertungstabelle

Oft gibt es für ein Problem mehrere mögliche Lösungen. Vor allem bei komplexen Fragestellungen ist es wichtig, eine Methode zu haben, mit der man aus mehreren Lösungsalternativen die optimale Lösung herausfinden kann. Eine solche Methode ist die Entscheidungsbewertungstabelle.

Eine **Entscheidungsbewertungstabelle** ist eine Tabelle, in der Faktoren, die für die Lösung eines Problems relevant sind, nach ihrer Bedeutung gewichtet werden. Die Alternative, die am Ende die höchste Punktzahl erhält, ist – wenn die Bewertung richtig vorgenommen wurde – die beste. Insgesamt kommt es darauf an, dass alle Faktoren, die einen Einfluss auf das gegebene Problem haben, berücksichtigt werden und dass genügend Informationen vorliegen, mit denen eine Bewertung vorgenommen werden kann. Auch eine Standortanalyse lässt sich mithilfe einer Entscheidungsbewertungstabelle durchführen.

Für den Installations- und Servicebetrieb für Heizungssysteme und Fotovoltaik von Felix Müller (Einstiegssituation zu Kap. 2, S. 20) stehen zwei alternative Standorte zu Verfügung:

Standort 1: Standort ist das Industriegebiet einer Kleinstadt mit guter Verkehrsanbindung. Angeboten wird eine Werkhalle mit einer Gesamtfläche von 150 m^2. Die monatliche Pacht beträgt 1.400,00 €. In direkter Nachbarschaft befinden sich ein Lebensmittelmarkt und ein Autohaus, die für eine hohe Passantenfrequenz sorgen. Verschiedene Schultypen und Kultureinrichtungen sind vorhanden. Die kleinstädtische Bevölkerung, vor allem am Ortsrand, verfügt über eine überdurchschnittliche Kaufkraft. Es herrscht harte Konkurrenz zu drei weiteren Anbietern im Bereich Heizungsbau. Ein Gewerbegebiet befindet sich in Standortnähe. Die Mitarbeiter des Innungsbetriebs werden übertariflich entlohnt.

Standort 2: Standort ist das Zentrum einer größeren ländlichen Gemeinde mit einem etwas geringeren Lohnniveau. Die Passantenfrequenz an diesem Standort ist eher gering. Dort wird eine größere leer stehende Werkhalle (250 m^2) mit einer günstigeren Pacht (monatlich 1.000,00 €) angeboten. Es gibt weniger Konkurrenz. Die Verkehrsanbindung ist ungünstig. Die Kaufkraft der Bevölkerung ist geringer. Es gibt mehrere Gewerbeansiedelungen im Umkreis von 20 km. Kultur- und Freizeiteinrichtungen gibt es in der 50 km entfernten größeren Stadt.

Ablauf der Bewertung:

1. Der Gründer listet alle Faktoren, die für die Standortwahl wichtig sind, auf.
2. Für die Gewichtung (G) der Faktoren stehen jeweils bis zu 10 Punkte zur Verfügung. Je wichtiger ein Faktor erscheint, desto höher wird er bewertet.
3. Der Gründer vergibt Punkte (P) dafür, wie gut Standort 1 bzw. Standort 2 bei den einzelnen Kriterien abschneiden. Die Punkteskala reicht von *0 = sehr ungünstig* bis *5 = sehr günstig*.
4. Er multipliziert den Gewichtungsfaktor (G) mit der Punktzahl (P) und erhält so das Ergebnis (E).
5. Er addiert die Ergebnisse (E) für Standort 1 und für Standort 2 und erhält so die jeweilige Summe. Der Standort mit der höheren Punktzahl ist der bessere.

Entscheidungsbewertungstabelle für zwei Standorte

Standortfaktoren	Gewichtung (G)	Standort 1		Standort 2	
		Punkte (P)	Ergebnis (E)	Punkte (P)	Ergebnis (E)
Kaufkraft (Haben die Kunden Geld?)	10	5	50	2	20
Konkurrenzsituation	10	1	10	5	50
Einzugsbereich (z. B. Größe der Gemeinde)	5	4	20	3	15
Passantenfrequenz (Einkaufsstraße?)	5	5	25	2	10
Verkehrsanbindung	5	5	25	1	5
Nähe zu Gewerbegebiet	5	5	25	3	15
Mietpreis/Gewerbesteuer	5	2	10	5	25
Hallengröße (auch Erweiterungsmöglichkeit)	5	2	10	5	25
Lohnniveau	3	2	6	4	12
Kultur/Freizeiteinrichtungen	5	5	25	2	10
Summe			**206**		**187**

Felix Müller entscheidet sich für Standort 1, da die Entscheidungsbewertungstabelle zeigt, dass dieser die günstigeren Bedingungen bietet.

Aufgaben zu Kapitel 2

1. Beim Marketing geht es keineswegs nur um „Werbung". Beschreiben Sie den Marketingbegriff in zwei bis drei Sätzen.

2. Erläutern Sie die Begriffe „Kundenanalyse" und „Konkurrenzanalyse" in eigenen Worten.

3. Nennen und beschreiben Sie am Beispiel von Felix Müller (Einstiegssituation auf S. 20 und Beispiele in Kap. 2), wie die „vier Ps", die den Marketingmix kennzeichnen, verwirklicht werden könnten.

4. Ein Bürowarenverkäufer bezieht Papierlocher eines Markenfabrikats zum Bareinkaufspreis von 18,00 € pro Stück vom Hersteller. Die Bezugskosten betragen 0,50 € pro Stück. Die Handlungskosten belaufen sich auf 25 %, der Gewinnzuschlag des Händlers beträgt 10 %. Ermitteln Sie den Barverkaufspreis pro Stück.

5. Ein Einzelhändler bezieht von einem PC-Hersteller Tablets zu einem Listeneinkaufspreis von 300,00 € pro Stück. Der Einzelhändler erhält einen Rabatt von 20 %. Seine Bezugskosten betragen 12,00 € pro Tablet. Seine Handlungskosten liegen bei 22 %. Er kalkuliert mit einem Gewinn von 20 %. Berechnen Sie den Verkaufspreis, für den der Einzelhändler seinen Kunden das Tablet anbietet.

6. Eine Autowerkstatt kauft für die Reparatur eines Kraftfahrzeugs ein Zulieferteil im Wert von 650,00 €. Der Kfz-Mechatroniker benötigt für den Einbau 2,5 Arbeitsstunden, sein Arbeitsentgelt pro Stunde beträgt 18,50 €.
   a) Ermitteln Sie die Selbstkosten, wenn der Materialgemeinkostenzuschlag 20 %, der Fertigungsgemeinkostenzuschlag 120 % und der Verwaltungs- und Vertriebsgemeinkostenzuschlag jeweils 5 % betragen.
   b) Ermitteln Sie den Rechnungsbetrag (netto), den die Autowerkstatt ihrem Kunden in Rechnung stellt, wenn sie mit einem Gewinnzuschlag von 10 % kalkuliert.

7. Unterscheiden Sie zwischen „harten" und „weichen" Faktoren bei der Standortwahl.

8. Fallstudie zur Standortwahl: Vergleichen Sie mithilfe einer Entscheidungsbewertungstabelle Standorte für die Gründung eines Betriebs, der Schweißroboter und Absauganlagen für Feinstaub herstellt. Bei der Herstellung spielt die Blechverarbeitung eine wesentliche Rolle. Der Vertrieb erfolgt vor allem im Umkreis von 100 km, Kunden sind hauptsächlich Industriebetriebe, aber auch Kfz-Werkstätten. Eine Betriebsbörse inseriert zwei blechverarbeitende Unternehmen, die aus Altersgründen verkauft werden sollen. Vergleichen Sie die Gewerbestandorte. Berücksichtigen Sie auch „weiche" Standortfaktoren. Nehmen Sie eine Landkarte zu Hilfe.

   Standort 1, Esslingen: Betriebshalle 300 m², Fabrikhof 300 m², Pacht 3.000,00 € pro Monat, gute Zufahrt für Lkw, Hebesatz der Gewerbesteuer 400 %. Aufgrund eines Wohngebiets in der Nähe darf nachts nicht gearbeitet werden. Gut ausgebildete Fachkräfte.
   Standort 2, Dinkelsbühl: Betriebshalle 350 m², Fabrikhof 800 m², Miete 2.500,00 € pro Monat, 15 km zum Autobahnanschluss, rundum landwirtschaftliche Betriebe, Hebesatz der Gewerbesteuer 380 %.

3 Rechtsformen von Unternehmen

Sanja Novak hat überhaupt keine Lust, nach dem Abitur zu studieren. Sie backt leidenschaftlich gern und möchte zusammen mit einer Freundin und mit tatkräftiger Unterstützung ihrer Eltern ein Café eröffnen. Sie will also Unternehmerin werden.

Da immer mehr Händler in kleineren Gemeinden ihren Betrieb aufgeben, findet sie schnell geeignete Räume in einer Hauptstraße mit hoher Passantenfrequenz zu günstigen Konditionen. Ein Existenzgründungsseminar, in dem sie ihre kaufmännischen Kenntnisse erweitern konnten, haben ihre Freundin und sie bereits besucht. Ein Existenzgründerdarlehen wurde ihnen von ihrer Sparkasse zugesagt. Zu den vielen Fragen, die noch offen sind, gehört die der Rechtsform des neu zu gründenden Unternehmens. Dafür gibt es mehrere Möglichkeiten.

Für jeden Unternehmensgründer stellt sich die Frage, welche Rechtsform den Zielsetzungen seines Unternehmens am besten entspricht. Grundsätzlich hat er die Wahl zwischen verschiedenen gesetzlich festgeschriebenen Rechtsformen, neben denen in der Praxis weitere, vom Gesetzgeber zunächst gar nicht vorgesehene Mischformen entstanden sind. Für die Wahl der Rechtsform gibt es keine Patentlösung. Jede von ihnen hat Vor- und Nachteile und wirkt sich auf wichtige betriebswirtschaftliche Grundfragen aus, z. B.:

- Möglichkeiten der Kapitalbeschaffung (Eigenkapital, Fremdkapital)
- Geschäftsführung (allein oder gemeinsam, selbst oder durch Dritte)
- Gewinn- und Verlustverteilung (nach Köpfen, nach Höhe der Einlage)
- Haftung (persönliche Haftung oder beschränkt auf Höhe der Einlage)
- Besteuerung (Einkommensteuer, Gewerbesteuer, Körperschaftsteuer, Kapitalertragsteuer)

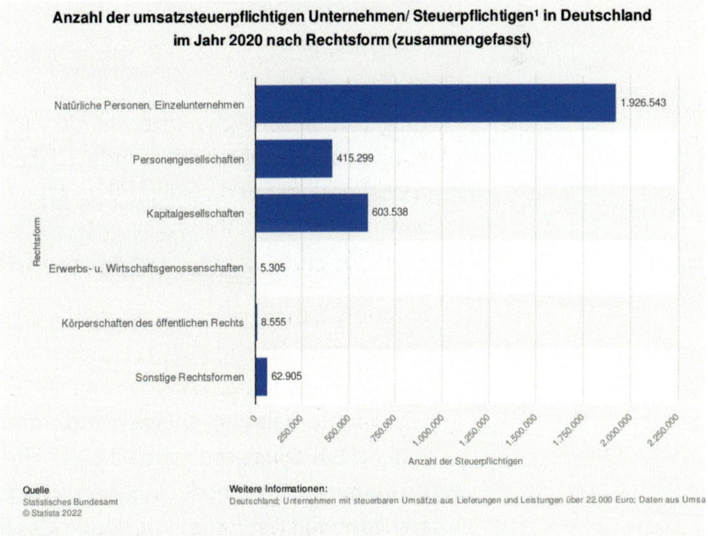

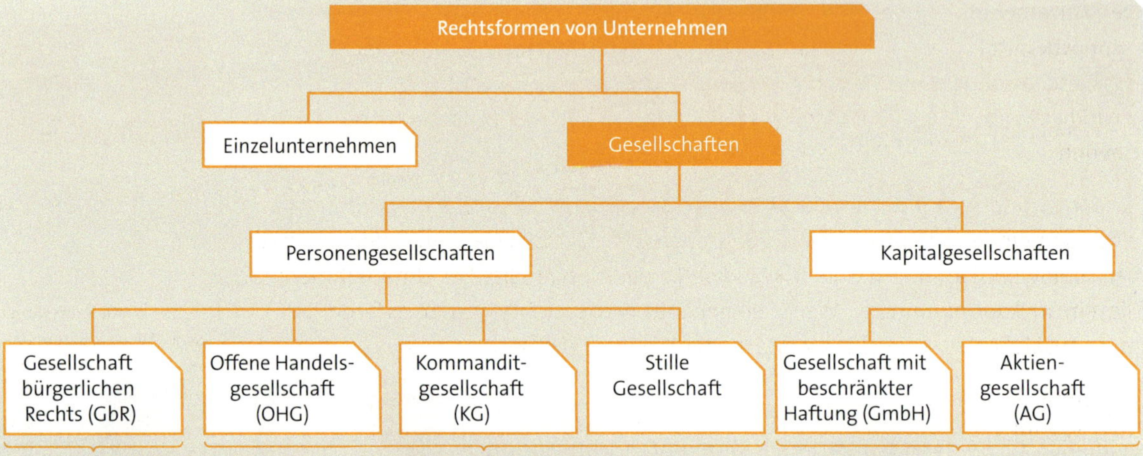

Bürgerliches Gesetzbuch (BGB):
- Verein (e. V.): §§ 21 ff.
- GbR: §§ 705 ff.

Handelsgesetzbuch (HGB):
- eingetragener Kaufmann (e. K.): §§ 1 ff.
- OHG: §§ 105 ff.
- KG: §§ 161 ff.
- GmbH & Co. KG: §§ 161 ff.
- stille Gesellschaft: §§ 230 ff.

Spezialgesetze:
- AG: Aktiengesetz (AktG)
- GmbH: GmbH-Gesetz (GmbHG)
- eingetragene Genossenschaft: Genossenschaftsgesetz (GenG)

Unterscheidung von Personen- und Kapitalgesellschaften
Eine Gesellschaft ist immer entweder eine Personen- oder eine Kapitalgesellschaft.

- **Personengesellschaften** haben mehrere Eigentümer. Je nach Rechtsform haften alle oder nur besonders ausgewiesene Eigentümer auch mit ihrem Privatvermögen.
- **Kapitalgesellschaften** haben einen bis viele Eigentümer, die aber alle nicht mit ihrem Privatvermögen für entstandene Verluste haften. Die Haftung ist auf das Gesellschaftsvermögen beschränkt.

	Personengesellschaften	Kapitalgesellschaften
Rechtliche Organisationsform	Gesamthand	Juristische Person
Mindestkapital	nein	ja
Haftendes Vermögen	Gesellschaftsvermögen und Privatvermögen	Gesellschaftsvermögen
Geschäftsführung und Vertretung	durch Gesellschafter	durch Organe
Gewinnverteilung	nach Köpfen oder „im angemessenen Verhältnis“ bzw. nach vertraglicher Vereinbarung	nach Höhe der Kapitaleinlage bzw. nach vertraglicher Vereinbarung

3.1 Einzelunternehmen

Ein Einzelunternehmen entsteht automatisch, wenn sich eine Gründerin oder ein Gründer allein selbstständig macht. Es bietet sich auch immer dann als Rechtsform an, wenn die Inhaberin oder der Inhaber ein Höchstmaß an Selbstständigkeit anstrebt und eigenverantwortlich handeln und die **Geschäftsführung** allein übernehmen möchte.

Der Unternehmer bringt das notwendige Eigenkapital allein auf. Ein gesetzliches **Mindestkapital** gibt es nicht. Die **Haftung** für Schulden erstreckt sich nicht nur auf das Geschäfts-, sondern auch auf das Privatvermögen des Unternehmers. Er trägt also ein hohes Risiko. Wenn das Unternehmen Erfolg hat, gehört ihm aber auch der gesamte **Gewinn**.

Zu den Gründungsformalitäten gehört die Gewerbeanmeldung beim Ordnungsamt einer Gemeinde. In handwerklichen Betrieben ist außerdem die Eintragung in die von der Handwerkskammer geführte Handwerksrolle notwendig. Bei Unternehmen, für die ein in kaufmännischer Weise eingerichteter Geschäftsbetrieb[1] erforderlich ist, muss zusätzlich eine Eintragung ins Handelsregister[2] erfolgen.

[1] Dass ein **in kaufmännischer Weise eingerichteter Geschäftsbetrieb** benötigt wird, wird dann angenommen, wenn der Jahresumsatz, das Kapital oder die Anzahl der Arbeitnehmer eine bestimmte Zahl übersteigt. Richtwert ist ein Jahresumsatz von mehreren Hunderttausend Euro.

[2] **Handelsregister**
Verzeichnis, in dem alle Kaufleute mit ihren Unternehmensdaten aufgeführt sind (www.Handelsregister.de). Es kann von allen Interessierten nach vorheriger Registrierung im Internet eingesehen werden. Geführt wird es von den Amtsgerichten. Unternehmen, die in das Handelsregister eingetragen sind, unterliegen den Vorschriften des HGB.

Die **Firma,** also der Name des Einzelunternehmens, besteht aus dem Vor- und Nachnamen des Inhabers. Weitere Zusätze sind zulässig. Ist das Einzelunternehmen in das Handelsregister eingetragen, ist der Unternehmensname frei wählbar, muss aber den Zusatz „eingetragener Kaufmann“ oder „eingetragene Kauffrau“ bzw. „e. K.“, „e. Kfm.“ oder „e. Kffr.“ enthalten.

Viele Einzelunternehmer gründen im Nebenerwerb, führen also ihren Hauptberuf so lange weiter, bis sich ihre Geschäftsidee als Erfolg erweist. Um Gründer zu entlasten, hat der Gesetzgeber die sogenannte **Kleinunternehmerregelung** vorgesehen. Diese Regelung besagt, dass ein Kleinunternehmer auf den Rechnungen, die er schreibt, keine Umsatzsteuer ausweisen muss. Dafür kann er aber die von ihm bezahlte Umsatzsteuer auch nicht abziehen.► Die wichtigste Bestimmung dazu findet sich im Umsatzsteuergesetz (UStG).

Umsatzsteuer
► **Eingangsklasse, Teil III, Kap. 2.5, S. 139**

§ 19 UStG, Besteuerung der Kleinunternehmer
(1) [1]Die für Umsätze [...] geschuldete Umsatzsteuer wird von Unternehmern, die im Inland [...] ansässig sind, nicht erhoben, wenn der in Satz 2 bezeichnete Umsatz zuzüglich der darauf entfallenden Steuer im vorangegangenen Kalenderjahr 22.000 Euro nicht überstiegen hat und im laufenden Kalenderjahr 50.000 Euro voraussichtlich nicht übersteigen wird. [2] [...]

Normalerweise sind Unternehmer laut Handelsgesetzbuch (HGB) zur sogenannten doppelten Buchführung und zur Erstellung eines Jahresabschlusses (bestehend aus der Bilanz sowie der Gewinn-und-Verlust-Rechnung) verpflichtet. Eine weitere Erleichterung für Einzelunternehmer ist die Möglichkeit zur **einfachen Buchführung.**

Der Gewinn wird dann mithilfe einer einfachen Gegenüberstellung der Einnahmen und Ausgaben, der sogenannten **Einnahmen-Überschuss-Rechnung,** ermittelt.

§ 241a HGB, Befreiung von der Pflicht zur Buchführung und Erstellung eines Inventars
Einzelkaufleute, die an den Abschlussstichtagen von zwei aufeinander folgenden Geschäftsjahren nicht mehr als jeweils 600.000 Euro Umsatzerlöse und jeweils 60.000 Euro Jahresüberschuss aufweisen, brauchen die §§ 238 bis 241[3] nicht anzuwenden. [...]

[3] Die §§ 238 bis 241 regeln unter anderem die Buchführungspflicht.

Vor- und Nachteile des Einzelunternehmens	
Vorteile	**Nachteile**
geringer Kapitalaufwand	unbeschränkte Haftung auch mit Privatvermögen
alleinige Entscheidungsbefugnis	hohe Arbeitsbelastung
erwirtschafteter Gewinn muss nicht geteilt werden	beschränktes Wachstum durch begrenzte Arbeitskraft und begrenzte Geldmittel (Kreditbasis)
einfache und kostengünstige Gründung	persönlicher Ausfall (z. B. Krankheit) führt leicht zur Krise des Unternehmens

3.2 Gesellschaft des bürgerlichen Rechts (GbR)

Die GbR ist die vertragliche Vereinigung von mindestens zwei Personen, die gemeinsam ein Ziel verfolgen.

Sanja Novak und ihre Freundin, die gemeinsam ein Café eröffnen möchten (Einstiegssituation auf S. 37), überlegen, ob die GbR die passende Rechtsform für sie sein könnte. Sie informieren sich deshalb über die Besonderheiten der GbR. Dabei interessiert sie vor allem die Haftung.

Der **Gesellschaftsvertrag** kann auch stillschweigend oder konkludent[1] zustande kommen. Um Auseinandersetzungen zu vermeiden, sollten die Gründer aber dennoch alle wichtigen Vereinbarungen in einem schriftlichen Vertrag niederlegen.

[1] **Konkludentes Verhalten (auch: schlüssiges Verhalten)**
Verhalten, das auf einen bestimmten Willen schließen lässt
▸ Eingangsklasse, Teil II, Kap. 1.2.1, S. 47

Die GbR muss nicht ins Handelsregister eingetragen werden und lässt sich deshalb schnell und unbürokratisch gründen. Die rechtlichen Grundlagen sind im **Bürgerlichen Gesetzbuch** (BGB) geregelt, deshalb wird die GbR auch als „BGB-Gesellschaft" bezeichnet. Die wichtigste Pflicht ergibt sich aus § 705 BGB.

§ 705 BGB, Inhalt des Gesellschaftsvertrags
Durch den Gesellschaftsvertrag verpflichten sich die Gesellschafter gegenseitig, die Erreichung eines gemeinsamen Zweckes in der durch den Vertrag bestimmten Weise zu fördern, insbesondere die vereinbarten Beiträge zu leisten.

Der gemeinsame Zweck kann sehr unterschiedlich sein. So handelt es sich bereits bei Personen, die gemeinsam Lotto spielen, um eine GbR. Man spricht in diesem Zusammenhang von einer „Gelegenheitsgesellschaft". Meist werden jedoch **unternehmerische Zwecke** verfolgt. Beispiele hierfür sind z. B. eine Vertriebsgesellschaft, ein Handwerksbetrieb, eine Gemeinschaftspraxis von Ärzten oder Anwälten, eine Werbegemeinschaft oder eine Arbeitsgemeinschaft (ARGE) zur Durchführung von Großprojekten.

Eine GbR tritt unter den **Namen der Gesellschafter** auf. Zulässig ist aber auch die Führung einer firmenähnlichen Bezeichnung, z. B. „ARGE Wohnungsbau“ oder „Aktien-Club Money“.

Ein **Mindestkapital** ist gesetzlich nicht vorgesehen. Das Vermögen der GbR, das durch die Beiträge der Gesellschafter und durch nicht ausgeschüttete Gewinne erworben wird, ist **gemeinschaftliches Vermögen.** Die einzelnen Gesellschafter können nicht über ihren Anteil verfügen.

Die GbR ist eine **Personengesellschaft**►. Das heißt, dass ihre Gesellschafter persönlich und unbeschränkt für alle eingegangenen Verpflichtungen **haften** (BGB §§ 421, 427). Die gesamtschuldnerische Haftung umfasst sogar Fehlentscheidungen oder unerlaubte Handlungen eines Mitgesellschafters. Gläubiger einer GbR können nach Belieben die fällige Leistung von jedem einzelnen Gesellschafter einfordern. Eine Haftungsbeschränkung ist auch durch einen Gesellschaftsvertrag nicht möglich.

Personengesellschaften
► Kap. 3, S. 38

§ 421 BGB, Gesamtschuldner
[1]Schulden mehrere eine Leistung in der Weise, dass jeder die ganze Leistung zu bewirken verpflichtet, der Gläubiger aber die Leistung nur einmal zu fordern berechtigt ist (Gesamtschuldner), so kann der Gläubiger die Leistung nach seinem Belieben von jedem der Schuldner ganz oder zu einem Teil fordern. [2]Bis zur Bewirkung der ganzen Leistung bleiben sämtliche Schuldner verpflichtet.

§ 427 BGB, Gemeinschaftliche vertragliche Verpflichtung
Verpflichten sich mehrere durch Vertrag gemeinschaftlich zu einer teilbaren Leistung, so haften sie im Zweifel als Gesamtschuldner.

Die **Geschäftsführung** (Innenverhältnis, § 709 BGB) und die **Vertretung** (Außenverhältnis, § 714 BGB) steht den Gesellschaftern grundsätzlich gemeinschaftlich zu. Für jedes Geschäft ist die Zustimmung aller Gesellschafter erforderlich. Meist werden die Geschäftsführung und Vertretung einem einzelnen Gesellschafter übertragen (§ 714 BGB). Ist einem einzelnen Gesellschafter nur die Geschäftsführung übertragen, so ist er in der Regel auch vertretungsbefugt.

§ 709 BGB, Gemeinschaftliche Geschäftsführung
(1) Die Führung der Geschäfte der Gesellschaft steht den Gesellschaftern gemeinschaftlich zu; für jedes Geschäft ist die Zustimmung aller Gesellschafter erforderlich.
(2) Hat nach dem Gesellschaftsvertrag die Mehrheit der Stimmen zu entscheiden, so ist die Mehrheit im Zweifel nach der Zahl der Gesellschafter zu berechnen.

§ 714 BGB, Vertretungsmacht
Soweit einem Gesellschafter nach dem Gesellschaftsvertrag die Befugnis zur Geschäftsführung zusteht, ist er im Zweifel auch ermächtigt, die anderen Gesellschafter Dritten gegenüber zu vertreten.

Die Anteile am **Gewinn und Verlust** für jeden Gesellschafter regelt § 722 BGB. Dabei zeigt sich, wie wichtig ein schriftlicher Gesellschaftsvertrag ist, auch wenn er bei der GbR nicht vorgeschrieben ist.

§ 722 BGB, Anteile am Gewinn und Verlust
(1) Sind die Anteile der Gesellschafter am Gewinn und Verlust nicht bestimmt, so hat jeder Gesellschafter ohne Rücksicht auf die Art und die Größe seines Beitrags einen gleichen Anteil am Gewinn und Verlust. [...]

Die Gesellschaft **endet** mit der Erfüllung des beabsichtigten Zwecks oder durch Kündigung eines Gesellschafters.

Gesellschaft des bürgerlichen Rechts (GbR)	
Gründung	• mindestens zwei Gesellschafter • kein Mindestkapital • keine besonderen Formalitäten • formloser Gesellschaftsvertrag (Eine mündliche Vereinbarung reicht aus. Allerdings ist ein schriftlicher Gesellschaftsvertrag empfehlenswert.)
Haftung	• persönlich • als Gesamtschuldner

3.3 Gesellschaft mit beschränkter Haftung (GmbH)

Kapitalgesellschaften
► Kap. 3, S. 38

Die GmbH ist eine **Kapitalgesellschaft**►. Sie ist im Gegensatz zum Einzelunternehmen und zur GbR eine **juristische Person**[1] mit eigener Rechtspersönlichkeit und somit selbstständige Trägerin von Rechten und Pflichten. Die GmbH kann Eigentum erwerben, Verträge abschließen und vor Gericht klagen oder verklagt werden.

Die Gesellschafter müssen ein **Mindestkapital** (Stammkapital) von zusammen 25.000,00 € einbringen. Die GmbH hat den Vorteil, dass die **Haftung** auf das Gesellschaftsvermögen beschränkt ist, die Gesellschafter also nicht persönlich für die Schulden der Gesellschaft haften. Der Vorteil der Haftungsbeschränkung sollte allerdings nicht überbewertet werden, da etwaige Bankkredite in der Regel nur gegen zusätzliche Sicherheiten (Grundschulden auf Immobilienbesitz, persönliche Bürgschaften der Gesellschafter oder zukünftige Entgeltabtretungen) gewährt werden. Wenn ein Geschäftsführer fahrlässig schwere Fehler begeht, haftet er eventuell auch mit seinem Privatvermögen. Allerdings sind für Lieferanten und Kreditinstitute bei einer GmbH die Kreditrisiken höher als bei einem Einzelunternehmen oder einer Personengesellschaft.

[1] **Natürliche und juristische Personen**
Natürliche Personen sind alle Menschen. *Juristische Personen* sind z. B. Vereine oder Kapitalgesellschaften. Sowohl natürliche als auch juristische Personen sind rechtsfähig, also fähig, Träger von Rechten und Pflichten zu sein. Weitere Informationen finden Sie in der
► Eingangsklasse, Teil II, Kap. 1.1.1, S. 38.

Die Rechtsform der GmbH wird auch häufig für Handwerksbetriebe verwendet. Rechtsgrundlage ist das GmbH-Gesetz (GmbHG).

§ 1 GmbHG, Zweck; Gründerzahl
Gesellschaften mit beschränkter Haftung können nach Maßgabe der Bestimmungen dieses Gesetzes zu jedem gesetzlich zulässigen Zweck durch eine oder mehrere Personen errichtet werden.

§ 2 GmbHG, Form des Gesellschaftsvertrags

(1) [1]Der Gesellschaftsvertrag bedarf notarieller Form. [2]Er ist von sämtlichen Gesellschaftern zu unterzeichnen. [...]

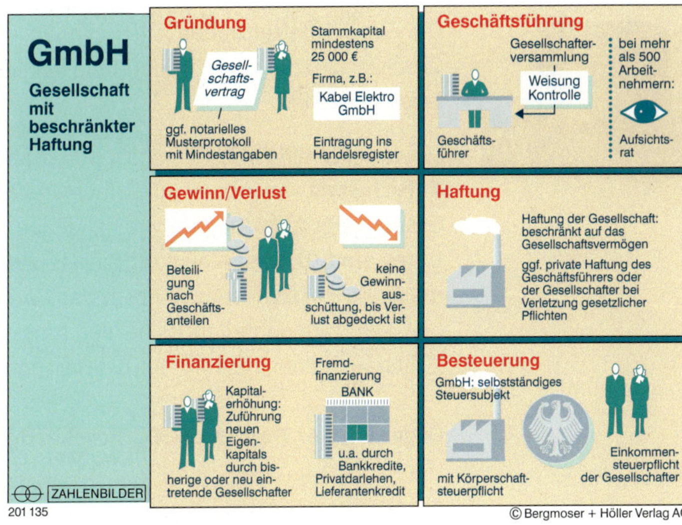

§ 13 GmbHG, Juristische Person; Handelsgesellschaft

(1) Die Gesellschaft mit beschränkter Haftung als solche hat selbständig ihre Rechte und Pflichten; sie kann Eigentum [...] erwerben, vor Gericht klagen und verklagt werden.

(2) Für die Verbindlichkeiten der Gesellschaft haftet den Gläubigern derselben nur das Gesellschaftsvermögen.

(3) Die Gesellschaft gilt als Handelsgesellschaft im Sinne des Handelsgesetzbuchs.

Erst durch die **Eintragung in das Handelsregister** entsteht die GmbH als juristische Person mit Kaufmannseigenschaft. Vor der Eintragung, also im Gründungsstadium, haften die Gesellschafter persönlich und gesamtschuldnerisch.

Die **Geschäftsführungs- und Vertretungsbefugnis** wird von einem oder von mehreren Geschäftsführern ausgeübt.

Die **Firmenbezeichnung** kann in einer Personen-, einer Sach- oder Fantasiebezeichnung bestehen. Ihr muss aber die Rechtsformbezeichnung „Gesellschaft mit beschränkter Haftung“ oder die Abkürzung GmbH angefügt werden. Für Geschäftsbriefe gibt es strenge Vorgaben:

§ 35a GmbHG, Angaben auf Geschäftsbriefen

(1) [1]Auf allen Geschäftsbriefen gleichviel welcher Form, die an einen bestimmten Empfänger gerichtet werden, müssen die Rechtsform und der Sitz der Gesellschaft, das Registergericht des Sitzes der Gesellschaft und die Nummer, unter der die Gesellschaft in das Handelsregister eingetragen ist, sowie alle Geschäftsführer und, sofern die Gesellschaft einen Aufsichtsrat gebildet und dieser einen Vorsitzenden hat, der Vorsitzende des Aufsichtsrats mit dem Familiennamen und mindestens einem ausgeschriebenen Vornamen angegeben werden. [2]Werden Angaben über das Kapital der Gesellschaft gemacht, so müssen in jedem Fall das Stammkapital sowie, wenn nicht alle in Geld zu leistenden Einlagen eingezahlt sind, der Gesamtbetrag der ausstehenden Einlagen angegeben werden.

(3) Bestellscheine gelten als Geschäftsbriefe [...]

Die Gesellschafter haben Anspruch auf den Jahresüberschuss im Verhältnis zu ihren Geschäftsanteilen. Sie können Teile des **Jahresüberschusses** aber auch in Gewinnrücklagen einstellen.

Die Gesellschafter können im Gesellschaftsvertrag (Satzung) der GmbH die Wahl eines **Aufsichtsrats** vereinbaren. Bei einer GmbH mit mehr als 500 Mitarbeitern schreibt der Gesetzgeber Aufsichtsräte vor, bei denen auch die Arbeitnehmer zu einem Drittel vertreten sind (Drittelbeteiligungsgesetz). Bei GmbHs mit mehr als 2000 Beschäftigten muss die Hälfte des Aufsichtsrats aus Arbeitnehmerinnen und Arbeitnehmern bestehen. Der Frauenanteil muss bei den Aufsichtsräten mindestens 30 % betragen. Die Aufsichtsräte haben die Aufgabe, die Geschäftsführung zu überwachen.

Organe einer GmbH (ab 500 Beschäftigten)

[1] Die **Entlastung** eines Geschäftsführers bedeutet, dass die Gesellschafterversammlung seine vergangenen (oder sogar zukünftige) Maßnahmen akzeptiert.

3.4 Unternehmergesellschaft (haftungsbeschränkt)[2]

Durch eine Ergänzung des GmbH-Gesetzes von 2008 wurde die Gründung einer GmbH beschleunigt und erleichtert. Um den Bedürfnissen der Existenzgründer gerecht zu werden, die nur sehr wenig Kapitaleinlagen mitbringen können, ermöglichte die Gesetzesänderung die Gründung einer „Unternehmergesellschaft (haftungsbeschränkt)", umgangssprachlich auch „Mini-GmbH" oder „Ein-Euro-GmbH".[3] Dabei handelt es sich nicht um eine neue Rechtsform, sondern um eine GmbH, die **ohne ein bestimmtes Mindestkapital** gegründet werden kann. Allerdings dürfen die Gründer in den ersten Jahren ihre Gewinne nicht in voller Höhe entnehmen, sondern müssen Rücklagen bilden. Wenn sie 25.000,00 €, also das Mindestkapital für die „richtige" GmbH, angespart haben, kann die UG (haftungsbeschränkt) in eine GmbH umgewandelt werden.

Voraussetzung für die Gründung einer UG (haftungsbeschränkt) ist ein **Gesellschaftervertrag,** der notariell beglaubigt werden muss. Danach müssen die Gesellschafter das vereinbarte Stammkapital als Stammeinlage auf das Geschäftskonto der UG (haftungsbeschränkt) einzahlen. Ein gesetzliches Mindestkapital ist nicht vorgeschrieben. Der Notar beantragt dann die Eintragung der UG (haftungsbeschränkt) ins Handelsregister. Statt eines individuellen notariellen Gesellschaftsvertrags kann, ebenso wie bei der GmbH auch, ein Musterprotokoll ergänzt werden, das als Anlage dem GmbH-Gesetz angefügt ist. Die Gründungskosten liegen dann bei weniger als 500,00 €. Bei der **Geschäftsführung** gelten die Regelungen der GmbH.

[2] kurz: UG (haftungsbeschränkt)

[3] Durch die Änderung wollte der Gesetzgeber dem damaligen Wettbewerbsnachteil gegenüber Gründungen im EU-Ausland, vor allem der englischen Limited (Ltd.), begegnen.

Sonderfall GmbH & Co. KG

Bei der GmbH & Co. KG handelt es sich um eine Mischform aus den Rechtsformen GmbH und KG (Kommanditgesellschaft).

Kommanditgesellschaften sind Personengesellschaften mit Vollhaftern (Komplementären), die auch mit ihrem Privatvermögen haften, und Teilhaftern (Kommanditisten), die nur mit ihrem Gesellschaftsvermögen haften.

Bei der Mischform der GmbH & Co. KG handelt sich um eine Kommanditgesellschaft, bei der der Vollhafter, also der Komplementär, keine natürliche Person ist, sondern eine GmbH, die in der Regel nur mit dem Mindestkapital von 25.000,00 € ausgestattet ist. Nur die GmbH haftet unbeschränkt mit ihrem Gesellschaftsvermögen. Ein Kommanditist kann allerdings nicht gleichzeitig Anteilseigner der GmbH, also gleichzeitig Komplementär und Kommanditist, sein.

Aufgaben zu Kapitel **3**

1. Bearbeiten Sie die folgenden Rechtsfälle zur GbR.

a) Müller und Schulze spielen zusammen Lotto. Sie kreuzen jede Woche dieselben Zahlen an. Müller setzt auf vier, Schulze auf zwei Zahlenfelder. Müller übernimmt folgerichtig $\frac{2}{3}$ der Kosten der Lottoscheine. Nach vielen Jahren erzielen sie einen hohen Gewinn. Erklären Sie anhand der Rechtslage, wie das Geld aufgeteilt wird.

b) Die Handwerksmeister Grün und Blau vereinbaren, gemeinsam einen Betrieb in der Rechtsform einer GbR zu eröffnen. Grün mietet sofort Werkstatträume in seiner Nähe für monatlich 2.000,00 €. Blau hält die Räume für ungeeignet und zu teuer. Prüfen Sie, ob er an den von Grün geschlossenen Mietvertrag gebunden ist.

c) Grün und Blau kaufen eine neue CNC-Drehmaschine für 40.000,00 € und bleiben die Rechnung schuldig. Der Verkäufer wendet sich nach vergeblichen Mahnungen mit seiner Forderung unmittelbar an Grün, der ihm als vermögend bekannt ist. Beurteilen Sie anhand der Rechtslage, ob Grün zahlen muss.

d) Unter welchen Voraussetzungen können sich Grün und Blau der Buchführungspflicht entziehen?

2. Stellen Sie dar, warum die GmbH als Gesellschaftsform überaus beliebt ist. Nennen Sie auch Gründe, die gegen diese Rechtsform sprechen.

3. Nennen Sie die Organe einer GmbH.

4. Erklären Sie die Haftung bei der GmbH & Co. KG.

5. Begründen sie, warum sich Unternehmensgründer häufig für die Rechtsform „UG (haftungsbeschränkt)“ entscheiden.

Teil V

Unternehmensführung an den Beispielen Finanzierung und Personalwesen

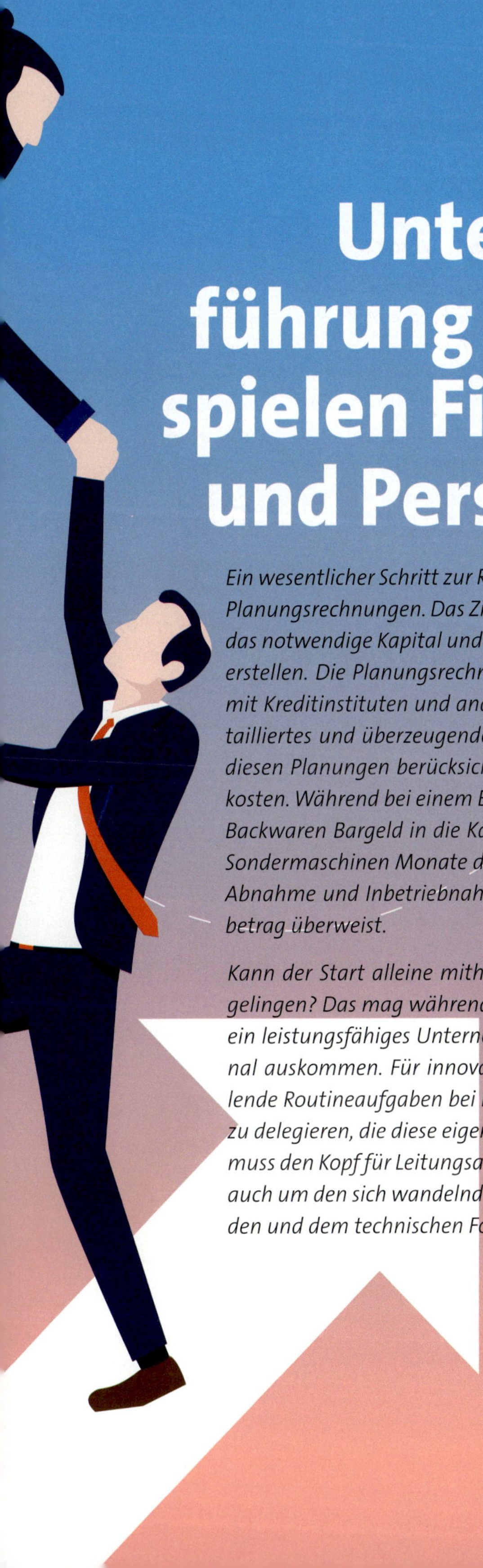

Ein wesentlicher Schritt zur Realisierung eines Gründungsvorhabens sind Planungsrechnungen. Das Ziel ist, ein überschaubares Zahlengerüst über das notwendige Kapital und die geplante Finanzierung dieser Beträge zu erstellen. Die Planungsrechnungen sind auch Grundlage für Gespräche mit Kreditinstituten und anderen Kapitalgebern, denen Gründer ein detailliertes und überzeugendes Gründungskonzept vorlegen müssen. Bei diesen Planungen berücksichtigen Gründer auch die Start- und Anlaufkosten. Während bei einem Bäcker bereits am ersten Arbeitstag für seine Backwaren Bargeld in die Kasse fließt, kann es bei einem Hersteller von Sondermaschinen Monate dauern, bis der Kunde nach der erfolgreichen Abnahme und Inbetriebnahme der Produktionsanlage den Rechnungsbetrag überweist.

Kann der Start alleine mithilfe von Freunden und Familienmitgliedern gelingen? Das mag während der Anlaufphase so gehen. Auf Dauer wird ein leistungsfähiges Unternehmen aber nicht ohne qualifiziertes Personal auskommen. Für innovative Unternehmer ist es notwendig, anfallende Routineaufgaben bei Produktion, Ein- und Verkauf an Mitarbeiter zu delegieren, die diese eigenverantwortlich erfüllen. Der Gründer selbst muss den Kopf für Leitungsaufgaben und zukünftige Projekte frei haben, auch um den sich wandelnden Wünschen seiner Kunden gerecht zu werden und dem technischen Fortschritt jederzeit folgen zu können.

1 Kapitalbedarf und Finanzierung

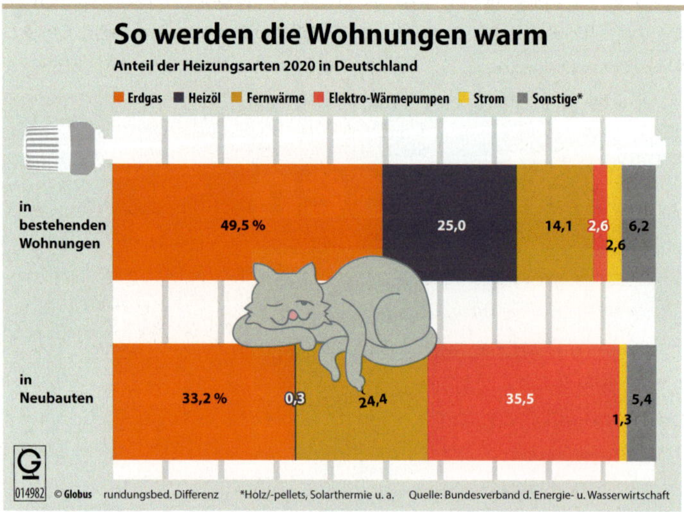

Felix Müller hat sich für die Betriebsübernahme eines bereits bestehenden Installations- und Servicebetriebs für Heizungssysteme und Fotovoltaik entschieden. Infolge der gesetzlich verordneten Fotovoltaik-Pflicht auf Hausdächern und staatlicher Fördermöglichk eiten für neue Heizsysteme, vor allem für Wärmepumpen, erwartet er eine erhebliche Nachfrage nach seinen Leistungen. Auch in Elektroauto-Ladegeräte wird häufig Solarstrom eingespeist. Felix Müller möchte sein neues Unternehmen als GmbH gründen. Nun muss er zunächst den Kapitalbedarf für die geplante Betriebsübernahme und die ersten Monate der Geschäftstätigkeit ermitteln.

1.1 Ermittlung des Kapitalbedarfs

Zur Verwirklichung einer Unternehmensgründung muss anhand der geschätzten Kosten zunächst der **Kapitalbedarf** ermittelt werden. Ein Kapitalbedarf entsteht, weil die für die Produktion notwendigen Ausgaben und die durch den Absatz der produzierten Güter erfolgenden Einnahmen zeitlich auseinander liegen.

Der Kapitalbedarf zur Unternehmensgründung ist der Betrag, der notwendig ist, um mit dem Unternehmen zu starten und die Anfangsphase finanziell zu überstehen.

Ein Unternehmensgründer muss sich also fragen, ob für die Gründungsphase genügend Geldmittel zur Verfügung stehen – aber auch für weitere kurz-, mittel- und langfristige Investitionen.

1.1.1 Kapitalbedarfsplan

Eine fundierte Kapitalbedarfsplanung hilft, die Zahlungsfähigkeit zu gewährleisten. Der **Kapitalbedarfsplan** ist deshalb Teil des Gründungsplans. Er sollte bei Handwerksbetrieben und Händlern einen Zeitraum von **mindestens drei Monaten** umfassen, bei größeren Gewerbebetrieben einen Zeitraum von **bis zu sechs Monaten.**

Der Kapitalbedarfsplan umfasst nicht nur den langfristigen Kapitalbedarf für die mittel- und langfristigen Investitionen **(Anlagevermögen)** wie Grundstücke, Gebäude, Maschinen und Fahrzeuge, sondern auch den kurzfristigen Kapitalbedarf für die Material- und Warenausstattung **(Umlaufvermögen),** z. B. das Material- und Warenlager. Dazu kommen **Gründungskosten** wie die Eintragung in das Handelsregister, Notarkosten, Maklerprovisionen sowie Kosten für Unternehmens- und Steuerberater. Auch der **kurzfristige Kapitalbedarf** für Arbeitsentgelte, Mieten und Versicherungen sowie der **Lebensunterhalt des Gründers** müssen berücksichtigt werden.

Gliederung des Kapitalbedarfsplans:

A. Investitionen[1] (mittel- und langfristig). Beispiele: Kosten für Grundstücke, Gebäude, Maschinen, Betriebs- und Geschäftsausstattung, Werkzeuge, Fahrzeuge
B. Material- und Warenerstausstattung[2]. Beispiele: Ersatzteile, Handelswaren, Hilfsstoffe
C. Gründungskosten. Beispiele: Kosten für Steuer- oder Gründungsberatung, Eintrag ins Handelsregister, Notar
D. Kurzfristiger Kapitalbedarf zur Vorfinanzierung betrieblicher Kosten, die anfallen, bevor die ersten Erlöse eingehen.[2] Beispiele: Kosten für Personal, Räume, Fahrzeuge, Material, Waren, Werbung
E. Lebensunterhalt des Gründers (kalkulatorisches Unternehmerentgelt)

[1] Ein anderer Begriff für die Investitionen ist „Sachanlagen".

[2] Diesen kurzfristigen Kapitalbedarf bezeichnet man auch als „Anlaufkosten".

Investitionen

Unternehmensgründer müssen zunächst den mittel- und langfristigen Kapitalbedarf ermitteln. Dieser ergibt sich aus den Kosten für die Anschaffung (Anschaffungskosten) aller notwendigen Sachanlagen, z. B. Grundstücke, Gebäude, Maschinen sowie Betriebs- und Geschäftsausstattung. Zu den Kosten für Grundstücke und Gebäude gehören Notarkosten, Grunderwerbsteuer und oft auch Maklergebühren. Die Kosten des mittelfristigen Kapitalbedarfs erhöhen sich häufig noch um Transport- und Verpackungskosten, manchmal auch um Kosten für die Installation der Betriebsanlagen, eventuell sogar um Einfuhrzölle. Rabatte und Skonti dagegen verringern die Anschaffungskosten.

Gründungskosten

Grundsätzlich können Gründer von Gründungskosten in Höhe eines mittleren dreistelligen Betrags (vor allem bei der UG haftungsbeschränkt) bis hin zu einem niedrigen vierstelligen Betrag (bei der GmbH) ausgehen.

So gehören zu den Gründungskosten einer GmbH z. B.:

- **Kosten für den Gesellschaftsvertrag:** Sie hängen davon ab, ob der Gründer eine Vorlage aus dem GmbH-Gesetz (Musterprotokoll) übernimmt oder sich anwaltlich beraten lässt. Die Beratungskosten betragen mindestens 500,00 €.
- **Notarkosten für die Beurkundung und Anmeldung:** Sie hängen vom Gegenstandswert der Gesellschaft, der Zahl der Gesellschafter und den Arbeitsaufgaben des Notars ab. Die Notarkosten beginnen bei 400,00 €, mit rund 800,00 € sollten Gründer aber kalkulieren.
- **Kosten durch das Amtsgericht für die Eintragung ins Handelsregister:** pauschal 150,00 €.
- **Erstellung einer Eröffnungsbilanz:** Sie ist bei der GmbH-Gründung erforderlich. Die Kosten hierfür hängen davon ab, ob der Gründer mit einem Buchhaltungsprogramm umgehen kann oder einen Steuerberater hinzuziehen muss. Die Steuerberatungsgebühren für die Eröffnungsbilanz für eine GmbH mit einem Stammkapital von 25.000,00 € liegen bei ca. 200,00 €.
- **Mitgliedsgebühren bei der Industrie- und Handelskammer (IHK) oder der Handwerkskammer (HWK):** Die Zahlungsaufforderungen dafür erhalten Gründer zeitnah nach dem Start. Bei der IHK Stuttgart beträgt der Jahresgrundbeitrag 90,00 € für ein Unternehmen mit einem Gewinn von mehr als 24.500,00 €. Dazu kommt eine Umlage von 0,21 % des Jahresgewinns.

Kapitalbedarf für die Betriebsübernahme eines Installations- und Servicebetriebs für Heizungssysteme und Fotovoltaik durch Felix Müller

Felix Müller benötigt einen gebrauchten Transporter für 34.000,00 € und Montageteile für ein Fassadengerüst für 8.000,00 €. Einen neuen Rechner mit Buchführungssoftware veranschlagt er mit 2.500,00 €.

Das gut sortierte Material- und Warenlager seines Vorgängers kann er für 36.200,00 € übernehmen. Dazu kommt die Anschaffung von Fertigungsmaterial und Waren (Vorräte) im Wert von durchschnittlich 30 % der erwarteten Umsätze von monatlich 24.000,00 €.

An Gründungskosten (GmbH-Gründung, Steuerberater, Unternehmensberater) fallen 3.000,00 € an.

Die Miete für die Geschäftsräume beträgt 1.400,00 € und die Pacht für Maschinen, Werkzeuge und Geschäftsausstattung 750,00 € pro Monat. Nach Ablauf von fünf Jahren gehen die Maschinen und die Geschäftsausstattung dann gemäß Pachtvertrag in das Eigentum des Gründers über. Für Energiekosten veranschlagt Felix Müller monatlich 200,00 € und für Versicherungen 400,00 €. Weitere monatliche Kosten entstehen für Fahrzeuge (500,00 €) sowie Reparatur und Wartung der Maschinen und Anlagen (400,00 €). Für Zinsen und Tilgung werden monatlich 200,00 € veranschlagt. Die monatlichen Arbeitsentgelte für die beiden Monteure belaufen sich einschließlich der Arbeitgeberanteile an der

Sozialversicherung auf jeweils 4.000,00 € pro Monat. Für Werbung plant Felix Müller 250,00 € pro Monat ein. Eine Werbeveranstaltung zur Geschäftseröffnung soll 3.000,00 € kosten.

Für seinen Lebensunterhalt und die soziale Absicherung veranschlagt Felix Müller ebenfalls 4.000,00 € pro Monat.

In einem Kapitalbedarfsplan stellt Felix Müller seine Ausgaben für die ersten drei Monate übersichtlich dar und errechnet daraus den gesamten Kapitalbedarf.

Kapitalbedarfsplan für das Unternehmen von Felix Müller für drei Monate		
A. Investitionen		
Transporter	34.000,00 €	
Fassadengerüst	8.000,00 €	
Rechner	2.500,00 €	
Summe		44.500,00 €
B. Material- und Warenerstausstattung		
Material- und Warenlager	36.200,00 €	
Summe		36.200,00 €
C. Gründungskosten		
GmbH-Gründung, Steuerberater, Unternehmensberater	3.000,00 €	
Summe		3.000,00 €
D. Kurzfristiger Kapitalbedarf zur Vorfinanzierung betrieblicher Kosten für drei Monate		
Miete/Pacht	6.450,00 €	
Energiekosten	600,00 €	
Versicherungen	1.200,00 €	
Kfz-Kosten	1.500,00 €	
Reparatur und Wartung	1.200,00 €	
Zinsen/Tilgung	600,00 €	
Arbeitsentgelte (zwei Mitarbeiter)	24.000,00 €	
Werbung	750,00 €	
Einführungswerbung für die Geschäftseröffnung	3.000,00 €	
Summe		39.300,00 €
E. Lebensunterhalt für drei Monate		
Privatentnahme für den Lebensunterhalt des Gründers	12.000,00 €	
Summe		12.000,00 €
Kapitalbedarf gesamt		**135.000,00 €**

Felix Müller benötigt also 135.000,00 €, um das Unternehmen zu starten und die ersten drei Monate zu überstehen.

1.1.2 Liquiditätsplan

Liquidität ist die Fähigkeit eines Unternehmens, zu einem bestimmten Zeitpunkt zwingend fällige Zahlungsverpflichtungen (z. B. Lieferantenverbindlichkeiten, Arbeitsentgelte, Zinsen, Steuern) uneingeschränkt erfüllen zu können.

Die **Liquiditätsplanung,** also die Planung der zukünftigen **Geldzuflüsse** und **Geldabflüsse,** ist für den Bestand eines Unternehmens überlebenswichtig.[1] Bei der Liquiditätsplanung gilt es, betriebliche Geldströme so zu steuern, dass die Zahlungsfähigkeit jederzeit gewährleistet ist. Die Geldzuflüsse müssen reichen, um die Geldabflüsse zu decken. In einem **Liquiditätsplan** werden alle Einzahlungen, Auszahlungen und Geldbestände für einen bestimmten Zeitraum[2] in tabellarischer Form gegenübergestellt. Der Liquiditätsplan zeigt den aktuell notwendigen Kapitalbedarf[3] und die zu seiner Deckung vorhandenen finanziellen Mittel.

[1] Zahlungsschwierigkeiten oder gar Zahlungsunfähigkeit gehören zu den größten existenzbedrohenden Problemen junger Unternehmen und zu den häufigsten Ursachen für eine Insolvenz.

[2] Der Zeitraum der Planung sollte sich über mindestens drei Monate erstrecken.

[3] Die Zahlen können aus dem Kapitalbedarfsplan (Positionen A–E) übernommen werden.
▸ Kap. 1.1.1, S. 49 ff.

Liquiditätsplan für den Installations- und Servicebetrieb von Felix Müller
Felix Müller hat einen Kapitalbedarf in Höhe von 135.000,00 € ermittelt. Er verfügt über Eigenmittel in Höhe von 25.000,00 €. Über die übrigen 110.000,00 € nimmt er einen Kredit auf. In den ersten drei Monaten rechnet er mit einem Umsatz von jeweils 24.000,00 €. Die Erlöse gehen ungefähr vier Wochen nach Rechnungstellung ein. Nun will Felix Müller wissen, wie die Geldzuflüsse und -abflüsse in den ersten drei Monaten voraussichtlich aussehen werden und ob sich an den Monatsenden jeweils ein positiver Saldo ergibt, der auch für unvorhergesehene Ausgaben ausreicht.

	Betriebsbeginn	1. Monat	2. Monat	3. Monat
1. Geldbestand am Monatsanfang	135.000,00 €	51.300,00 €	32.200,00 €	40.100,00 €
2. Umsätze			24.000,00 €	24.000,00 €
3. Investitionen, Material- und Warenerstausstattung, Gründungskosten (A + B + C)	83.700,00 €			
4.1 Miete/Pacht		2.150,00 €	2.150,00 €	2.150,00 €
4.2 Energiekosten		200,00 €	200,00 €	200,00 €
4.3 Versicherungen		400,00 €	400,00 €	400,00 €
4.4 Kfz-Kosten		500,00 €	500,00 €	500,00 €
4.5 Reparatur und Wartung		400,00 €	400,00 €	400,00 €
4.6 Zinsen/Tilgung		200,00 €	200,00 €	200,00 €
4.7 Arbeitsentgelte		8.000,00 €	8.000,00 €	8.000,00 €
4.8 Werbung		3.250,00 €	250,00 €	250,00 €
4. Kurzfristiger Kapitalbedarf (Summe 4.1–4.8; D)		15.100,00 €	12.100,00 €	12.100,00 €
5. Privatentnahmen (E)		4.000,00 €	4.000,00 €	4.000,00 €
Überschuss/Fehlbetrag am Monatsende (Geldbestand + Umsätze – kurzfristiger Kapitalbedarf – Privatentnahme)	**+ 51.300,00 €**	**+ 32.200,00 €**	**+ 40.100,00 €**	**+ 48.000,00 €**

Der Liquiditätsplan zeigt Felix Müller, dass der von ihm ermittelte Kapitalbedarf für die Betriebsübernahme ausreicht und auch unvorhergesehene Ausgaben (z. B. zusätzliche Reparaturen, tarifliche Entgelterhöhungen, Verzögerungen beim Geldeingang durch Kunden) keine Liquiditätsengpässe[1] zur Folge hätten.

[1] **Liquiditätsengpass**
Das Fehlen flüssiger Mittel.

Um Liquiditätsengpässe zu vermeiden, sollten Unternehmer unverzüglich ihre Forderungen **in Rechnung stellen,** wenn die vereinbarte Leistung erbracht ist. Dabei sind die erbrachten Leistungen vollständig und korrekt aufzuführen. Denn Ungenauigkeiten und Fehler in Rechnungen können vom Kunden dazu genutzt werden, die Zahlung hinauszuschieben oder zu verweigern.

Wann und in welcher Höhe Zahlungen ein- und ausgehen, ist nicht immer eindeutig planbar. Viele Einnahmen und Ausgaben fallen auch unregelmäßig an. Deshalb sind zur Risikobegrenzung finanzielle Puffer notwendig, sogenannte **Liquiditätsreserven.** Als Liquiditätsreserven dienen Bestände von Zahlungsmitteln sowie anderer Vermögenswerte, die rasch in Zahlungsmittel umgewandelt werden können (z. B. Wertpapiere). Diese Güter werden dann liquidiert, d. h. verkauft, und dadurch zu Zahlungsmitteln. Zu den Liquiditätsreserven zählen auch nicht ausgenutzte Kreditzusagen von Banken.

1.2 Finanzierung

Die Finanzierung besorgt das notwendige Kapital und sorgt auch für dessen Rückzahlung an den Kapitalgeber.

1.2.1 Finanzierungsanlässe

Finanzierungsanlässe sind Situationen, die die Bereitstellung von Eigenkapital oder Darlehen für die Ingangsetzung, Aufrechterhaltung oder Erweiterung des Geschäftsbetriebes eines Unternehmens erforderlich machen.

Anlässe können z. B. sein:

- **Gründungsfinanzierung:** Ein Gründer erhält Kapital, um ein neues Unternehmen zu gründen.
- **Wachstumsfinanzierung:** Sie ist notwendig, wenn ein bereits bestehendes Unternehmen wachsen soll und dazu Kapital benötigt wird.
- **Umfinanzierung:** Dabei wird eine Finanzierungsmöglichkeit durch eine andere ersetzt, z. B. ein Bankkredit durch eine Anleihe.
- **Akquisitionsfinanzierung:** Sie ist erforderlich, wenn ein Unternehmen ein anderes Unternehmen kaufen oder übernehmen möchte und dazu Kapital braucht.
- **Sanierungsfinanzierung:** Sie ist notwendig, wenn in einem Unternehmen Sanierungsmaßnahmen anstehen.

1.2.2 Kreditwürdigkeitsprüfung (Bonitätsprüfung)

Wer ein Darlehen von einer Bank oder Sparkasse bekommen will, muss sich einer Kreditwürdigkeitsprüfung (auch: Bonitätsprüfung) unterziehen. Von deren Ergebnis hängt sogar die Höhe des angebotenen Zinses ab.

Die kreditgebende Bank oder Sparkasse will das Risiko der Kreditvergabe vor Abschluss des Darlehensvertrags minimieren. Um die **Bonität**[1] zu prüfen, nimmt sie zum einen eigene Einschätzungen vor, zum anderen ruft sie Daten über den Antragsteller bei einer Auskunftei (z. B. Schufa oder Creditreform) ab. **Auskunfteien** sind Unternehmen, die Informationen über die wirtschaftlichen Aktivitäten von Personen oder Unternehmen speichern. Um an entsprechende Informationen zu kommen, haben sie Verträge mit Banken und Kreditgebern (z. B. Versandhäuser) zur Datenübermittlung geschlossen. Diese Daten sammeln sie, weisen sie einer Person oder einem Unternehmen zu und erstellen daraufhin eine Bewertung.

[1] **Bonität** (auch: Kreditwürdigkeit)
Die Fähigkeit eines Kreditnehmenden, seinen Zahlungsverpflichtungen vollständig und fristgerecht nachzukommen.

Bei der Bonitätsprüfung der Auskunfteien spielen unter anderem folgende Faktoren eine Rolle:

- Arbeitet der Antragsteller schon länger beim selben Arbeitgeber oder wechselt er oft die Stelle?
- Ist der Kunde noch in der Probezeit oder hat er einen befristeten Arbeitsvertrag?
- Wie hoch ist das Einkommen, wie hoch sind die monatlichen Verpflichtungen?
- Wie viele Kredite hat der Antragssteller bereits, bedient er diese zuverlässig?

Die Kreditinstitute überprüfen darüber hinaus:

- die Unternehmerpersönlichkeit
- die fachliche Qualifikation und kaufmännischen Fähigkeiten des Kreditnehmers
- die Vorlage eines überzeugenden Unternehmenskonzepts
- die Höhe des vorhandenen Eigenkapitals

Auf Basis der gewonnenen Informationen wägt das Kreditinstitut ab, ob der Kunde dazu in der Lage ist, das Darlehen und die Zinsen termingerecht zurückzuzahlen. Je schlechter die Bonität ausfällt, desto höher stuft das Kreditinstitut ihr eigenes Risiko ein und desto schlechtere Kreditkonditionen (höhere Zinsen, kürzere Laufzeit) bietet sie dem Kunden an oder sie lehnt die Darlehensvergabe ab.

1.2.3 Finanzierungsarten – Woher kommt das Geld?

Nachdem der Kapitalbedarf ermittelt wurde, muss sich ein Gründer Gedanken über die **Finanzierung** machen, also darüber, woher das benötigte Geld kommt. Dazu gibt es unterschiedliche Möglichkeiten.

Je nach **Herkunft der finanziellen Mittel** unterscheidet man Innenfinanzierung und Außenfinanzierung. Bei der **Innenfinanzierung** kommt das Kapital in Form von Gewinnen aus dem eigenen Unternehmen. Bei der **Außenfinanzierung** werden finanzielle Mittel von außen zugeführt, entweder durch Einlagen der bisherigen Eigentümer (Einlagenfinanzierung), durch Beteiligung weiterer Geldgeber (Beteiligungsfinanzierung) oder auch durch Kreditinstitute (Kreditfinanzierung).

Die Aufnahme von Geld durch kurz- oder langfristige Kredite ist auch eine Form der **Fremdfinanzierung.** Stammt das Geld von den Eigentümern oder wurde es in Form von Gewinnen erwirtschaftet, gilt es als **Eigenfinanzierung.**

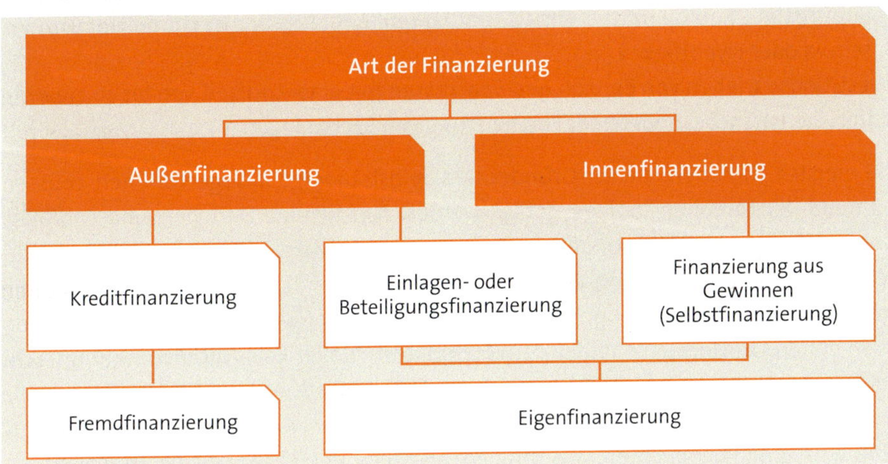

1.2.4 Eigenfinanzierung

Bei eigenfinanziertem Kapital (Eigenkapital) handelt es sich um Kapital, das einem Unternehmen von dessen Eigentümern unbefristet zur Verfügung gestellt wird. Es kann in Form von Ersparnissen oder Wertpapieren vorliegen. Dazu gehören auch Sachanlagen oder Vermögensgegenstände, die beliehen werden können.

Eine solide Eigenkapitalausstattung ist der Schlüssel zur erfolgreichen Existenzgründung und reduziert die Gefahr von Liquiditätsengpässen. Ein hoher Eigenkapitalanteil verbessert die Kreditwürdigkeit und beeinflusst die Kreditentscheidung von Banken und Sparkassen.

Das Eigenkapital **haftet** bei Einzelunternehmen und Personengesellschaften unbeschränkt für die Schulden der Unternehmung. Bei Kapitalgesellschaften (AG, GmbH) ist die Haftung auf die Kapitaleinlage beschränkt.

1.2.5 Fremdfinanzierung

In Fällen, in denen die eigenen Mittel für die Finanzierung nicht ausreichen, muss mit fremdfinanziertem Kapital (Fremdkapital) aufgestockt werden. Unternehmer beschaffen sich Fremdkapital zeitlich befristet **von Kreditinstituten oder Lieferanten.**

Fremdkapital wird **befristet** überlassen, es muss also nach einer bestimmten Zeit zurückgezahlt werden:
- kurzfristiges Kapital► innerhalb eines Jahres (z. B. Lieferantenkredit)
- mittelfristiges Kapital► innerhalb von einem Jahr bis fünf Jahre (z. B. Darlehen mit einer Laufzeit von bis zu fünf Jahren)
- langfristiges Kapital nach mehr als fünf Jahren (z. B. Darlehen in Form einer Grundschuld oder Hypothek►)

Investitionsdarlehen von Banken und Sparkassen mit einer Laufzeit von bis zu zwanzig Jahren dienen insbesondere der Finanzierung von Sachanlagen.

Kurzfristige Fremdfinanzierung ► Kap. 1.2.5.1, S. 56

Mittel- und langfristige Fremdfinanzierung ► Kap. 1.2.5.2, S. 57

Grundschuld, Hypothek ► Kap. 1.4, S. 63

Die meisten Darlehen, die für Gründer und Selbstständige infrage kommen, müssen während der Darlehenslaufzeit **getilgt** werden. Nur wenige Darlehen sind endfällig, werden also nicht getilgt, sondern erst am Ende der Laufzeit zurückbezahlt. Die Kreditgeber oder Gläubiger haben einen **Zinsanspruch.** Fremdkapital haftet nicht für die Schulden der Unternehmung. Im Insolvenzfall kann allerdings auch Fremdkapital verloren gehen. Im Normalfall steht dem Fremdkapitalgeber **kein Mitbestimmungsrecht** bei unternehmerischen Entscheidungen zu. Dies schließt aber nicht aus, dass große Kreditgeber, insbesondere Banken, Einfluss auf Entscheidungen nehmen, zumindest aber sehr genau beobachten, was mit dem als Kredit überlassenen Geld geschieht.

1.2.5.1 Kurzfristige Fremdfinanzierung: Kontokorrentkredit und Lieferantenkredit

Kontokorrentkredit[1]

Über Girokonten wird der gesamte laufende Zahlungsverkehr eines Unternehmens abgewickelt: Überweisungen, Daueraufträge und Einzugsermächtigungen.

Der Kontokorrentkredit ist ein befristeter und betragsmäßig begrenzter Kredit, den Kreditinstitute ihren Kunden auf deren Girokonten einräumen.

Die Überziehungsmöglichkeit dient Unternehmen ebenso wie Privatpersonen als kurzfristige **Liquiditätsreserve,** die z. B. dazu genutzt werden kann, Liquiditätsengpässe abzudecken oder Skonti von Lieferanten zu nutzen. Sie erhöhen also die Flexibilität eines Unternehmens.

Den maximalen Höchstbetrag eines Kredits bezeichnet man als **„Kreditlinie".** Bei Privatpersonen gewähren die meisten Kreditinstitute eine Kreditlinie von zwei Monatseinkommen. Bei Unternehmern hängt die gewährte Kreditlinie eines Kontokorrentkredits von der Bonität des Kreditnehmers ab. Zudem verlangen Kreditgeber **Sicherheiten.** Das können sowohl Maschinen und Waren als auch private Vermögenswerte sein.

[1] Die Begriffe **„Kredit"** und **„Darlehen"** werden umgangssprachlich synonym verwendet. Bei kleineren Beträgen und kürzeren Laufzeiten wird meist von Darlehen, bei höheren Beträgen und längeren Laufzeiten von Krediten gesprochen.

Die anfallenden **Zinsen** für den Kontokorrentkredit gelten nur für den beanspruchten Betrag und Zeitraum und sind verhältnismäßig hoch. Wird die vereinbarte Kreditlinie überschritten, müssen zusätzliche Überziehungszinsen bezahlt werden. Zur Finanzierung von Sachanlagen (Maschinen, Werkstoffe, Fahrzeuge u.a.) eignet sich diese Kreditform nicht.

- **Lieferantenkredit**

Der Lieferantenkredit ist ein kurzfristiger Kredit, der dadurch entsteht, dass das Unternehmen Werkstoffe und Waren nicht bei Erhalt, sondern erst später bezahlt.

Lieferanten räumen ihren Kunden ein Zahlungsziel von z.B. 30 Tagen nach Lieferung ein. Wer solche Kredite in Anspruch nimmt, muss darauf zwar keine Zinsen zahlen, verliert aber häufig den Anspruch auf Skonto. Dieser wird gewährt, wenn der Kunde das lange Zahlungsziel nicht in Anspruch nimmt, sondern frühzeitig zahlt. Dann kann er einen bestimmten Prozentsatz (meist 1–2%) vom Rechnungsbetrag abziehen. Skonti werden bei Zahlungen innerhalb weniger Tage nach der Lieferung, oft innerhalb einer Woche, gewährt.

1.2.5.2 Mittel- und langfristige Fremdfinanzierung: Fälligkeits-, Abzahlungs- und Annuitätendarlehen

Das Darlehen stellt eine langfristige Form der Fremdfinanzierung dar. Es muss jeweils im Einzelfall geprüft werden, welche Darlehensart für ein Unternehmen am günstigsten ist. Nach der Art der Tilgung werden folgende Darlehen unterschieden:

- **Fälligkeitsdarlehen (Festdarlehen):** Das Darlehen wird am Ende der Laufzeit in einem Betrag getilgt. Während der Laufzeit sind nur Zinszahlungen zu leisten.
- **Annuitätendarlehen:** Während der gesamten Laufzeit bleibt der Rückzahlungsbetrag (Annuität) pro Jahr gleich. Er besteht aus einem Zins- und einem Tilgungsanteil. Allerdings verändert sich die Zusammensetzung des Rückzahlungsbetrags, denn durch die Tilgung reduziert sich die Darlehensrestschuld. Dadurch fallen laufend niedrigere Zinsen an und der Tilgungsanteil erhöht sich entsprechend.

Tilgungs- und Zinsanteil eines Annuitätendarlehens in Höhe von 10.000,00€ während der ersten vier Jahre bei einer jährlichen 10%igen Verzinsung und einem jährlichen Rückzahlungsbetrag von 2.000,00€.

	Zins	Tilgung	Restschuld
1. Jahr	1.000,00	1.000,00	9.000,00
2. Jahr	900,00	1.100,00	7.900,00
3. Jahr	790,00	1.210,00	6.690,00
4. Jahr	669,00	1.331,00	5.359,00

Abzahlungsdarlehen (Ratendarlehen): Die jährlichen Tilgungsbeiträge bleiben immer gleich. Die Zinszahlungen dagegen sinken wegen der geringer werdenden Restschuld. Während der Laufzeit sinkt darum auch die jährliche Gesamtbelastung, die sich aus Zins- und Tilgungszahlungen zusammensetzt.

Besonderheiten von Verbraucherdarlehensverträgen
Bei **Kreditverträgen mit Verbrauchern** muss der Kreditgeber den Kreditnehmer vor dem Vertragsschluss über wichtige Details des Kreditvertrags unterrichten.

§491a BGB, Vorvertragliche Informationspflichten bei Verbraucherdarlehensverträgen
(1) Der Darlehensgeber ist verpflichtet, den Darlehensnehmer nach Maßgabe des Artikels 247 des Einführungsgesetzes zum Bürgerlichen Gesetzbuch zu informieren.
(3) [1]Der Darlehensgeber ist verpflichtet, dem Darlehensnehmer vor Abschluss eines Verbraucherdarlehensvertrags angemessene Erläuterungen zu geben, damit der Darlehensnehmer in die Lage versetzt wird, zu beurteilen, ob der Vertrag dem von ihm verfolgten Zweck und seinen Vermögensverhältnissen gerecht wird. [...]

Das heißt, der Darlehensgeber muss den Darlehensnehmer informieren über: den Namen und die Anschrift des Darlehensgebers, die Art des Darlehens, den effektiven Jahreszins, den Nettodarlehensbetrag, den Sollzinssatz, die Vertragslaufzeit, den Betrag, die Zahl und Fälligkeit der einzelnen Teilzahlungen, den Gesamtbetrag, die Auszahlungsbedingungen, alle sonstigen Kosten, den Verzugszinssatz, die Folgen bei Ausbleiben der Zahlungen, das Bestehen oder Nichtbestehen eines Widerrufsrechts, das Recht, das Darlehen vorzeitig zurückzuzahlen, und Sicherheiten.

1.2.5.3 Alternativen zu einem Darlehen: Leasing und Factoring

Für die Finanzierung muss es nicht immer ein klassisches Darlehen sein. Mehr Liquidität und Flexibilität können sich Unternehmen mit Leasing und Factoring verschaffen.

Leasing

Wenn sich ein Unternehmer mit notwendigen Gütern versorgen muss, dabei aber sein Eigenkapitel schonen möchte, kann er die Güter leasen.

Beim Leasing werden Investitionsgüter für eine vereinbarte Zeit gegen Zahlung einer Leasingrate gemietet. Der Leasingnehmer erwirbt Nutzungsrechte am jeweiligen Leasingobjekt (z. B. Produktionsmaschinen, Fuhrpark) und verzichtet auf den Eigentumserwerb.

Kreditwürdige Unternehmen können so ohne Inanspruchnahme von Barmitteln einen Betrieb aufbauen oder erweitern. Die Liquidität wird günstig beeinflusst, da die durch Leasing überlassenen Anlagen nicht gekauft werden müssen.

Der Fremdkapitalanteil sinkt im Verhältnis zum Eigenkapital. Dies kann ein besseres Rating für das Unternehmen und geringere Zinsen durch die Banken zur Folge haben.

Der Stand der Technik kann der sich wandelnden Wirtschaftslage angepasst werden. Die bei der herkömmlichen Finanzierung übliche Beleihungsgrenze entfällt, ebenso die Rücklagenbildung für die Ersatzbeschaffung.

Beim Leasing wird zwischen dem direkten und indirekten Leasing unterschieden. Beim **direkten Leasing** tritt der Hersteller als Leasinggeber auf, beim **indirekten Leasing** ist es eine herstellerunabhängige Bank bzw. Leasinggesellschaft.

Weiterhin lassen sich das Operate Leasing und das Financial Leasing unterscheiden. Beim **Operate Leasing** wird ein Gut kurzfristig verleast und nach Rückgabe vom Leasinggeber an weitere Leasingnehmer weiterverleast. Beim **Financial Leasing** entspricht die Leasingdauer bis zu 90 % der Nutzungsdauer des Leasinggutes. Demnach wird das Gut während seiner Nutzungsdauer in der Regel auch nur an einen einzigen Leasingnehmer verleast. Die Wahl der Leasingart und damit die Laufzeit hängt von der Art des geleasten Gutes ab. Langlebige Wirtschaftsgüter und Spezialanfertigungen werden in der Regel per Financial Leasing verleast, Güter, die über eine kurze Zeitdauer benötigt werden, per Operate Leasing. Die Mietkosten für die Maschinen oder Anlagen sind hoch, weil das eingesetzte Kapital in kurzer Zeit amortisiert werden muss, der Vermieter eine Risikoprämie einkalkuliert und einen angemessenen Gewinn erzielen will. Das Unternehmen braucht eine erhebliche Liquidität, um die monatlich anfallenden Leasingkosten zu begleichen.

Abhängig vom gewählten Leasingverfahren entscheidet sich, was **nach Ablauf der Leasingzeit** passiert. Während beim Operate Leasing der Leasinggegenstand zurück- gegeben wird, hat der Leasingnehmer beim Financial Leasing in der Regel die Wahl. Er kann den Leasinggegenstand zurückgeben, ein Anschlussleasing abschließen oder den Leasinggegenstand unter eng festgelegten steuerlichen Voraussetzungen zum **Restkaufwert** kaufen und damit dann auch das Eigentum am geleasten Gegenstand erwerben.

Factoring

Unter Factoring versteht man den Verkauf von Forderungen aus Lieferungen und Leistungen an eine Factoring-Gesellschaft.

Das Factoring-Unternehmen übernimmt die Außenstände des Unternehmens und begleicht sie. Das Unternehmen verlagert dadurch auch das Risiko des Forderungsausfalls an die Factoring-Gesellschaft, erhält dafür aber zunächst nur 80 % bis 90 % der Rechnungssumme. Sobald die Forderung bezahlt ist, erhält der Factoring-Kunde den verbleibenden Betrag abzüglich der Gebühren der Gesellschaft. Vorteil ist die Erhöhung der Liquidität durch den Verkauf der Außenstände. Die Liquidität kann zum Abbau von Verbindlichkeiten verwendet werden.

1.3 Staatliche Gründungshilfen

In Deutschland wagen jährlich rund 600.000 Gründerinnen und Gründer den Schritt in die unternehmerische Selbstständigkeit, davon mehr als die Hälfte zunächst im Nebenerwerb. Als eigene Chefin oder Chef setzen sie ein tragfähiges Geschäftskonzept um und beweisen so Mut und Kreativität. Bund, Länder und Gemeinden unterstützen Gründer finanziell. Es gibt vielfältige **Förderprogramme** für Existenzgründer, die den Start in die Selbstständigkeit erleichtern. Die Förderung kann in Form zinsgünstiger Kredite mit langen Laufzeiten bei der Tilgung erfolgen oder sogar durch öffentliche Bürgschaften gegenüber einem Kreditinstitut für die Rückzahlung eines Darlehens. Der bundesweit bekannteste Ansprechpartner für die Vergabe öffentlicher Fördermittel ist die staatliche KfW-Förderbank. Gleichzeitig gibt es auf Ebene der einzelnen Bundesländer Förderbanken, die Gründer ebenfalls mit diversen Förderprogrammen unterstützen. Auch die Bürgschaftsbanken der Bundesländer beteiligen sich mit ihren Angeboten an der Förderung der Existenzgründer. Und auch für Start-ups gibt es Fördermöglichkeiten, z. B. im Bereich Venturecapital[1].

i

[1] **Venturecapital-Gesellschaften**
Unternehmen, die meist über einen Venturecapital-Fonds in junge Unternehmen investieren. Durch das Einbringen von Kapital wird der Venturecapital-Investor dabei Mitgesellschafter mit allen dazugehörenden Rechten und Pflichten. Neben dem Kapital bringen Venturecapital-Gesellschaften meist auch fundierte Branchenkenntnisse sowie Management-Expertise in das Unternehmen mit ein.

Unternehmensgründungen haben für die Wirtschaft eine erhebliche Bedeutung:

- **Schaffung von Arbeitsplätzen:** Gründer schaffen Jobs, für sich selbst, aber auch für andere. Unternehmer und Beschäftigte zahlen Steuern und Sozialabgaben.
- **Förderung des Wettbewerbs:** Neue Unternehmen fordern die bestehenden Unternehmen mit neuen Produkten und Verfahren heraus und treiben damit den Wettbewerb an. Die Konkurrenz hinsichtlich Leistungen und Preisen wird gefördert.
- **Hervorbringen von Innovation:** Gründerinnen und Gründer verwirklichen innovative Ideen. Sie sind für Fortschritt, Wachstum und Wettbewerbsfähigkeit entscheidend. Innovative Gründungen schaffen zahlreiche nachhaltige Arbeitsplätze. Etwa ein Viertel der Gründerinnen und Gründer kommen mit einer Neuheit auf den Markt.
- **Förderung von Freiheit und Chancengleichheit in der Gesellschaft:** Selbstständige tragen zur Stabilität unserer demokratischen Gesellschaftsordnung bei. Wirtschaftliche Verantwortung wird auf viele Schultern verteilt, die Machtkonzentration durch Großunternehmen verringert. Mehr als 40 % der Existenzgründungen erfolgt durch Frauen. Ihr Anteil an den Gründungen wächst stetig, vor allem bei Gründungen im sozialen Bereich.

Staatliche Gründungshilfen

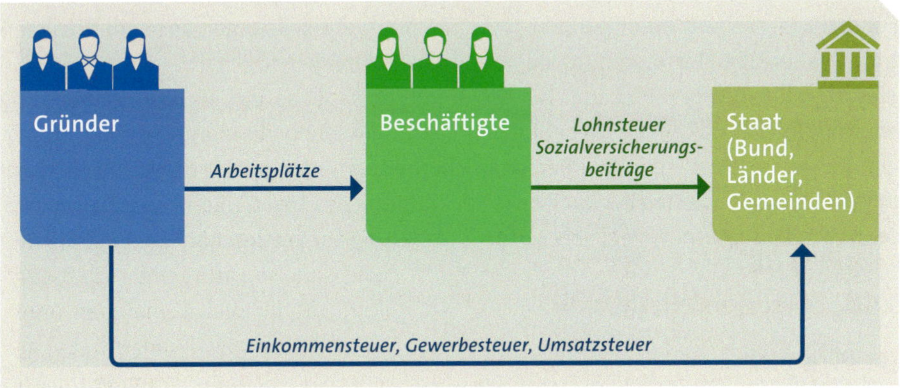

Einer der ersten Aktionen, die Gründer üblicherweise vornehmen, ist der Gang zu einem Kreditinstitut. Die derzeit niedrigen Kreditzinsen machen es auf den ersten Blick leicht, sich Geld zu leihen. Banken und Sparkassen wollen aber Sicherheiten, über die die meisten Gründer nicht im gewünschten Umfang verfügen. In solchen Fällen sind staatliche Hilfsprogramme hilfreich, bei denen oft geringere Sicherheiten verlangt werden. Auch Felix Müller (Eingangsbeispiel) entscheidet sich für diesen Weg.

Gründungshilfen am Beispiel des Installations- und Servicebetriebs für Heizungssysteme und Fotovoltaik von Felix Müller

Laut Kapitalbedarfsplan benötigt Felix Müller für die Betriebsübernahme rund 135.000,00 €. Er verfügt über Eigenkapital in Höhe von 25.000,00 €. Er benötigt also Fremdkapital in Höhe von 110.000,00 €.

Unter den zahlreichen staatlichen Hilfsprogrammen für Existenzgründer entscheidet sich Felix Müller für das ERP[1]-Kapital-Programm, das von der Hausbank bei der Kreditanstalt für Wiederaufbau (KfW) beantragt werden muss. Dieses Programm ist deshalb interessant, weil bei vorausgesetzten Eigenmitteln von 15 % der Investitionen und des ersten Warenlagers diese von der KfW durch zinsgünstige Kredite um 30 % auf 45 % aufgestockt werden. Der Kreditnehmer muss für diese Summe zwar persönlich haften, er muss aber keine Sicherheiten stellen. Die Laufzeit des Darlehens beträgt 15 Jahre, die ersten 7 Jahre sind tilgungsfrei. Der effektive Jahreszins während der gesamten Laufzeit beträgt 2,82 % (Stand 2022).[2]

Im vorliegenden Beispiel werden also 30 % von 80.700,00 € (Investitionen 44.500,00 € + Material- und Warenausstattung 36.200,00 €), also 24.210,00 €, günstig finanziert.

Für den verbleibenden Kreditbetrag von 85.790,00 € (135.000,00 € – 25.000,00 € Eigenkapital – 24.210,00 € KfW-Darlehen) gewährt die Hausbank Felix Müller ein Darlehen mit 3,6 % Zinsen pro Jahr (monatlich also 0,3 %) bei einer Tilgung von jährlich 6 % des ursprünglichen Darlehens (monatlich also 0,5 %). Ein genauer Zins- und Tilgungsplan lässt sich mithilfe eines Online-Kreditrechners, z. B. der KfW, ermitteln.

Da die KfW für ihren Kreditanteil von 30 % auf Sicherheiten verzichtet, kann die Hausbank von Felix Müller zur Sicherung ihres Kredits auf die gesamten Investitionen und die Material- und Warenerstausstattung zurückgreifen.

[1] **European Recovery Program (ERP)**
Es ging aus der „Marshallplanhilfe" für den Wiederaufbau der deutschen Wirtschaft nach dem Zweiten Weltkrieg hervor. Die ERP-Förderprogramme gehören zu den wichtigsten Instrumenten der deutschen Wirtschaftsförderung.

[2] Kreditinstitute verlangen bei Gründungen meist deutlich höhere Zinsen.

1.4 Kreditsicherheiten

Für den Fall, dass der Kreditnehmer seine Zahlungsverpflichtungen aus dem Kreditvertrag nicht erfüllen kann, verlangt der Kreditgeber in der Regel Sicherheiten, auf die er in diesem Fall zurückgreifen kann. Ziel des Kreditgebers ist es, das Kreditrisiko so gering wie möglich zu halten. Im Wesentlichen kann man Personalsicherheiten und Realsicherheiten unterscheiden. Bei **Personalsicherheiten** haftet neben dem Kreditnehmer mindestens eine weitere Person für die Rückzahlung des Kredits. Bei den **Realsicherheiten** stellt der Kreditnehmer Sachwerte als Sicherung zur Verfügung.

1.4.1 Personalsicherheiten

- **Bürgschaft**

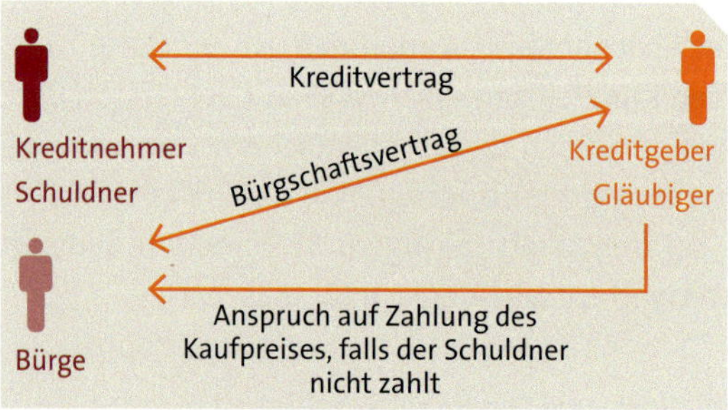

Bei einer Bürgschaft haftet zusätzlich zum Schuldner noch ein Bürge gegenüber dem Kreditgeber. Die Bürgschaft ist ein einseitig verpflichtender Vertrag zwischen Gläubiger und Bürgen, in dem sich der Bürge verpflichtet, für die Verbindlichkeiten des Schuldners einzustehen.

1.4.2 Realsicherheiten

- **Eigentumsvorbehalt**

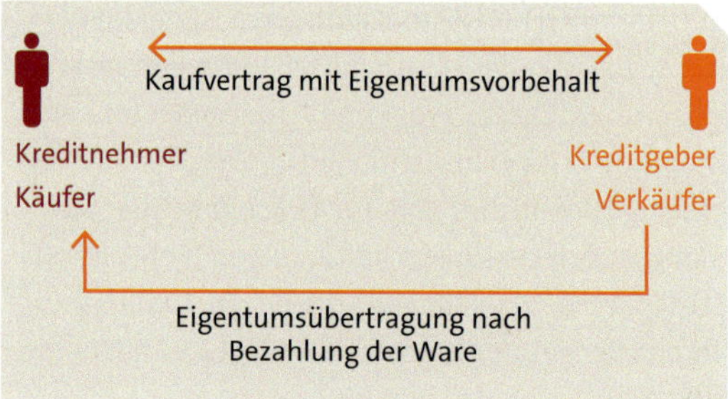

Beim Eigentumsvorbehalt behält sich der Kreditgeber (Verkäufer) bis zur vollständigen Bezahlung des Kaufpreises das Eigentum an der gelieferten Ware vor. Der Kreditnehmer (Käufer) ist zunächst nur Besitzer der Ware, nach der Bezahlung wird er Eigentümer.

- **Sicherungsübereignung**

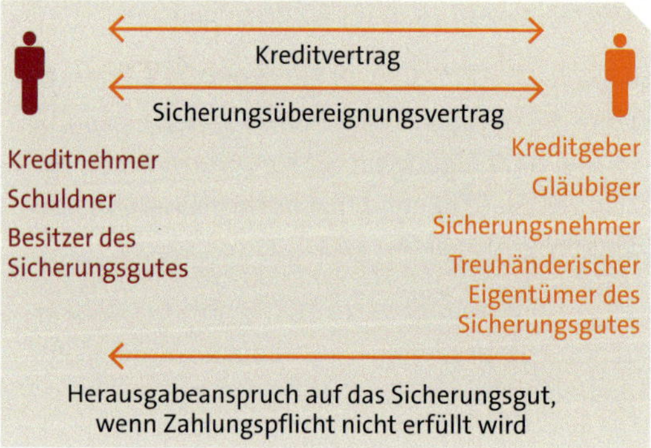

Bei der Sicherungsübereignung erwirbt der Kreditgeber das Eigentumsrecht an einer beweglichen Sache. Die Sache kann vom Kreditnehmer weiter genutzt werden. Diese Kreditsicherung wird z. B. oft beim Autokauf angewandt. Der Kreditnehmer überlässt dann dem Kreditgeber den Fahrzeugbrief als Sicherheit, kann das Auto aber weiterhin nutzen.

Sicherungsabtretung

Bei der Sicherungsabtretung tritt der Schuldner seine eigenen Forderungen, die er gegenüber Dritten hat, an den Gläubiger ab.

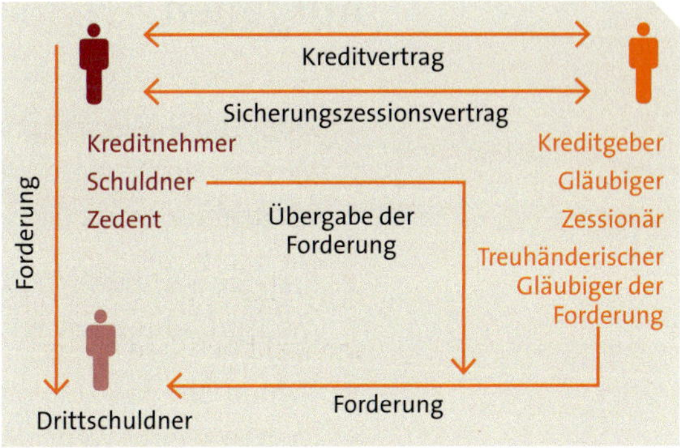

Hypothek und Grundschuld

Hypothek und Grundschuld gehören ebenfalls zu den Realsicherheiten. Sie beziehen sich auf unbewegliches Sachvermögen wie Wohneigentum oder Grundstücke. Beide Kreditsicherheiten werden durch einen Notar kostenpflichtig in das Grundbuch der jeweiligen Immobilie eingetragen. Da Immobilien stabile Werte haben, eignen sich Grundschuld und Hypothek zur Absicherung von Darlehen mit langen Laufzeiten.

- **Hypothek:** Die Hypothek sichert eine konkret festgelegte Forderung. Sie wird in Höhe des zu sichernden Darlehens aufgenommen.
- **Grundschuld:** Die Grundschuld ist nicht an eine konkrete Forderung gebunden und in ihrem Bestand somit nicht von einer Forderung abhängig. Sie kann beliebig oft als Sicherheit verwendet werden, auch für neue Darlehen. So kann die Grundschuld „auf Vorrat" bestellt werden. Ist beispielsweise bei Beginn einer Baumaßnahme nicht abzuschätzen, welche Gesamtkosten tatsächlich entstehen werden, lässt sich die Grundschuld so einrichten, dass sie die größtmögliche zu erwartende Kreditsumme abdeckt. Die Grundschuld muss nicht gelöscht, also aus dem Grundbuch entfernt werden. Sie lässt sich für weitere, zukünftige Darlehen als Sicherheit einsetzen.

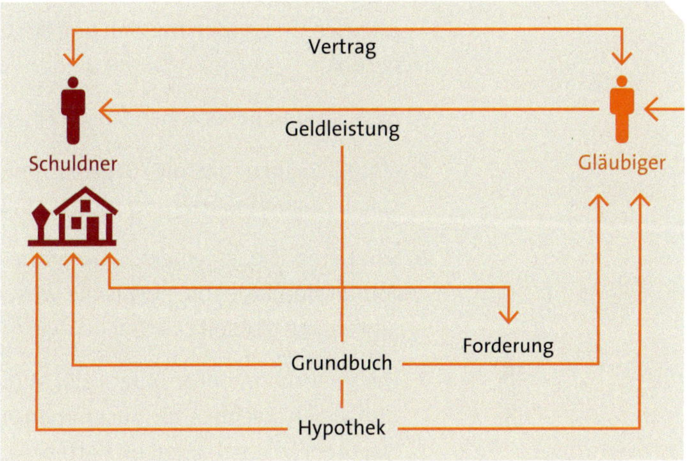

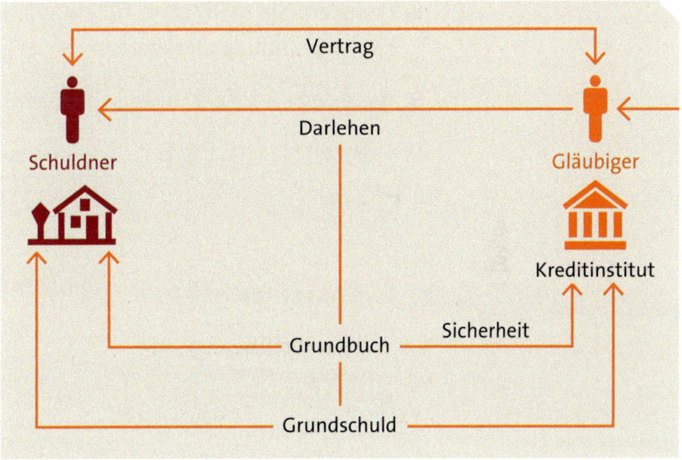

Aufgaben zu Kapitel **1**

1. Jeder Unternehmensgründer sollte einen Kapitalbedarfsplan erstellen.
   a) Nennen Sie wesentliche Positionen eines Kapitalbedarfsplans.
   b) Begründen Sie die Notwendigkeit dieser zeitaufwendigen Planungsrechnung.

2. Erklären Sie, wieso für die Ermittlung des notwendigen Kapitals für eine Unternehmensgründung zusätzlich ein Liquiditätsplan erforderlich ist.

3. Führen Sie den Liquiditätsplan von Felix Müller (S. 52) für das Ende des vierten Monats weiter, wenn die Umsätze auf 26.000,00 € steigen, aber Werkzeuge und ein Diagnosegerät zur Fehlersuche an Fotovoltaikanlagen für zusammen 8.000,00 € angeschafft werden müssen und der Gründer seine Privatentnahme auf 6.000,00 € erhöht.

4. Nennen und beschreiben Sie die Finanzierungsarten.

5. Unterscheiden Sie die Begriffe „Innenfinanzierung“ und „Außenfinanzierung“ sowie „Eigenfinanzierung“ und „Fremdfinanzierung“.

6. Skizzieren Sie in einem Diagramm für Fälligkeitsdarlehen, Ratendarlehen und Annuitätendarlehen jeweils die Veränderung von Zinsen und Tilgungen in Abhängigkeit von der Zeit.

7. Der Unternehmensgründer Felix Müller hat einen Transporter, ein Fassadengerüst und einen Rechner für zusammen 44.500,00 € erworben. Erklären Sie Vor- und Nachteile, die sich ergeben hätten, wenn er die drei Gegenstände geleast hätte.

8. Erläutern Sie die Motive für staatliche Fördermaßnahmen mithilfe von zinsverbilligten Gründungsdarlehen.

9. Beschreiben Sie drei unterschiedliche Formen der Kreditsicherung.

10. Grenzen Sie Hypotheken und Grundschulden voneinander ab.

Aufgaben und Ziele des Personalwesens

2

Heizungsbaubetriebe erleben aufgrund der Energiewende einen Auftragsboom und suchen händeringend nach geeigneten Mitarbeiterinnen und Mitarbeitern. Auch Felix Müller möchte seinen Betrieb vergrößern und schaut sich erst mal um, wie andere bei der Personalbeschaffung vorgehen. Er weiß natürlich: Je Interesse weckender die Stellenausschreibung formuliert ist, desto mehr Bewerber wird es geben. In einem Internetportal findet er die Stellenanzeige eines großen Handwerksbetriebs mit 60 Beschäftigten.

Wir suchen gute Handwerker/-innen (m/w/d) und Kaufleute (m/w/d):
Anlagenmechaniker/-in SHK, Heizungsbauer/-in, Gas/Wasser-Installateur/-in, Solarteur/-in, Elektroinstallateur/-in, Elektroniker/-in, Elektroanlagenmonteur/-in, Betriebswirt/-in

Sie haben bei uns eine Zukunft als:

1. **Techniker/-in, Meister/-in, Geselle/Gesellin oder Kundendienstmonteur/-in**

Ihr Profil:

- Sie haben eine Ausbildung zum/zur Anlagenmechaniker/-in SHK, Heizungsbauer/-in, Gas/Wasser-Installateur/-in, Elektroniker/-in oder einem ähnlichen Beruf erfolgreich abgeschlossen.
- Sie haben Interesse an allen Arten der modernen Heiz- und Solartechnik bzw. an intelligenter Gebäudetechnik.
- Sie können mit Kunden gut umgehen, Teamarbeit macht Ihnen Spaß.
- Sie arbeiten sauber und termintreu und übernehmen die Verantwortung für Ihre Arbeiten.
- Sie möchten beruflich vorwärtskommen, z. B. durch Ablegen der Meisterprüfung, und suchen einen sicheren Arbeitsplatz.

2. **Betriebswirt/-in des Handwerks als Leiter/-in des betrieblichen Rechnungswesens mit Berufserfahrung in der handwerklichen Kostenrechnung**

Aufgabengebiete:

- Prüfen, Kontrollieren und Verbuchen der laufenden Geschäftsvorfälle
- Erstellen von Umsatzsteuervoranmeldungen
- Erstellung von Lohnabrechnungen
- Rechnungserstellung und Terminüberwachung

Ihre Zukunft:
Sie arbeiten in einem zukunftssicheren Unternehmen und erhalten verantwortungsvolle und zukunftsorientierte Aufgaben. Bei uns haben Sie die Möglichkeit, sich weiterzuentwickeln. Sie werden entsprechend Ihren Möglichkeiten weitergebildet. Senden Sie Ihre vollständige Bewerbung bitte an [...]

Einzelne Mitarbeiter oder ganze Abteilungen eines Unternehmens werden mit der Auswahl des Personals und der Organisation des **Personalwesens,** dem sogenannten **Personalmanagement**, betraut. Dabei spielen nicht nur die betrieblichen Belange eine wesentliche Rolle, sondern auch menschliche Faktoren.

Bei den **ökonomischen Unternehmenszielen** geht es darum, die Produktivität zu steigern, den Umsatz zu erhöhen und eine bessere Position am Markt zu erringen. Dies gelingt nur mit **qualifizierten Beschäftigten.**

Die **sozialen Ziele** des Personalwesens umfassen alle Handlungen, die den Mitarbeitern eine angenehme Arbeitsatmosphäre ermöglichen. Dazu zählen eine Personalführung, die den Bedürfnissen der Mitarbeiter gerecht wird, unter anderem durch gerechte Entlohnung, Weiterbildungsangebote, flexible Arbeitszeiten, Kinderbetreuung, Gesundheits- und Altersvorsorge, insgesamt also um die Schaffung eines guten Betriebsklimas.

Zu den **Aufgaben des Personalmanagements** gehören die Ermittlung des Personalbedarfs, die Personalbeschaffung, die Auswahl von geeigneten Mitarbeitern und ihr effektiver Einsatz im Unternehmen.

i

Aufbauorganisation und Organigramm
Aufgabe der **Aufbauorganisation** ist es, ausgehend von der gegebenen Gesamtaufgabe eine Aufspaltung in so viele Teilaufgaben vorzunehmen, dass durch die anschließende Kombination dieser Teilaufgaben eine sinnvolle arbeitsteilige Gliederung und Ordnung der betrieblichen Handlungsprozesse entsteht.

Stellenbeschreibung
► Kap. 2.1, S. 68

Die **Stelle** ist die kleinste Organisationseinheit. Ihr ist der sogenannte **„Stelleninhaber“** zugeordnet. Aus der **Stellenbeschreibung**► leiten sich die Kompetenz und die Verantwortung des Stelleninhabers ab. Unter **Kompetenzen** versteht man bei Organisationen die dem Stelleninhaber zugeteilten Rechte und Befugnisse. Daraus resultieren Pflichten oder Verantwortungen, die der Stelleninhaber übernehmen muss. Der Begriff **Verantwortung** bedeutet die Pflicht einer Person (des Aufgabenträgers), für die zielentsprechende Erfüllung der Aufgabe persönlich Rechenschaft abzulegen.

Aus der Stellenanzeige und einem Blick auf den Internetauftritt eines großen Sanitär- und Heizungsunternehmens kann Felix Müller Rückschlüsse auf das **Organigramm** (Organisationsdiagramm) des Konkurrenzunternehmens ziehen.

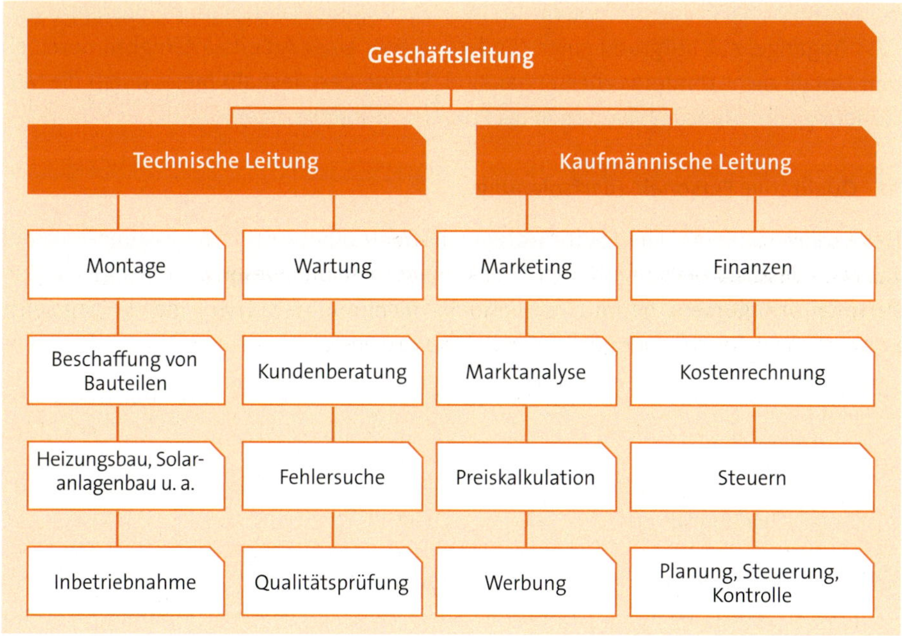

2.1 Personalbedarfsplanung

Bei der Ermittlung des Personalbedarfs geht es zum einen um die Mitarbeiterzahl (Quantität) und zum anderen um die notwendigen Qualifikationen (Qualität). Der **quantitative Personalbedarf** gibt an, wie viele Mitarbeiter konkret benötigt werden. Der **qualitative Personalbedarf** gibt an, welche Qualifikation die benötigten Arbeitnehmer aufweisen müssen.

Quantitative Personalbedarfsplanung

Der quantitative Personalbedarf beschäftigt sich mit der Anzahl der Arbeitskräfte, die zukünftig benötigt werden, um die Unternehmensziele zu erreichen. Er berücksichtigt vorhersehbare und unvorhersehbare Abgänge, die durch Neueinstellungen ersetzt werden müssen. Um diesen Bedarf zu berechnen, müssen zunächst die aktuellen und zukünftig anfallenden Tätigkeiten, abhängig von der zu erwartenden Geschäftsentwicklung, analysiert werden. Das Ergebnis gibt Kenntnis über die Zahl der zu besetzenden Stellen.

Mögliche Personalabgänge	Mögliche Personalzugänge
• Kündigung • Beginn von Mutterschutz oder Elternzeit • Arbeitsunfähigkeit • betriebliche Versetzung • Verringerung der Arbeitszeit • Eintritt des Rentenalters • Todesfall	• Neueinstellung • Leiharbeit • Rückkehr von Mitarbeitern aus Mutterschutz, Elternzeit, Langzeitbeurlaubung, Krankenstand • Erhöhung der Arbeitszeit • Übernahme von Auszubildenden • Versetzung aus einer anderen Abteilung bzw. von anderen Standorten

Ein wesentliches Problem der quantitativen Personalbestandsplanung besteht darin, dass Abgänge, z. B. aufgrund einer Kündigung oder einer Arbeitsunfähigkeit durch einen Unfall, nicht immer vorhersehbar sind. Sie werden deshalb meist durch die Verwendung von Erfahrungswerten in die Prognose miteinbezogen.

Qualitative Personalbedarfsplanung

Der qualitative Personalbedarf leitet sich aus den Aufgaben der Mitarbeiter in einem Unternehmen ab. Sie legt fest, welche **Qualifikationen** und **Kompetenzen** die Mitarbeiterinnen und Mitarbeiter im Unternehmen haben müssen. Dafür müssen zunächst alle Aufgaben des Stelleninhabers ermittelt und daraus dann die notwendigen Qualifikationen und Kompetenzen abgeleitet werden. Dabei unterscheidet man:

- **Hard Skills[1]:** Dies sind die fachlichen Qualifikationen, die zur Erfüllung der Aufgaben erforderlich sind.
- **Soft Skills:** Damit sind soziale und kommunikative Fähigkeiten gemeint, die für die Aufgabe wichtig sind.

[1] **Skills**
Fähigkeiten, Kenntnisse

Unternehmen sollten immer im Blick haben, welche Skills die Produktivität im Unternehmen am stärksten fördern können und welche Persönlichkeiten gebraucht werden, um ein Arbeitsteam ideal zu ergänzen.

Zum Personalmanagement gehört auch die dem technischen Fortschritt angepasste Personalentwicklung der bereits vorhandenen Mitarbeiter. Weiterbildungen und Schulungen sind unverzichtbar. Bevor neue Mitarbeiter eingestellt werden und damit weitere Personalkosten entstehen, sollte überprüft werden, ob die vorhandenen Mitarbeiter die Aufgaben nicht selbst erfüllen könnten, ggf. nach einer geeigneten Weiterbildung.

i

Die Personalplanung erarbeitet Stellenpläne und Stellenbesetzungspläne:
- Der **Stellenplan** zeigt den gesamten Bedarf an Stellen und damit auch den Bedarf an Personal, der für die Erfüllung von Aufgaben benötigt wird (dargestellt als Organigramm).
- Im **Stellenbesetzungsplan** werden nur die tatsächlich besetzten Stellen mithilfe von Stellenbeschreibungen dargestellt.

Stellenbeschreibung

In größeren Unternehmen wird für jeden Arbeitsplatz eine Stellenbeschreibung durchgeführt. Sie ist ein wichtiges Instrument der Personalplanung.

Eine Stellenbeschreibung ist eine schriftliche, standardisierte Beschreibung der Merkmale einer Stelle. Sie definiert die Aufgaben, Tätigkeiten, Ziele, Kompetenzen, Verantwortlichkeiten und Pflichten, die mit der Position einhergehen.

Eine Stellenbeschreibung ist immer personenunabhängig, sie enthält also keine personenbezogenen Daten. Sie definiert eine bestimmte Position im Unternehmen dadurch, dass sie diese von anderen Stellen abgrenzt oder zu ihnen in Beziehung setzt. Die Stellenbeschreibung dient auch als Grundlage für die Entgeltfindung.

Gliederung einer Stellenbeschreibung:

1. Bezeichnung der Stelle, Funktion innerhalb des Unternehmens
2. Position innerhalb des Organigramms, Vorgesetzter und Stellvertreter
3. Kern- und Hauptaufgaben, Nebenaufgaben
4. Qualifikation und Kompetenzen, Pflichten und Befugnisse
5. Anforderungen gemäß Stellenbeschreibung, Zusammenarbeit mit internen und externen Stellen
6. Mitarbeit bei Projekten, Mitwirkung in Gremien
7. Entgeltgruppe, geplante Fort- und Weiterbildungen

Vor allem größere Unternehmen gehen mit großer Sorgfalt an die Beschreibung der zu erfüllenden Arbeitsaufgabe **(Stellenbeschreibung),** um dann die dazu notwendigen Kenntnisse, Fertigkeiten und Kompetenzen zu ermitteln. So erhalten Mitarbeiter eine klare Orientierung über die Aufgaben, die von ihnen erwartet werden. Wichtig ist auch, die Befugnisse, die mit der Stelle verbunden sind, zu benennen.

Ein Beispiel aus der Metall- und Elektroindustrie in Baden-Württemberg zeigt unter anderem die **Arbeitsaufgaben** und notwendigen **Kompetenzen** von Anlagenmechanikern in der Fertigungstechnik. Diese sind Grundlage der Entgeltbewertung.

Stellenbeschreibung von Anlagenmechanikerinnen und Anlagenmechanikern der Entgeltgruppe 9

- Analysieren von Fehlern und Störungen an komplexen Betriebsmitteln mit mechanischen, hydraulischen und pneumatischen Komponenten, ggf. unter Anwendung von Diagnosesystemen. Art und Umfang der Störungs- und Schadensbehebung innerhalb bestimmter Grenzen nach wirtschaftlichen Gesichtspunkten festlegen bzw. absprechen und durchführen. In wichtigen Fällen den Vorgesetzten informieren und Vorschläge zur Schadensbehebung machen. Die instandgesetzten Anlagen in Betrieb nehmen. Maschinensteuerungen anpassen, Bearbeitungsprogramme korrigieren, Testläufe durchführen und entsprechende Dokumentation erstellen. [...]
- Anfertigen von Ersatzteilen, Zusatz- und Hilfseinrichtungen nach Zeichnung, Skizze, Muster oder Anweisung.
- Schwachstellen analysieren und beseitigen bzw. bei der Erarbeitung von Vorschlägen zur Schwachstellenbeseitigung mitwirken. Bei der Demontage und Montage elektrischer Baugruppen mitarbeiten.
- Durchführen schwieriger und hochwertiger Wartungs- und Instandhaltungsarbeiten an Betriebsmitteln nach vorliegenden Wartungsplänen. Maßnahmen zur wirtschaftlichen Wartung und Instandhaltung sowie zur Anpassung von Wartungsstandards anregen.
- Neuanlagen und Erweiterungen nach vorgegebenen Plänen erstellen.

Quelle: IG Metall Baden-Württemberg [Hrsg.], ERA-TV Katalog tariflicher Niveaubeispiele Metall- und Elektroindustrie, Stuttgart o. J. (2003), S. 93.

Die **Arbeitsbewertung** ist ein analytisches Verfahren zur Differenzierung von Entgelten. Dabei werden unter Einbeziehung des Betriebsrats verschiedene Anforderungsmerkmale einer Tätigkeit, wie Wissen, Können, Berufsausbildung, Berufserfahrung, Verantwortung, Kommunikationsfähigkeit und Mitarbeiterführung bewertet. Dazu werden in einem festgelegten Katalog von Merkmalen unabhängig voneinander alle Arbeitsaufgaben einzeln gewichtet. Die sich ergebenden Teilwerte werden addiert und bilden damit die Grundlage für eine finanzielle Differenzierung in der Vergütung.

Die auf S. 65 f. abgebildete Stelle des Anlagenmechanikers bzw. der Anlagenmechanikerin wird von den Tarifpartnern aufgrund der Arbeitsaufgaben und der dazu notwendigen Kompetenzen zusammenfassend in die Entgeltgruppe 9 eingeordnet. In der Stellenbeschreibung von Anlagenmechanikern der geringer entlohnten Entgeltgruppe 7 heißt es dagegen nur, dass routinemäßige geringfügige Reparatur- und Wartungsarbeiten an mechanischen und hydraulischen Komponenten nach vorliegenden Wartungsplänen oder auf Anordnung und Kontrolle durch Vorgesetzte durchgeführt werden dürfen.

2.2 Personalbeschaffung

Wird in einem Unternehmen ein Personalbedarf festgestellt, wird die Stelle in der Regel über verschiedene Kommunikationskanäle, wie z. B. Stellenanzeigen in Fachzeitschriften, bei der Arbeitsvermittlung der Bundesagentur für Arbeit, auf Jobbörsen im Internet oder bei Karrieremessen, ausgeschrieben oder an einen Anbieter für Personaldienstleistungen weitergereicht (Stellenausschreibung).

Erfolgt die Stellenbesetzung durch die Akquise[1] neuer, bislang betriebsfremder Mitarbeiter, spricht man von externer Personalbeschaffung.

---

[1] **Akquise** (lat.: acquirere = erwerben): Maßnahmen zur Gewinnung von Mitarbeitern, Kunden usw.

Weitere unternehmensinterne Optionen ergeben sich durch die Veröffentlichung der Stellenanzeige im Firmenintranet oder der Mitarbeiterzeitschrift. Ebenso möglich ist die Übernahme von Auszubildenden oder eine Umwandlung von Teil- in Vollzeitarbeitsverhältnisse sowie die gezielte Nutzung von Weiterbildungsmaßnahmen und Personalentwicklungsgesprächen zur Akquise bereits vorhandener Mitarbeiter.

Erfolgt die Stellenbesetzung durch Beförderung oder Personalverschiebung zwischen einzelnen Abteilungen und bereits angestellten Arbeitnehmern, spricht man von interner Personalbeschaffung.

Sowohl die interne als auch die externe Personalbeschaffung weisen Vorteile und Nachteile auf:

	Interne Personalbeschaffung	Externe Personalbeschaffung
Vorteile	• Zeit- und Kostenersparnis im Rekrutierungsprozess • geringe Einarbeitungszeit, da der Bewerber das Unternehmen bereits kennt • Nutzung zur Mitarbeitermotivation und zur Reduzierung der Fluktuation durch Aufstiegschancen möglich	• Mitarbeiter bringen neues Knowhow und evtl. auch Wissen über Wettbewerber mit. • bei überzähligen Bewerbungen Möglichkeit zur Schaffung eines Talentpools für zukünftige Stellenausschreibungen • geringere Fortbildungskosten, da Personalauswahl zielgerichtet erfolgen kann
Nachteile	• Die Beförderung von Kollegen kann zu Neid und Missgunst in der Belegschaft führen. • Die Versetzung eines Kollegen schafft neue Vakanzen[1] in der bisherigen Abteilung. • Gefahr der Betriebsblindheit bestehender Mitarbeiter	• Der Rekrutierungsprozess ist sehr zeit- und kostenintensiv. • Neue Mitarbeiter müssen in Unternehmensstrukturen und Prozesse eingearbeitet werden. • höheres Risiko einer Fehlbesetzung, da der Mitarbeiter noch nicht bekannt ist und nicht eingeschätzt werden kann

[1] **Vakanz**
unbesetztes Amt oder Arbeitsstelle

2.2.1 Personalauswahl

Die Bewerbung der Interessenten erfolgt über ein Onlineportal, per E-Mail oder mittels der klassischen Papierbewerbung. Um hohe Folgekosten durch Fehlbesetzungen zu vermeiden, wird im Rahmen der Personalauswahl der am besten geeignete Bewerber für die zu besetzende Stelle gesucht. Folgende Kriterien werden geprüft:

Kriterien bei der Personalauswahl

Leistungsfähigkeit	Leistungswille	Entwicklungsmöglichkeiten	Leistungspotenzial
Wie weit stimmt das Anforderungsprofil mit den Fähigkeiten des Bewerbers überein?	Ist der Bewerber bereit, seinen Fähigkeiten entsprechende Leistungen zu erbringen und den Erwartungen des Unternehmens gerecht zu werden?	Meist stimmen die Anforderungen und die Qualifikationen nicht hundertprozentig überein. Liegen die Qualifikationen unter den Anforderungen, stellt sich die Frage, inwieweit der Bewerber durch geeignete Fortbildungsmaßnahmen für die Stelle ausgebildet werden kann.	Inwieweit kommt der Bewerber zu einem späteren Zeitpunkt für höherwertige Aufgaben infrage?

Bei der Personalauswahl wird häufig in den folgenden vier Schritten vorgegangen:

Analyse der Bewerbungsunterlagen

In einem ersten Schritt werden die eingegangenen Bewerbungsunterlagen, in der Regel bestehend aus Anschreiben, Lebenslauf, Zeugnissen und Referenzen[2], auf Inhalt und Form überprüft. Dieser Schritt dient der Vorselektion und liefert Informationen über den bisherigen Werdegang und die künftigen Entwicklungsvorstellungen der Bewerber. Eine Variante der Auswertung von Bewerbungen ist die Nutzung einer Entscheidungsbewertungstabelle.

[2] **Referenz**
von einer Vertrauensperson gegebene (lobende) Beurteilung, Empfehlung

Vorgehensweise der Bewertung mithilfe einer Entscheidungsbewertungstabelle

1. Definition von relevanten qualitativen Bewertungskriterien
2. Gewichtung der Bewertungskriterien nach Wichtigkeit für das Unternehmen auf einer Skala von 1 bis 5. Sehr wichtige Kriterien erhalten die Maximalpunktzahl 5, weniger wichtige werden mit der Gewichtung 1 bewertet.
3. Bewertung der individuellen Bewerberleistungen auf einer Skala von 1 bis 5. Eine sehr gute Zielerreichung des Bewertungskriteriums erhält dabei die Bewertungspunktzahl 5, eine mangelhaft bewertete Leistung erhält die Note 1.
4. Multiplikation der Bewertungspunkte mit der jeweiligen Gewichtung
5. Das Gesamtergebnis ergibt sich durch die Addition der einzelnen gewichteten Bewertungen.
6. Die Entscheidung fällt für den Bewerber mit der höchsten Gesamtpunktzahl.

Entscheidungsbewertungstabelle

		Bewerber 1		Bewerber 2	
Kriterien	**Gewichtung**	**Bewertung**	**gewichtete Bewertung**	**Bewertung**	**gewichtete Bewertung**
Anschreiben Formalien, Rechtschreibung, Satzbau korrekt	3	3	9	4	12
Anschreiben Überzeugungskraft, Angabe von Motivation und Beweggründen	5	2	10	5	25
Lebenslauf chronologischer und lückenloser Eindruck über persönliche und berufliche Entwicklung möglich?	4	5	20	5	20
Arbeitszeugnisse und Referenzen	4	4	16	3	12
Schulbildung	2	3	6	4	8
Berufsausbildung/Studium	5	3	15	4	20
Zusatzqualifikationen	2	4	8	3	6
Berufserfahrung	3	4	12	4	12
Sprachkenntnisse	2	2	4	4	8
Führungserfahrung	2	3	6	5	10
Gesamtergebnis			**106**		**133**
Rang			**2**		**1**

Gewichtung der Kriterien: 5 = sehr hoch, 4 = hoch, 3 = mittel, 2 = gering, 1 = sehr gering
Bewertung der Kriterien: 5 = sehr gut, 4 = gut, 3 = befriedigend, 4 = ausreichend, 1 = mangelhaft

Testen der Bewerber mithilfe von Auswahlverfahren

Darüber hinaus werden insbesondere bei großen Unternehmen Tests und Auswahlverfahren, wie z. B. Assessment-Center, durchgeführt. Hierbei handelt es sich um standardisierte Verfahren zur Messung des Verhaltens oder der Eigenschaften von Personen. Damit werden insbesondere die Leistungsfähigkeit und Schlüsselqualifikationen wie z. B. Kommunikationsfähigkeit, Teamfähigkeit, Führungs- und Durchsetzungsfähigkeit sowie die Belastbarkeit der einzelnen Bewerber genauer unter die Lupe genommen.

Vorstellungsgespräch

Im Anschluss an die Auswahlverfahren erfolgt das persönliche Kennenlernen im Rahmen eines Vorstellungsgesprächs. Dies ermöglicht den Personalverantwortlichen die Klärung von Lücken oder Ungereimtheiten in den Bewerbungsunterlagen. Viel wichtiger ist jedoch, dass sich die Unternehmensvertreter ein persönliches Bild von dem Auftreten, der Kommunikationsfähigkeit und der persönlichen Motivation des Bewerbers machen können. Häufig nimmt an diesem Gespräch neben dem Vertreter der Personalabteilung auch ein Mitglied des Betriebsrats, der zukünftige direkte Vorgesetzte oder je nach Relevanz der zu besetzenden Stelle auch ein Mitglied der Geschäftsleitung teil.

Methoden zur Beurteilung von Bewerbern

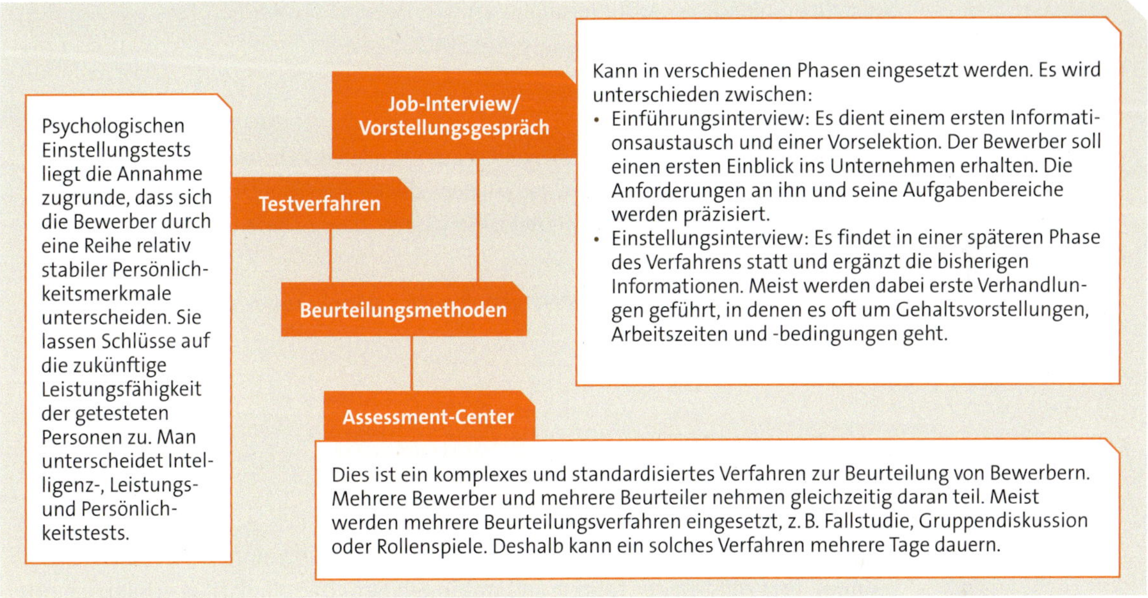

Einstellung, Abschluss des Arbeitsvertrags ▸

Sollte das Vorstellungsgespräch für alle Seiten erfolgreich verlaufen sein, erfolgt in einem vierten Schritt die Einstellung des Bewerbers und der Abschluss des Arbeitsvertrags.

Arbeitsvertrag
▸ Eingangsklasse, Teil II, Kap. 2.4, S. 90 ff.

2.2.2 Arbeitsrechtliche Bestimmungen der Personalauswahl

Die Tätigkeiten Personalplanung und -auswahl liegen in der Entscheidungsbefugnis des Unternehmers bzw. der Geschäftsleitung. Beschäftigt ein Unternehmen mehr als zwanzig wahlberechtigte Arbeitnehmer, muss der Betriebsrat (sofern vorhanden) über Entscheidungen im Rahmen der Personalauswahl unterrichtet und miteinbezogen werden. Hierbei gelten die Regelungen des Betriebsverfassungsgesetzes (BetrVG ▸).

aktuelle Fassung
▸ www.gesetze-im-internet.de/betrvg

§99 BetrVG, Mitbestimmung bei personellen Einzelmaßnahmen
(1) In Unternehmen mit in der Regel mehr als zwanzig wahlberechtigten Arbeitnehmern hat der Arbeitgeber den Betriebsrat vor jeder Einstellung, Eingruppierung, Umgruppierung und Versetzung zu unterrichten, ihm die erforderlichen Bewerbungsunterlagen vorzulegen und Auskunft über die Person der Beteiligten zu geben [...] und die Zustimmung des Betriebsrats zu der geplanten Maßnahme einzuholen. Bei Einstellungen und Versetzungen hat der Arbeitgeber insbesondere den in Aussicht genommenen Arbeitsplatz und die vorgesehene Eingruppierung mitzuteilen. [...]

Sollten bei der Personalauswahl, -versetzung oder -kündigung feststehende Personalauswahlrichtlinien zum Einsatz kommen (z.B. standardisierte Interviewfragen oder Checklisten für Auswahlprozesse), muss gemäß §95 BetrVG der Betriebsrat dem ebenfalls zustimmen.

Zusätzliche rechtliche Anforderungen an den Personalauswahlprozess werden durch das Allgemeine Gleichbehandlungsgesetz (AGG) gestellt.

§1 AGG, Ziel des Gesetzes
Ziel des Gesetzes ist es, Benachteiligungen aus Gründen der Rasse oder wegen der ethnischen Herkunft, des Geschlechts, der Religion oder Weltanschauung, einer Behinderung, des Alters oder der sexuellen Identität zu verhindern oder zu beseitigen.

Es darf z. B. grundsätzlich keine Stelle gezielt nur für männliche Bewerber ausgeschrieben werden.

2.3 Personalführung und Motivation

2.3.1 Führungsverhalten

Wer ein Unternehmen gründet oder eine leitende Stellung einnimmt, muss Mitarbeiterinnen und Mitarbeiter führen und mit ihnen Unternehmensziele erfolgreich erreichen. Es ist notwendig, Leitungsaufgaben zu übernehmen und dabei andere Aufgaben abzugeben.

Der **Führungsstil** ist das individuelle Führungsverhalten einer oder eines Vorgesetzten. Ein passender Führungsstil ist ein wichtiger Schritt zu einer erfolgreichen Unternehmensführung. **Führungstechniken** sind Methoden zur Mitarbeiterführung. Mit ihnen sollte sich jeder Gründer vertraut machen, in Meisterprüfungslehrgängen und Gründungsseminaren werden sie intensiv eingeübt. Mit den richtigen Führungstechniken wird ein Gründer zur kompetenten Führungskraft, die von ihrem Team geschätzt wird.

Motivation

Ein wichtiger Bestandteil guter Mitarbeiterführung ist Förderung von deren Motivation. Motivierte Mitarbeiter sind energiegeladen und identifizieren sich mit ihrer Arbeitsaufgabe und auch mit dem Unternehmen. Zur Motivationsförderung gehört unbedingt, dass Vorgesetzte regelmäßig konstruktives Feedback geben. Das darf auch kritisch sein, aber vor allem erwarten Mitarbeiter lobende Anerkennung für ihre Leistung. Das schwäbische „Ned gschimpft isch globt gnuag" reicht nicht. Anerkennende Worte bleiben oft auf der Strecke, da sich im Alltag eine Routine einschleicht, in der Leistungen als selbstverständlich wahrgenommen werden. Auch kleine Aufmerksamkeiten gehören dazu. Letztlich erwarten Mitarbeiter aber auch, dass sich fortwährende Anerkennung in der Entlohnung widerspiegelt.

2.3.1.1 Führungsstile

Beispiel für einen unangemessenen Führungsstil

Ein mangelhafter Führungsstil von Vorgesetzten kann eine fristlose Kündigung rechtfertigen.► So entschied das Hessische Landesarbeitsgericht in Frankfurt in einem Urteil von 2004. Die Richter wiesen die Klage der Leiterin einer Kindertagesstätte gegen den Träger der Einrichtung zurück und erklärten die außerordentliche Kündigung der Beschäftigten, die mehr als zehn Jahre die Tagesstätte geleitet hatte, und ordentlich nicht kündbar war[1], für zulässig.

Zwischen der Klägerin und den acht ihr nachgeordneten Erzieherinnen war es zu erheblichen Spannungen gekommen. Eine Mitarbeiterin musste wegen eines Nervenzusammenbruchs in ein Krankenhaus eingeliefert werden. Die Leiterin hatte ihre Mitarbeiterinnen angeschrien, schikaniert und den Kontakt zu den Eltern erschwert. Sieben der acht Beschäftigten kündigten mit Hinweis auf das Verhalten der Vorgesetzten. Gemäß dem Urteil musste die Leiterin vor der Kündigung nicht abgemahnt werden, da „nicht erkennbar war, dass sie in der Lage und willens gewesen wäre, ihr Verhalten zu ändern".

Personalfreisetzung
► Kap. 2.4, S. 82

[1] Die Unkündbarkeit eines Arbeitsverhältnisses ist in der Regel in einem Tarifvertrag festgehalten. Arbeitnehmer sind in diesem Fall bei einer langen Betriebszugehörigkeit oder einem hohen Lebensalter nicht mehr ordentlich kündbar.

Als Führungsstil wird das Verhalten von Führungskräften gegenüber Mitarbeiterinnen und Mitarbeitern in nachgeordneten Positionen bezeichnet. Der Führungsstil sagt viel über die Unternehmenskultur und das Menschenbild in einem Unternehmen aus. Er beeinflusst wesentlich den Erfolg eines Unternehmens oder einer Betriebsabteilung.

Es gibt vielerlei wissenschaftliche Untersuchungen zu Führungsstilen. Die am häufigsten diskutierten werden im Folgenden vorgestellt.

- **Das eindimensionale Führungsmodell nach Robert Tannenbaum und Warren H. Schmidt**

Tannenbaum und Schmidt unterscheiden mehrere Stufen vom autoritären bis zum demokratischen Führungsstil.

Führungsstil					
autoritär	**patriarchalisch**	**beratend**	**kooperativ**	**partizipativ**	**demokratisch**
Der Vorgesetzte entscheidet und setzt sich durch.	Der Vorgesetzte entscheidet, ist aber bestrebt, seine Mitarbeiter zu überzeugen.	Der Vorgesetzte entscheidet, beantwortet aber Fragen, um Akzeptanz zu erhöhen.	Der Vorgesetzte informiert. Die Mitarbeiter haben die Möglichkeit, Änderungen vorzuschlagen.	Die Mitarbeitergruppe entwickelt Vorschläge, der Vorgesetzte entscheidet über die von ihm favorisierte Variante.	Die Mitarbeitergruppe entscheidet über Vorschläge im Rahmen der ihnen aufgezeigten Grenzen.
autoritärer Führungsstil →					demokratischer Führungsstil

Vorteile des **autoritären Führungsstils** sind die Klarheit der Entscheidungsgewalt und die hohe Entscheidungsgeschwindigkeit. Ein **Nachteil** sind dagegen mögliche Fehlentscheidungen aufgrund der Konzentration der Führung auf eine Person.

Vorteile des **demokratischen Stils** sind sachgerechte Entscheidungen der zuständigen Ebenen und eine hohe Mitarbeitermotivation. Ein Nachteil ist eine oft langwierige Entscheidungsfindung.

Zweidimensionales Führungsmodell nach Robert R. Blake und Jane S. Mouton

Das **Managerial Grid** (= Verhaltensgitter) von Blake und Mouton stellt ein wissenschaftliches Modell dar, das die Kombinationsmöglichkeiten von Mitarbeiter- und Sachaufgabenorientierung im Management aufzeigt. Demnach gibt es zwei Orientierungen im Führungsverhalten. Die eine ist die Sach- oder Produktionsorientierung; die andere ist die Menschen- oder Mitarbeiterorientierung. Letztere räumt den zwischenmenschlichen Beziehungen große Bedeutung im Betriebsablauf ein. Das Verhaltensgitter lässt eine große Zahl von Kombinationsmöglichkeiten zu.

Beispiele für Kombinationsmöglichkeiten im Verhaltensgitter

Typ 1.1: Das **Impoverished Management** bedeutet eine sowohl geringe Aufgaben- als auch geringe Mitarbeiterorientierung. Eine verarmte Führung liegt vor, wenn eine Führungskraft sich sehr wenig um die Menschen und sehr wenig um die Produktion kümmert. Der verarmte Führer ist nicht daran interessiert, zu führen, und die Anhänger sind demotiviert und sehen keine Notwendigkeit, auch nur zu versuchen, Leistung zu bringen.

Typ 9.1: Das **Authority-Obedience-Management** bezeichnet eine hohe Aufgaben-, aber geringe Mitarbeiterorientierung. Das primäre Interesse des Managements gilt der Produktion und den Sachaufgaben. Vorgesetzte zeigen geringes Interesse an der Arbeitszufriedenheit von Mitarbeitern.

Typ 1.9: Die **Country-Club-Führung** („Clubhaus-Führung") betont die Bedürfnisse der Mitarbeiter, die Schaffung von guten Beziehungen und eines angenehmen Betriebsklimas.

Die sorgfältige Beachtung der Bedürfnisse der Menschen nach befriedigenden Beziehungen soll zu einem bequemen und freundlichen Organisationsklima führen, mit entsprechendem Arbeitstempo. Es besteht allerdings die Gefahr, dass das Unternehmen aufgrund mangelnder Leistung scheitert.

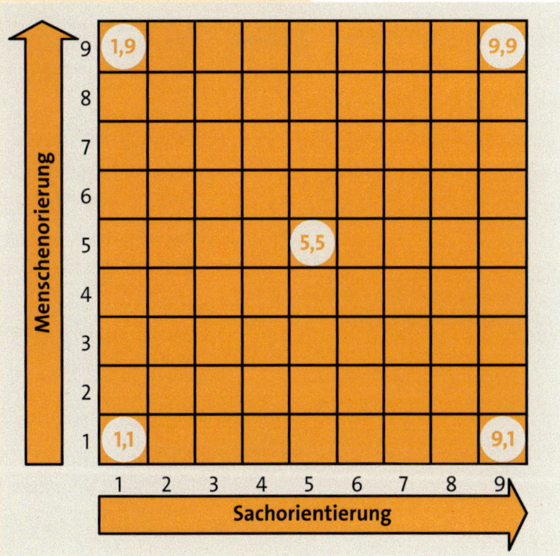

Typ 9.9: Beim Führungsstil des **Team Management** sind die Beziehungen durch das Wohl der Belegschaft geprägt, wobei die Mitarbeiter motiviert und leistungsorientiert arbeiten. Die Arbeitsleistung wird demnach von engagierten Mitarbeitern erbracht. Das gemeinsame Engagement für ein Organisationsziel führt zu Beziehungen, die sich durch Vertrauen und Respekt auszeichnen. Dies ist der ideale Führungsstil bezüglich Sach- und Mitarbeiterorientierung.

Typ 5.5: Der Führungsstil **Middle of the Road** versucht eine ausgewogene Kombination von Mitarbeiter- und Sachaufgabenorientierung. Eine angemessene Organisationsleistung wird durch das Gleichgewicht zwischen zufriedenstellender Arbeitsleistung und befriedigendem Betriebsklima ermöglicht.

Situatives Führungsmodell nach Paul Hersey und Ken Blanchard in Abhängigkeit vom „Reifegrad“

Hersey und Blanchard gehen davon aus, dass ein einziger Führungsstil der Vielzahl individueller Mitarbeiter nicht gerecht wird. Nach ihrer Theorie muss sich die Führungskraft an die jeweils gegebene Situation anpassen, um erfolgreich zu sein. Ausgehend vom Entwicklungsstand des Mitarbeiters, dem Reifegrad („Maturity level)“, wird der jeweils geeignete Führungsstil bestimmt. Jeder Mitarbeiter wird demnach entsprechend seinen Aufgaben, seinem Fachwissen, seinen Fähigkeiten, Fertigkeiten und Erfahrungen, aber auch seiner Motivation gefördert und geführt.

Dabei werden vier Führungsstile bzw. Verhaltensmuster der Vorgesetzten unterschieden:

1. Das **Anweisen** („Telling“) ist eine Kommunikation in eine Richtung, nämlich vom Vorgesetzten zum Mitarbeiter. Der Vorgesetzte sagt seinem Mitarbeiter (oder seinem Team), welche Aufgaben wie, warum, wann und wo auszuführen sind.
2. Beim **Argumentieren** („Selling“) gibt der Vorgesetzte ebenfalls die Richtung vor, aber die Kommunikation erfolgt nun in beide Richtungen. Dem Mitarbeiter wird die Aufgabe umfassend verdeutlicht, er wird von der Richtigkeit der Anweisung überzeugt und kann Fragen stellen.
3. Beim **Beteiligen** („Participating“) kommt es zu einem gemeinsamen Entscheidungsprozess. Der Vorgesetzte gibt weniger direkte Arbeitsanweisungen, sondern bemüht sich um den Kontakt zu seinem Mitarbeiter.

4. Beim **Delegieren** („Delegating“) bleibt der Vorgesetzte in die Entscheidungen einbezogen, aber die Aufgabe und die Verantwortung für die Durchführung hat nun der Mitarbeiter oder die Gruppe. Der Vorgesetzte überwacht aber weiterhin die Ausführung und die Ergebnisse.

Führungsstile in Abhängigkeit vom „Reifegrad“

Reifegrad	„Reifegrad“ hinsichtlich Fähigkeit und Willigkeit	Führungsstil
1	Der Mitarbeiter ist zum selbstständigen Bearbeiten einer anstehenden Aufgabe nicht fähig und auch nicht motiviert.	**Anweisen.** Direktiver Führungsstil. Der Mitarbeiter oder die Gruppe bekommt genaue Anweisungen. Die Ausführung wird kleinschrittig kontrolliert.
2	Der Mitarbeiter ist nicht fähig, aber willig und motiviert.	**Argumentieren.** Genaue Erklärung der Entscheidungen und Anweisungen. Eingehen auf Klärungsfragen des oder der Beschäftigten
3	Der Mitarbeiter ist fähig, aber nicht motiviert.	**Partizipieren.** Erörterung der Arbeitsaufgabe. Ermutigung des Mitarbeiters oder der Gruppe, sich am Entscheidungsprozess über die Planung und Durchführung zu beteiligen.
4	Der Mitarbeiter ist fähig und willig, verfügt über eine hohe Kompetenz und hohe Motivation.	**Delegieren.** Überlassung von Verantwortung an die Mitarbeiter, sowohl bezüglich der Aufgaben als auch der Beziehungsorientierung. Diese arbeiten selbstständig im Team und treffen dort eigenverantwortlich Entscheidungen.

Führungskräfte müssen beobachten, ob der gewählte Führungsstil zum gewünschten Erfolg führt. Wenn Mitarbeiter die Aufgabe sehr gut bewältigen, sollte zukünftig bei einer ähnlichen Aufgabe ein Stil gewählt werden, der mehr Partizipation und Freiräume ermöglicht. Im umgekehrten Fall muss die Partizipation zurückgenommen und stärker kontrolliert und angewiesen werden.

Ethische Führung nach Linda Trevino, Michael Brown und Pincus Hartman

Die Sozialwissenschaftler Trevino, Brown und Hartman fanden anhand qualitativer Studien heraus, dass zum ethischen Führungsstil viel mehr als nur Charaktereigenschaften oder ein auf Werten basierendes Führungsverhalten gehört. Demnach besteht ethisches Führen aus zwei Säulen, der ***Moral-Person***- und der ***Moral-Manager*-Dimension:**

- **„Moralische Personen“** verfügen erkennbar über gute Charaktereigenschaften, die das eigene Verhalten in ethischer Weise prägen. Als solche Eigenschaften gelten vor allem Aufrichtigkeit, Vertrauenswürdigkeit und Integrität. „Moralische Personen“ leben diese Eigenschaften erkennbar, indem sie sich stets bemühen, Menschen ungeachtet ihrer Position mit Würde und Respekt zu behandeln. Sie sind auch offen für kritische Rückmeldungen seitens ihrer Mitarbeiter und legen ihre ethischen Maßstäbe auch Handlungen im privaten Bereich zugrunde. Sie sind erkennbar bestrebt, objektiv und fair zu entscheiden. Das bedeutet, dass sie nicht nur die Erfolg versprechenden Konsequenzen ihrer Entscheidungen berücksichtigen, sondern auch deren Auswirkungen auf andere beachten.
- **„Moralische Manager“** sind sich darüber hinaus bewusst, dass die Geführten ihr Handeln an den Handlungsweisen der Führenden ausrichten. Sie leben ethisches

Verhalten sichtbar vor und bestärken damit ethische Verhaltensweisen ihrer Mitarbeiter. Des Weiteren kommunizieren ethische Führungskräfte regelmäßig und überzeugend die ethischen Standards, Prinzipien und Werte, die für die Organisation sowie für sie selbst wichtig sind. Das Vermitteln dieser Werte soll dabei nicht nur mündlich erfolgen, sondern auch durch die Umsetzung in Taten und durch das Übertragen von Verantwortung, wodurch den „Geführten" letztendlich Partizipation ermöglicht wird.

Ein wesentlicher Aspekt, der aus einer ethischen Person einen *Moral-Manager* macht, ist der Einsatz eines Anreizsystems, mit dessen Hilfe ethisches Verhalten durch Belohnungen und Sanktionen gelenkt und nachhaltig erreicht wird. „Moralische Manager" belohnen ethische Verhaltensweisen der Mitarbeiter systematisch, bestrafen überdies aber auch entschieden und erkennbar alle Mitarbeiter, die ethischen Standards bewusst zuwiderhandeln.

Eine **unpassende Führungspraxis** wird häufig an Problemen des Betriebsablaufs oder an einer wenig zufriedenstellenden Personalsituation sichtbar.

Indizien für eine unpassende Führung:
- Prozesse sind unnötig kompliziert oder intransparent.
- Die Fehlerhäufigkeit steigt (Ausschuss).
- mangelnde Liefertreue
- Die Kundenzufriedenheit sinkt.
- Es stellen sich keine oder nur geringe Innovationsaktivitäten ein.

Mögliche Folgen einer falschen Führung:
- Mitarbeitende beschweren sich über Arbeitsbedingungen und das Führungsverhalten.
- Konflikte mit dem Betriebsrat
- Die Fluktuation unter den Beschäftigten ist überdurchschnittlich hoch.
- Gerüchte verbreiten sich.
- Das Engagement im Betrieb sinkt.
- Beschäftigte sind kaum bereit, Verantwortung zu übernehmen.
- Der Informationsfluss stockt.
- Die Fehlzeiten sind hoch.
- „innere Kündigung"

Als **„innere Kündigung"** wird ein Zustand der Unzufriedenheit bei Mitarbeitern eines Unternehmens bezeichnet, die ihr vormaliges Engagement deutlich zurückfahren.

Die aufgezeigten Indizien sind ein erster Anhaltspunkt und müssen weiter untersucht werden. Maßnahmen, um die Einschätzungen der Beschäftigten zu erfassen, sind z. B. Mitarbeiterbefragungen zur Arbeitssituation durch externe Unternehmensberater. Solche Befragungen vermitteln ein besonders authentisches Bild von den Einschätzungen der Belegschaft.

Die Kosten für Vorbereitung, Durchführung und Auswertung sind hoch. Neben den erforderlichen Kenntnissen zu Erhebungsmethoden müssen Vertraulichkeit und Anonymität sichergestellt sein. Die Zustimmung des Betriebsrats ist notwendig. Damit ist es aber nicht getan. In Workshops mit Führungskräften und Mitarbeitenden müssen Ursachen analysiert und Lösungsmöglichkeiten für organisatorische und soziale Mängel in der Zusammenarbeit gefunden werden. Hierbei kann es zusätzlich sinnvoll sein, externe Moderatoren hinzuzuziehen.

2.3.1.2 Führungstechniken

Führungstechniken sind Methoden, die ein erfolgreiches Führen von Mitarbeiterinnen und Mitarbeitern ermöglichen sollen. Ziel der Führungsbestrebungen ist es, die Einstellungen der Mitarbeiterinnen und Mitarbeiter so zu beeinflussen, dass sie ihre Arbeitsleistung im Sinne der Unternehmensziele einsetzen. Führungstechniken unterscheiden sich grundsätzlich von *Führungsstilen,* die das individuelle Führungsverhalten von Vorgesetzten kennzeichnen.

Zeitgemäße gesellschaftliche und wirtschaftliche Erfordernisse führen immer häufiger zu kooperativen Führungstechniken:

- Führen nach dem **Ausnahmeprinzip** (Management by Exception): Führende greifen nur in Ausnahmefällen ein und halten sich in Normalfällen zurück. Vorgesetzte überlassen die Entscheidung über die Erledigung von Routinearbeiten eigenverantwortlich den zuständigen Mitarbeitern. Verantwortung wird delegiert und dezentralisiert. Die Führungskräfte greifen nur ein, wenn Fehlentwicklungen erkennbar werden.
- Führen durch **Zielvereinbarung** (Management by Objectives): Führende und Geführte erarbeiten gemeinsam Ziele für konkrete Aufgaben. Im Rahmen dieser gemeinsam festgelegten Ziele wird den Mitarbeiterinnen und Mitarbeitern Entscheidungsspielraum darüber eingeräumt, wie sie das Ziel erreichen wollen. Vorgesetzte überwachen nicht die Entscheidung der Mitarbeiter, sondern das Ergebnis der Arbeit.
- Führen durch **Delegieren** (Management by Delegation): Vorgesetzte delegieren komplette Aufgaben und geben konkrete Ziele vor. Die Erledigung der Aufgaben geschieht eigenverantwortlich durch Mitarbeiterinnen und Mitarbeiter. Deren Aufgabenbereiche werden ihnen eindeutig zugeordnet, ihre jeweiligen Kompetenzen werden gegeneinander abgegrenzt.

2.3.2 Zielvereinbarungen

Zielvereinbarungen sind Übereinkommen zwischen Führungskräften und Mitarbeitern hinsichtlich der zu erbringenden Leistungen in einem bestimmten Zeitraum oder bezüglich eines bestimmten Projektes.

Vor allem in größeren Unternehmen sind Zielvereinbarungen fester Bestandteil der Mitarbeiterführung mit dem Ziel, Aufgaben an Unternehmenszielen auszurichten und individuelles zielorientiertes Arbeiten der Belegschaft zu fördern. Der Zielvereinbarung liegen strategische Unternehmensziele zugrunde, die vom Unternehmen als Ganzes erreicht werden sollen. Diese Ziele werden in der betrieblichen Hierarchie nach unten aufgeschlüsselt und weitergeleitet.

Ein Großteil der persönlichen Ziele der Mitarbeiter ist dementsprechend an die strategischen Ziele des Unternehmens gebunden. Wenn jeder Mitarbeiter durch motiviertes Arbeiten seine individuellen Ziele verfolgt, trägt er zum gemeinsamen Erreichen des Unternehmensziels bei.

Ein konkret formuliertes Ziel verleiht den Aufgaben einen Sinn und jeder kann seinen Beitrag zum Unternehmenserfolg erbringen.

Viele Arbeitsverträge machen die Erfüllung von Zielvereinbarungen durch die Arbeitnehmer zur Grundlage außertariflicher Entgelterhöhungen. Der ermittelte Zielerreichungsgrad fließt in jedem Fall in die Entscheidungen bei der Karriereentwicklung ein. Individuelle Zielvereinbarungen dienen Vorgesetzten auch als Hinweis, in welchen Bereichen Mitarbeiter Weiterentwicklung benötigen. Diese kann durch konkrete Trainings- und Weiterbildungsmaßnahmen erfolgen.

Form und Inhalt von Zielvereinbarungen

Zielvereinbarungen zwischen Mitarbeitern und Führungskräften sollten zunächstm persönlichen Gespräch getroffen werden. Die dabei festgelegten Ziele orientieren sich an Unternehmens- oder auch Teamzielen. Führungskräfte sollten vermeiden, Ziele anzuordnen, sondern diese gemeinsam mit Mitarbeitern entwickeln. Das einvernehmliche Festlegen hat den Vorteil, dass Mitarbeiter den Eindruck haben, mitwirken zu können. Dies steigert die Akzeptanz des gesetzten Ziels beim Mitarbeiter und die Motivation zur Erreichung.

Nach der mündlichen Vereinbarung der Ziele sollten diese schriftlich dokumentiert werden. In der Regel geschieht dies digital, um allen Beteiligten Zugang zu verschaffen und die Informationen zentral zu verwalten. Zielvereinbarungen müssen nicht zwingend für einen bestimmten Zeitraum festgelegt werden, sondern können auch aufgabenbezogen sein.

Voraussetzungen für eine gelungene Zielvereinbarung lassen sich durch die „SMART-Formel“ zusammenfassen.

S – Spezifisch: Das Ziel beschränkt sich auf eine klar abgegrenzte Aufgabe.
M – Messbar: Das Ziel beinhaltet einen eindeutig messbaren Erfolg.
A – Erreichbar (Attainable): Die Zielerreichung ist realistisch.
R – Relevant: Das Ziel erbringt einen Erfolg für Mitarbeiter und Unternehmen.
T – Terminiert: Die Zielerreichung enthält ein Fälligkeitsdatum.

Trotz klarer Vorgaben werden Mitarbeitern in der Regel Entscheidungsbefugnisse bei der Ausführung ihrer Aufgaben zugestanden. Eine weitere Motivation ist das Verständnis für die Sinnhaftigkeit eines Ziels. Wenn Mitarbeiter den Sinn ihrer Zielvereinbarung verstehen, werden sie mit höherem Engagement ihre Ziele verfolgen.

Teil der Zielvereinbarung einer kaufmännischen Mitarbeiterin in einem Handwerksbetrieb
„Frau Albrecht nimmt den Telefonhörer spätestens nach dem dritten Läuten ab. Wenn sie den Raum verlässt, stellt sie die Telefonanlage auf einen anderen Mitarbeiter um. Alle Anrufe nimmt sie freundlich und kundenorientiert entgegen. Sie macht Notizen über Personalien des Anrufers und den Gesprächsgegenstand. Durch gezielte Rückfragen und professionelle Gesprächsführung findet sie den Grund für den Anruf heraus. Sie trifft selbstständig Entscheidungen, ob sie das Anliegen selbst bearbeitet, an einen Ansprechpartner innerhalb des Unternehmens weiterleitet oder mit dem Anrufer einen Termin für ein weiteres Gespräch vereinbart. Zwei Wochen nach dem Telefonat fragt sie bei dem Kunden nach, ob sein Anliegen zu dessen Zufriedenheit erledigt wurde."

2.4 Personalfreisetzung

2.4.1 Form der Kündigung

Willenserklärung
► Eingangsklasse, Teil II, Kap. 1.2.1, S. 46

Die Kündigung ist eine schriftliche, einseitige, empfangsbedürftige Willenserklärung► gegenüber dem Arbeitgeber oder Arbeitnehmer, mit der durch den Vertragspartner die Beendigung des Anstellungsverhältnisses ausgesprochen wird.

§ 623 BGB, Schriftform der Kündigung
Die Beendigung von Arbeitsverhältnissen durch Kündigung oder Auflösungsvertrag bedürfen zu ihrer Wirksamkeit der Schriftform; die elektronische Form ist ausgeschlossen.

Die Kündigung muss schriftlich erfolgen und in den Machtbereich des Empfängers gelangen. Grundsätzlich ist zwischen einer außerordentlichen Kündigung und einer ordentlichen Kündigung zu unterscheiden.

2.4.2 Außerordentliche Kündigung

Voraussetzungen

Ein Arbeitsverhältnis kann gemäß §626 Abs. 1 BGB aus wichtigem Grund ohne Einhaltung einer Kündigungsfrist vorzeitig beendet werden, wenn Tatsachen vorliegen, die die Fortsetzung des Arbeitsverhältnisses für den Kündigenden unzumutbar machen. Die außerordentliche Kündigung erfolgt häufig fristlos, sie bedarf der Angabe eines wichtigen Grunds.

Beispiele für wichtige Gründe

vonseiten des Arbeitgebers
- Straftaten, die das Arbeitsverhältnis betreffen, z. B. Diebstahl im Betrieb
- Arbeitszeitbetrug oder erhebliche Arbeitszeitverstöße
- Verletzung des Konkurrenzverbots oder Annahme von Schmiergeldern
- erhebliche Verstöße gegen Sicherheitsvorschriften
- fremdenfeindliche Beleidigungen oder Belästigung von Betriebsangehörigen oder Kunden

vonseiten des Arbeitnehmers
- Zahlungsverzug oder Unpünktlichkeit bei Gehalts- bzw. Lohnzahlungen
- Nichtabführung von Sozialversicherungsabgaben durch den Arbeitgeber
- Körperverletzung/Beleidigung durch den Arbeitgeber
- sexuelle Nötigung

Eine außerordentliche Kündigung ist nur dann wirksam, wenn im Rahmen einer Interessensabwägung keine Alternativen gefunden werden können, die die Situation mit milderen Mitteln, wie z. B. einer Abmahnung, beheben.

Schutz vor außerordentlicher Kündigung

Zur Erlangung der Gültigkeit muss eine außerordentliche Kündigung binnen zwei Wochen nach Kenntnis des Kündigungsgrunds ausgesprochen werden. Im Rahmen der Kündigung ist auch der Kündigungsgrund schriftlich mitzuteilen (§626 Abs. 2 BGB).

Sowohl bei außerordentlichen als auch bei ordentlichen Kündigungen muss der Betriebsrat► gemäß §102 BetrVG angehört werden. Eine ohne Anhörung des Betriebsrats ausgesprochene Kündigung ist unwirksam. Im Zuge einer außerordentlichen Kündigung kann der Betriebsrat binnen drei Tagen in einer schriftlichen Stellungnahme seine Bedenken äußern. Ein Widerspruch gegen die Kündigung ist aber nicht möglich. Der Arbeitnehmer kann jedoch binnen drei Wochen gegen die Entscheidung Klage beim Arbeitsgericht einreichen.

Betriebsrat
► Eingangsklasse, Teil II, Kap. 2.5.1, S. 102

2.4.3 Ordentliche Kündigung

Voraussetzungen

Das Beschäftigungsverhältnis eines Arbeiters oder Arbeitnehmers kann im Rahmen einer ordentlichen Kündigung grundsätzlich ohne wichtigen Grund unter Einhaltung gesetzlicher Kündigungsfristen beendet werden. Gemäß § 622 Abs. 1 BGB ist dabei eine Kündigungsfrist von vier Wochen zum Fünfzehnten oder zum Ende des Kalendermonats einzuhalten.

Für Arbeitnehmer gelten für die Kündigung durch den Arbeitgeber verlängerte Kündigungsfristen in Abhängigkeit der Betriebszugehörigkeit des Arbeitnehmers (§ 622 Abs. 2 BGB).

Voraussetzung: Arbeitsverhältnis seit	Kündigungsfristen
2 Jahren	1 Monat zum Ende des Kalendermonats
5 Jahren	2 Monate zum Ende des Kalendermonats
8 Jahren	3 Monate zum Ende des Kalendermonats
10 Jahren	4 Monate zum Ende des Kalendermonats
12 Jahren	5 Monate zum Ende des Kalendermonats
15 Jahren	6 Monate zum Ende des Kalendermonats
20 Jahren	7 Monate zum Ende des Kalendermonats

In der Probezeit (maximal sechs Monate) können Verträge mit einer Kündigungsfrist von 14 Tagen beendet werden. Basierend auf Tarifverträgen (§ 622 Abs. 4 BGB) oder auch einzelvertraglich (§ 622 Abs. 5 BGB) können kürzere Kündigungsfristen vereinbart werden. Im Falle der Kündigung dürfen aber für den Arbeitnehmer keine längeren Fristen vereinbart werden als für den Arbeitgeber (§ 622 Abs. 6 BGB).

Informations- und Mitwirkungsrechte des Betriebsrats

Auch bei der ordentlichen Kündigung muss der Betriebsrat vor einer Kündigung gehört werden. Er kann gemäß § 102 BetrVG einer Kündigung widersprechen, sofern bei der Auswahl des zu Kündigenden unter anderem.

- soziale Gesichtspunkte nicht ausreichend berücksichtigt wurden,
- gegen Betriebsvereinbarungen verstoßen wurde,
- eine Weiterbeschäftigung des Mitarbeiters durch Versetzung, Umschulung oder Vertragsänderung möglich ist.

Im Falle des Widerspruchs muss der Arbeitnehmer bis zum Ende des bestehenden Kündigungsschutzprozesses weiterbeschäftigt werden. Schweigt der Betriebsrat oder stimmt er der Kündigung zu, beginnt die Kündigungsfrist mit Zugang der Kündigung.

Soziale Rechtfertigung

Im Falle der Kündigung eines Arbeitnehmers muss bei Unternehmen mit mehr als zehn Arbeitnehmern vom Arbeitgeber gemäß Kündigungsschutzgesetz (KSchG) nachgewiesen werden, dass die Kündigung sozial gerechtfertigt ist.

aktuelle Fassung
► www.gesetze-im-internet.de/kschg

§1 KSchG, Sozial ungerechtfertigte Kündigungen
(1) Die Kündigung des Arbeitsverhältnisses gegenüber einem Arbeitnehmer, dessen Arbeitsverhältnis in demselben Betrieb oder Unternehmen ohne Unterbrechung länger als sechs Monate bestanden hat, ist rechtsunwirksam, wenn sie sozial ungerechtfertigt ist.
(2) Sozial ungerechtfertigt ist die Kündigung, wenn sie nicht durch Gründe, die in der Person oder in dem Verhalten des Arbeitnehmers liegen, oder durch dringende betriebliche Erfordernisse, die einer Weiterbeschäftigung des Arbeitnehmers in diesem Betrieb entgegenstehen, bedingt ist. [...]

Hierzu sind folgende Kategorien zu beachten:

Kündigungsgründe		
in der Person begründet	**im Verhalten begründet**	**betriebliche Gründe**
• lange Krankheit • fehlende Arbeitserlaubnis • mangelnde Qualifikation • mangelnde geistige und körperliche Eignung	• schlechte Arbeitsleistung • häufiges Zuspätkommen • Nichteinhaltung von Schutzvorschriften (z. B. Hygieneregeln) und Arbeitsanweisungen • unentschuldigtes Fehlen	• Werksschließung oder Verlegung • wirtschaftliche Gründe: z. B. Auftragseinbrüche
zu beachten		
Kündigung bei Krankheit nur bei langfristiger Negativprognose möglich	zweimalige schriftliche Abmahnung bei Verhaltensverstößen erforderlich, die nicht zur außerordentlichen Kündigung führen	• Kündigung nur möglich, wenn anderweitige Weiterbeschäftigung nicht möglich ist • Sozialauswahl nach Lebensalter, Familienstand, Betriebszugehörigkeit, Unterhaltspflichten und betriebssichernden Qualifikationen

Kündigungsschutz

Besonders schutzwürdige Gruppen

Bestimmte Arbeitnehmergruppen gelten als besonders schutzwürdig und sind daher nur unter Beachtung spezieller Voraussetzungen zu kündigen.

Besonders geschützte Arbeitnehmergruppen	
• Frauen während der Schwangerschaft (vorausgesetzt, der Arbeitgeber wurde über die Schwangerschaft informiert) und bis 4 Monate nach der Entbindung	Kündigung nicht zulässig (§17 Gesetz zum Schutz von Müttern bei der Arbeit, in der Ausbildung und im Studium – MuSchG)
• Väter und Mütter in der Elternzeit	Kündigung nicht zulässig (§18 Bundeselterngeld- und Elternzeitgesetz – BEEG)
• Schwerbehinderte	Kündigung nur nach Zustimmung des Integrationsamts (§168 SGB IX)
• Betriebsratsmitglieder und Mitglieder der Jugend- und Auszubildendenvertretung während der Amtszeit und ein Jahr danach	Kündigung grundsätzlich nicht zulässig (§ 15 Kündigungsschutzgesetz – KSchG)
• Auszubildende	Kündigung nach Ablauf der Probezeit grundsätzlich nicht möglich (§22 Berufsbildungsgesetz – BBiG)

Aufgaben zu Kapitel 2

1. Beschreiben Sie in eigenen Worten jeweils das eindimensionale, zweidimensionale und situative Führungsmodell.

2. Ordnen Sie die folgenden Verhaltensweisen von Vorgesetzten den eindimensionalen Führungsstilen zu:

a) Der Vorgesetzte legt vorläufige Entscheidung vor, ist aber zu Änderungen bereit.

b) Der Vorgesetzte legt Entscheidung vor und fordert zu Fragen auf.

c) Der Vorgesetzte ermutigt die Mitarbeiter, innerhalb festgelegter Grenzen selbstständig zu handeln.

d) Der Vorgesetzte formuliert Probleme und fordert Lösungsvorschläge ein, entscheidet dann aber selbst.

3. Beschreiben Sie die Sinnhaftigkeit von Zielvereinbarungen.

4. Mona Albert hat am 01.04.2022 ihre Tätigkeit bei der Dülmers Werkzeugbau GmbH begonnen. Anfang Juni erfährt sie, dass ihr früherer Arbeitgeber zum 01.07.2022 eine neue Stelle im Bereich Außenhandel ausgeschrieben hat.

a) Obwohl sie sich bei der Dülmers Werkzeugbau GmbH sehr wohlfühlt, überlegt sie, wieder zu ihrem alten Arbeitgeber zurückzukehren. Nennen Sie den letztmöglichen Termin, zu dem Frau Albert kündigen muss, um einen Wechsel zum 01.07.2022 zu ermöglichen.

b) Erklären Sie, wie sich die Kündigungsfrist ändert und wann Frau Albert die Dülmers Werkzeugbau GmbH frühestens verlassen kann, wenn sie die Informationen über die freie Stelle erst am 16.06.2022 erhält.

c) Frau Albert reicht die Kündigung in elektronischer Form ein. Der Arbeitgeber streitet die Rechtmäßigkeit dieser Kündigung ab. Beurteilen Sie die Rechtslage.

5. Heiner Bau (35 Jahre) ist seit fünf Jahren in der Lackierung der Dülmers Werkzeugbau GmbH beschäftigt. Im Zuge einer Krankheitswelle entwendet er 30 hochwertige Schutzmasken zur privaten Nutzung. Der Diebstahl wird bei einer Routineprüfung bekannt. Daraufhin geht Heiner Bau am 30.06.2022 eine ordentliche Kündigung mit Wirkung zum 31.08.2022 zu. Herr Bau zweifelt die Rechtswirksamkeit dieser Kündigung an. Nehmen Sie dazu Stellung.

6. Erläutern Sie die Phasen des Personalauswahlverfahrens.

7. Beschreiben Sie Rechte, die der Betriebsrat bei der Personalauswahl und Personaleinstellung geltend machen kann.

8. Erläutern Sie die Vorteile und Nachteile der internen und externen Personalbeschaffung.

9. Stellen Sie das Verfahren der Personalbeschaffung eines Mitarbeiters aus Unternehmenssicht als erweiterte ereignisgesteuerte Prozesskette dar.

Teil VI

Wirtschaftsordnung am Beispiel der sozialen Marktwirtschaft

Offene Läden bis in den späten Abend, verkaufsoffene Sonntage und vielerlei Angebote im Internet ermöglichen es Verbrauchern, jederzeit am Marktgeschehen teilzunehmen. Marktteilnehmer brauchen einen kühlen Kopf, sie wollen für sich das Beste herausholen. Anbieter streben nach dem höchstmöglichen Gewinn, Kunden nach einem niedrigen Preis und trotzdem hoher Qualität.

Die soziale Marktwirtschaft macht den freien Wettbewerb möglich. Sie gewährt Unternehmern und Verbrauchern größtmögliche Freiheiten, greift aber ein, wenn kleine Unternehmer von der Marktmacht der Großen bedroht sind oder wenn sozial schwache Verbrauer Hilfe benötigen, zumal in wirtschaftlichen Krisensituationen.

Die Coronapandemie erwies sich als Bewährungsprobe für die deutsche Wirtschaftsordnung. Geschlossene Gaststätten, Auftragsmangel und gestörte Lieferketten beeinträchtigten entschieden das Wirtschaftsgeschehen. Die vom Lockdown besonders stark betroffenen Branchen standen unter wirtschaftlichem Druck. Die oft vorhergesagte Pleitewelle blieb aber dennoch aus. Staatliche Soforthilfeprogramme für Unternehmen, Konjunkturprogramme zur Belebung der Nachfrage in erheblichem Umfang, vor allem aber das Kurzarbeitergeld für Beschäftigte, die zu wenig oder gar keine Arbeit hatten, erwiesen sich als wirksame Instrumente der sozialen Marktwirtschaft. Staatliche Förderbanken bewilligten Unternehmen, die infolge der Krise in Zahlungsschwierigkeiten geraten waren, zusätzliche Kredite mit oft langen Laufzeiten.

Dieser Teil des Buches beschreibt die Notwendigkeit eines staatlichen Ordnungsrahmens im Zusammenhang mit den Vorgaben des Grundgesetzes. Beispielhaft werden Elemente der sozialen Marktwirtschaft herausgearbeitet, aber auch ihre Grenzen aufgezeigt.

1 Merkmale der sozialen Marktwirtschaft

Leere Bahnsteige infolge von Streiks, Verlagerung des Güterverkehrs von der Schiene auf die Straße – viele können das nicht verstehen. Gerade Menschen, die auf die Bahn angewiesen sind und kein Auto haben, trifft es am härtesten. Noch ärgerlicher ist es, wenn der Eindruck entsteht, dass es nicht vorrangig um eine höhere Bezahlung oder bessere Arbeitsbedingungen geht, sondern dass zwei konkurrierende Gewerkschaften um besonders günstigste Verträge für ihre jeweiligen Mitglieder einer bestimmten Berufssparte streiten.

Trotz allen Unverständnisses: Kaum jemand möchte das im Grundgesetz garantierte Koalitionsrecht, das Arbeitskämpfe einschließt, abschaffen. Es geht schließlich um Arbeitnehmerrechte. Am Ende finden die Tarifpartner immer Kompromisse, ohne dass der Staat eingreifen muss. Die Tarifparteien haben letztlich auch gemeinsame Interessen, etwa den Erhalt der globalen Wettbewerbsfähigkeit der Unternehmen und die Verhinderung der Abwanderung von Unternehmen ins Ausland.

1.1 Wirtschaftsordnung

An wirtschaftlichen Vorgängen sind Anbieter und Nachfrager beteiligt. Sie begegnen sich auf Märkten. Dort bilden sich Preise, die eine Abstimmung von Angebot und Nachfrage bewirken.

Auch der **Staat** ist am Wirtschaftsgeschehen beteiligt. Er ist als Marktteilnehmer sowohl Anbieter (z. B. Wasserversorgung, Feuerwehr, öffentliche Verkehrsmittel) als auch Nachfrager (z. B. Schulgebäude, Polizeifahrzeuge). Vor allem aber nimmt er durch Gesetze und Verordnungen Einfluss auf das Wirtschaftsgeschehen.

Die Gesamtheit aller staatlichen Regeln für das wirtschaftliche Handeln in einer Volkswirtschaft[1] wird als Wirtschaftsordnung bezeichnet.

Dabei unterscheidet man als Grundtypen die freie Marktwirtschaft und die Zentralverwaltungswirtschaft.

Freie Marktwirtschaft

Im Modell der freien Marktwirtschaft bestimmt allein der Markt, welche Produkte bzw. Dienstleistungen in welcher Menge und zu welchem Preis angeboten und nachgefragt werden. Voraussetzung für diese Wirtschaftsform sind unter anderem ein freier Wettbewerb, eine freie Berufswahl sowie eine freie Preisbildung.

Die Wirtschaftsordnung der freien Marktwirtschaft beruht auf den Ideen des Liberalismus. Der **Liberalismus** ist eine im Individualismus wurzelnde Weltanschauung, die die freie Entfaltung des Einzelnen fordert und staatliche Eingriffe auf ein Minimum beschränkt sehen will. Einer ihrer bekanntesten Vertreter war im 18. Jahrhundert der schottische Philosoph und Wirtschaftswissenschaftler **Adam Smith.** Er ging davon aus, dass alle Menschen nur **ihren Vorteil suchen,** also eigennützig ihren persönlichen Nutzen und Wohlstand mehren wollen. Und genau dies käme letztlich der gesamten Wirtschaft und damit dem Wohl eines ganzen Landes zugute. Denn wenn die Wirtschaft wächst, steigt die Nachfrage nach Arbeitskräften und damit steigen auch die Arbeitsentgelte.

Der **Staat** sollte sich nach Ansicht von Adam Smith und seinen Anhängern nicht in die wirtschaftlichen Abläufe einmischen, sondern sich auf den Schutz des Privateigentums und die Aufrechterhaltung der öffentlichen Sicherheit und Ordnung beschränken. („Nachtwächterstaat"). Die Steuerung der Wirtschaft solle der Staat allein dem Markt überlassen, also dem Zusammenwirken von Angebot und Nachfrage.

Weitere **Kennzeichen der freien Marktwirtschaft** sind z. B. Privateigentum an den Produktionsmitteln (Maschinen, Werkzeuge), Gewerbefreiheit[2], Konsumfreiheit und Freihandel[3].

Eine freie Marktwirtschaft, wie sie Adam Smith wollte, hat es nie gegeben. Die Wirtschaftsordnung in den Industrieländern in der ersten Hälfte des 19. Jahrhunderts kam der freien Marktwirtschaft jedoch recht nahe.

[1] Eine **Volkswirtschaft** kann ein Staat sein oder auch eine Staatengemeinschaft wie die EU. Zwei der wichtigsten Merkmale einer Volkswirtschaft sind eine gemeinsame Währung und ein gemeinsames Wirtschaftssystem.

[2] **Gewerbefreiheit**
Freiheit für jedermann, einer wirtschaftlichen Tätigkeit an jedem Ort zu jeder Zeit nachzugehen. Sie beruht auf Art. 12 Grundgesetz (GG).
▸ Kap. 1.2, S. 95

[3] **Freihandel**
Internationaler Waren- und Dienstleistungsverkehr, der keinen Zoll- und Handelsbeschränkungen unterworfen ist. Nach dem Grundsatz des Liberalismus führt nur ein unbehinderter Warenverkehr zu einer internationalen Arbeitsteilung und so zu einer kostengünstigen Produktion. Ziel des Freihandels, wie er unter anderem innerhalb der EU herrscht, ist es, durch internationale Tauschprozesse den Wohlstand der beteiligten Länder zu heben.

Die **Schwächen** zeigten sich:

- Schwächere Marktteilnehmer wurden ausgebeutet und unterdrückt.
- Trotz eines vierzehnstündigen Arbeitstags deckte der Arbeitslohn zu Beginn des Industriezeitalters nicht einmal das Existenzminimum einer Familie.
- Eine Folge davon war die weit verbreitete Kinderarbeit.
- Für die Wechselfälle des Lebens (Krankheit, Arbeitslosigkeit, Alter) fehlte jegliche Absicherung. Die gesetzliche Sozialversicherung wurde in Deutschland erst ab 1883 nach und nach eingeführt.
- Die wirtschaftliche Macht konzentrierte sich in den Händen weniger.
- Der Stärkere setzte sich auch bei den Anbietern durch, kleinere Unternehmen hatten oft keine Chance zu überleben und verschwanden schnell wieder vom Markt.

Zentralverwaltungswirtschaft

Unter einer Zentralverwaltungswirtschaft versteht man eine Wirtschaftsordnung, in der staatliche Planungsbehörden den gesamten Wirtschaftsprozess lenken und überwachen.

Die Wirtschaftsordnung wird deshalb häufig auch als **Planwirtschaft** bezeichnet. Bei idealtypischer Gestaltung ist kein Privateigentum an Produktionsmitteln[1] erlaubt. Der **Staat** gibt vor, wann was wo in welcher Menge produziert wird und wie die Zuteilung von Rohstoffen und Zulieferteilen erfolgt. Die Preise für Güter und Dienstleistungen sind staatlich festgesetzt, die Berufs- und Arbeitsplatzwahl der Beschäftigten staatlich gelenkt. Die zentrale Planung ist **schwerfällig und unflexibel. Fehlende finanzielle Anreize** mindern die Leistungsbereitschaft der Mitarbeiter. Dagegen gelten Arbeitsplätze als gesichert und Sozialleistungen sind für jedermann zugänglich. Die Einführung von Zentralverwaltungswirtschaften, vor allem nach dem Zweiten Weltkrieg, war der Versuch, die Nachteile liberaler Wirtschaftsordnungen zu überwinden. Hauptkritiker des Wirtschaftsliberalismus, den er als „Kapitalismus" bezeichnete, war im 19. Jahrhundert **Karl Marx (1777–1838).** Er gilt als einer der einflussreichsten Theoretiker des Sozialismus. Er wollte das kapitalistische System nicht nur verstehen, sondern auch verändern. Das Privateigentum an Produktionsmitteln führt nach Marx zur Zweiteilung der Gesellschaft in eine besitzende Klasse („Bourgeoisie") und eine besitzlose Klasse („Proletariat").

Auch für die Zentralverwaltungswirtschaft gilt, dass sie in reiner Form nie existiert hat. Länder, die diese Wirtschaftsordnung eingeführt hatten, ließen einen beschränkten Bereich privater Produktionstätigkeit zu, vor allem im Handwerk, im Einzelhandel und der Landwirtschaft. Bis zum Ende der 1980er-Jahre existierten Zentralverwaltungswirtschaften in zahlreichen Ländern (Sowjetunion, osteuropäische Staaten, Volksrepublik China, Nordkorea, Kuba, einige afrikanische Länder).

Soziale Marktwirtschaft

Die Bezeichnung „soziale Marktwirtschaft" wird vor allem für die Wirtschaftsordnung in Deutschland verwendet. Sie wurde nach dem Zweiten Weltkrieg in den westlichen Besatzungszonen eingeführt. Ihr u.a. von Ludwig Erhard[2] erarbeitetes Konzept sieht ein grundsätzlich an den Gesetzen des freien Marktes orientiertes Wirtschaftssystem vor.

[1] **Produktionsmittel** Betriebsgebäude, Maschinen und Werkzeuge

[2] **Ludwig Erhard** 1948 Direktor der „Verwaltung für Wirtschaft" des Vereinigten Wirtschaftsgebiets (also der Westzonen), 1949 bis 1963 Bundesminister für Wirtschaft, 1963 bis 1966 zweiter Bundeskanzler der Bundesrepublik Deutschland

Die Erfahrungen sowohl mit weitgehend freien marktwirtschaftlichen Ordnungen als auch mit zentral verwalteten Wirtschaften sprachen dafür, nach einem Kompromiss zwischen beiden Systemen zu suchen. Grundlage der sozialen Marktwirtschaft ist deshalb ein System, das viele individuelle Freiheiten zulässt. Der Staat soll allerdings auf sozialen Ausgleich hinwirken und die unsozialen Folgen eines ungehemmten Wirtschaftsliberalismus abmildern. Die Abstimmung zwischen den Anbietern und den Nachfragern erfolgt über die Preisbildung durch Angebot und Nachfrage auf Märkten.

Der Staat muss aber dann eingreifen, wenn die Entfaltungsmöglichkeiten Einzelner die Freiheiten anderer in unangemessener Weise beeinträchtigen. Dazu verfügt der Staat über eine Reihe von Eingriffsmöglichkeiten.

Mögliche staatliche Eingriffe:

- Ausreichender Wettbewerb ist Voraussetzung für einen funktionierenden Markt. Bei einem sich selbst überlassenen Markt versuchen Unternehmen, sich zusammenzuschließen und dadurch den Wettbewerb zu verringern oder ganz abzuschaffen. Sie können dann die Preise beliebig erhöhen. Das Gesetz gegen Wettbewerbsbeschränkungen (Kartellgesetz)► ermöglicht in solchen Fällen staatliche Eingriffe.
- Die Marktwirtschaft ist nicht geschützt vor wirtschaftlichen Krisen. Es gibt Konjunkturschwankungen, Inflation und Arbeitslosigkeit. Staatliche Konjunkturprogramme, Steuersenkungen, Zuschüsse für Elektrofahrzeuge oder das Kurzarbeitergeld beleben die Konjunktur.►
- Die Regulierung des Wirtschaftsgeschehens allein über den Markt verursacht Umweltprobleme. Das Interesse der Unternehmen, möglichst kostengünstig zu produzieren, widerspricht einer möglichst umweltgerechten Produktion. Das Erneuerbare-Energien-Gesetz (EEG) bietet finanzielle Anreize für Windenergie und Fotovoltaik zur Stromerzeugung.►
- Die soziale Absicherung ist nicht allein dem Einzelnen überlassen, sondern in den Sozialgesetzbüchern (SGB) geregelt. Dort finden sich auch Vorgaben über die staatliche Absicherung sozial Schwacher aus Steuermitteln.►
- Die Höhe der Arbeitsentgelte richtet sich nicht nach Angebot und Nachfrage von Arbeitskräften. Tarifverträge regeln Arbeitseinkommen.►

Gesetz gegen Wettbewerbsbeschränkungen (GWB)
► Kap. 1.3.2, S. 101

Konjunkturpolitik
► Teil VII, Kap. 1.2.6, S. 133 ff.

Erhalt einer lebenswerten Umwelt
► Teil VII, Kap. 2.2, S. 149

Absicherung sozial Schwacher aus Steuermitteln
► Teil VII, Kap. 2.3, S. 152

Tarifrecht
► Kap. 1.3.1, S. 96

Wirtschaftsordnungen im Vergleich

Freie Marktwirtschaft	Zentralverwaltungswirtschaft
Individualismus[1]	Kollektivismus[2]
Markt ohne Staat	Staat ohne Markt

Soziale Marktwirtschaft
„So viel Markt wie möglich, so viel Staat wie nötig"

[1] **Individualismus** Anschauung, die den einzelnen Menschen (das Individuum) in den Mittelpunkt stellt. Oberster Grundsatz im Individualismus ist die Freiheit des Einzelnen. Individualismus und Liberalismus sind eng miteinander verbunden.

[2] **Kollektivismus** Der einzelne Mensch muss sich den Interessen der Gemeinschaft oder der Gruppe (dem Kollektiv) unterordnen und seine persönlichen Bedürfnisse und Wünsche zurückstellen.

1.2 Vorgaben des Grundgesetzes

Das Grundgesetz (GG) legt keine bestimmte Wirtschaftsordnung fest. Ebenso wenig nennt es die soziale Marktwirtschaft beim Namen. Es zieht jedoch klar definierte Grenzen, innerhalb deren die Ausgestaltung der Wirtschaftsordnung bleiben muss: Ausgeschlossen sind sowohl ein liberalistisches „Laissez-faire“, bei dem der Staat nicht in die Wirtschaft eingreifen darf, als auch eine staatliche Zwangswirtschaft. Das Grundgesetz verbietet beide wirtschaftspolitischen Extreme in mehreren Artikeln.

Gegen einen ungezügelten Liberalismus und den Rückzug des Staates aus der sozialen Verantwortung steht das **Sozialstaatsprinzip,** das Verantwortung des Staates für die soziale Sicherheit und soziale Gerechtigkeit seiner Bürger beinhaltet (Art. 20, 28 GG).

Art. 20 GG
(1) Die Bundesrepublik Deutschland ist ein demokratischer und sozialer Bundesstaat.

Art. 28 GG
(1) [1]Die verfassungsmäßige Ordnung in den Ländern muß den Grundsätzen des republikanischen, demokratischen und sozialen Rechtsstaates im Sinne dieses Grundgesetzes entsprechen. [...]

Soziale Sicherheit bedeutet, dass der Staat jedem Bürger die erforderlichen Leistungen für eine angemessene wirtschaftliche und kulturelle Existenz zukommen lassen muss. Dies kann z. B. beinhalten:
- Schutz des Einzelnen bei Krankheit
- Absicherung für Alter, Invalidität, Arbeitslosigkeit
- Absicherung sozialer Mindeststandards (Existenzminimum)

Wenn sie im Grundgesetz auch nicht wortwörtlich genannt ist, so gehört zu den Grundprinzipien des Sozialstaats auch die **soziale Gerechtigkeit.** Ihrer Durchsetzung dienen Gesetze, die den Schutz des Schwächeren im Rechtsverkehr anstreben, unter anderem im Arbeitsrecht, Mietrecht und Verbraucherschutzrecht.

Gegen alle Formen der staatlichen Zwangswirtschaft steht die Fülle der **Freiheitsrechte,** wie z. B. der Schutz der Menschenwürde (Art. 1 Abs. 1 GG), das Recht auf freie Entfaltung der Persönlichkeit (Art. 2 Abs. 1 GG), die Gleichheit vor dem Gesetz (Art. 3 GG), das Koalitionsrecht (Art. 9 Abs. 1 GG), die Berufsfreiheit (Art. 12 Abs. 1 GG), die Garantie des Eigentums (Art. 14 Abs. 1 GG) und der Schutz der natürlichen Lebensgrundlagen (Art. 20a GG).

Art. 1 GG
(1) [1]Die Würde des Menschen ist unantastbar. [2]Sie zu achten und zu schützen ist Verpflichtung aller staatlichen Gewalt.

Art. 2 GG
(1) Jeder hat das Recht auf die freie Entfaltung seiner Persönlichkeit, soweit er nicht die Rechte anderer verletzt und nicht gegen die verfassungsmäßige Ordnung oder das Sittengesetz verstößt.

Art. 3 GG
(1) Alle Menschen sind vor dem Gesetz gleich.
(2) [1]Männer und Frauen sind gleichberechtigt. [2]Der Staat fördert die tatsächliche Durchsetzung der Gleichberechtigung von Frauen und Männern und wirkt auf die Beseitigung bestehender Nachteile hin.
(3) [1]Niemand darf wegen seines Geschlechtes, seiner Abstammung, seiner Rasse, seiner Sprache, seiner Heimat und Herkunft, seines Glaubens, seiner religiösen oder politischen Anschauungen benachteiligt oder bevorzugt werden. [2]Niemand darf wegen seiner Behinderung benachteiligt werden.

Art. 9 GG
(1) Alle Deutschen haben das Recht, Vereine und Gesellschaften zu bilden.

Art. 12 GG
(1) [1]Alle Deutschen haben das Recht, Beruf, Arbeitsplatz und Ausbildungsstätte frei zu wählen. [2]Die Berufsausübung kann durch Gesetz oder auf Grund eines Gesetzes geregelt werden.

Art. 14 GG
(1) [1]Das Eigentum und das Erbrecht werden gewährleistet. [2]Inhalt und Schranken werden durch die Gesetze bestimmt.

Art. 20a GG
Der Staat schützt auch in Verantwortung für die künftigen Generationen die natürlichen Lebensgrundlagen und die Tiere im Rahmen der verfassungsmäßigen Ordnung durch die Gesetzgebung und nach Maßgabe von Gesetz und Recht durch die vollziehende Gewalt und die Rechtsprechung.

Zwar können nach Art. 14 GG „Eigentum" und nach Art. 15 GG „Grund und Boden, Naturschätze und Produktionsmittel" **vergesellschaftet,** also in Gemeineigentum überführt, werden. Doch schreibt die grundsätzliche Anwendung von Art. 14 Abs. 3 GG für diesen Fall eine „gerechte Abwägung der Interessen der Allgemeinheit und der Beteiligten" vor. Gegen eine Enteignung kann also Widerspruch eingelegt werden, über den ein Gericht entscheiden muss.

Die **Sozialbindung** des Eigentums gemäß Art. 14 Abs. 2 GG zeigt sich z. B. in der Mitbestimmung der Arbeitnehmer im Betrieb oder von Arbeitnehmervertretern in Aufsichtsräten von Kapitalgesellschaften. Auch die Möglichkeit des Staates, z. B. Grundstücke gegen Entschädigung zu enteignen, sofern dies im öffentlichen Interesse ist, verdeutlicht die Sozialbindung.

Zwischen der Eigentumsgarantie (Art. 14 Abs. 1 GG) und der Sozialbindung des Eigentums (Art. 14 Abs. 2 GG) besteht ein **Spannungsverhältnis,** das nur durch die ständige Suche nach Kompromissen in jedem Einzelfall neu zu entschärfen oder aufzulösen ist. Dies ist ein tiefes Dilemma staatlicher Wirtschaftspolitik.

Art. 14 GG
(2) [1]Eigentum verpflichtet. [2]Sein Gebrauch soll zugleich dem Wohle der Allgemeinheit dienen.
(3) [1]Eine Enteignung ist nur zum Wohle der Allgemeinheit zulässig. [2]Sie darf nur durch Gesetz oder auf Grund eines Gesetzes erfolgen, das Art und Ausmaß der Entschädigung regelt. [3]Die Entschädigung ist unter gerechter Abwägung der Interessen der Allgemeinheit und der Beteiligten zu bestimmen. [4]Wegen der Höhe der Entschädigung steht im Streitfalle der Rechtsweg vor den ordentlichen Gerichten offen.

Art. 15 GG
[1]Grund und Boden, Naturschätze und Produktionsmittel können zum Zwecke der Vergesellschaftung durch ein Gesetz, das Art und Ausmaß der Entschädigung regelt, in Gemeineigentum oder in andere Formen der Gemeinwirtschaft überführt werden. [2]Für die Entschädigung gilt Artikel 14 Abs. 3 Satz 3 und 4 entsprechend.

Regierungen und Parlamente im Bund und den Ländern sind also nicht nur dazu verpflichtet, die Freiheit zu sichern und zu gewährleisten, sondern auch dazu, die sozialen und ökonomischen Voraussetzungen dafür zu schaffen, dass diese Freiheit auch von den Mitgliedern der Gemeinschaft gelebt werden kann.

1.3 Gestaltung der sozialen Marktwirtschaft

1.3.1 Tarifrecht

Tarifautonomie und Tarifvertrag

Das Tarifvertragsrecht ist Bestandteil des kollektiven Arbeitsrechts, das seine Grundlagen in der in Art. 9 Abs. 3 GG verankerten Koalitionsfreiheit findet.

Im Regelfall sind nur Staatsorgane befugt, Rechtsnormen zu schaffen. Davon wird im **kollektiven Arbeitsrecht** abgewichen. Arbeitnehmer schließen sich auf freiwilliger Basis entsprechend ihrer Interessenlage zu **Gewerkschaften** zusammen. Auf der Gegenseite organisieren sich Arbeitgeber in **Arbeitgeberverbänden.**[1]

[1] Tarifvertragspartner der Arbeitgeber im Handwerk sind die Landesinnungsverbände.

Ziel der beiden Parteien ist es, einen **Tarifvertrag** zu vereinbaren.

§ 1 Tarifvertragsgesetz (TVG), Inhalt und Form des Tarifvertrags
(1) Der Tarifvertrag regelt die Rechte und Pflichten der Tarifvertragsparteien und enthält Rechtsnormen, die den Inhalt, den Abschluss und die Beendigung von Arbeitsverhältnissen sowie betriebliche und betriebsverfassungsrechtliche Fragen ordnen können.
(2) Tarifverträge bedürfen der Schriftform.

Die Verhandlungen über den Inhalt des Tarifvertrags geschehen ohne Einflussnahme von außen, also ohne Beteiligung des Staates. Auch bei Nichteinigung wird nicht nach dem Staat gerufen, sondern die Arbeitnehmer und Arbeitgeber bestimmen gemeinsam eine Schlichtungskommission.

Dieses Recht auf autonomes Verhandeln wird als **Tarifautonomie** bezeichnet. Insbesondere die als strukturell benachteiligt geltenden Arbeitnehmer haben so die Möglichkeit, ihre Interessen im Kollektiv zu vertreten und Forderungen zu stellen, mit deren Durchsetzung der einzelne Arbeitnehmer gegenüber seinem Arbeitgeber überfordert wäre (z. B. Aushandeln der Vergütung).

Vorteile eines Tarifvertrags für die Tarifvertragsparteien

Arbeitnehmer	Arbeitgeber
– Mindestarbeitsbedingungen sind gesichert und dürfen nicht unterschritten werden (Unabdingbarkeit). – Gleichstellung mit anderen Arbeitnehmern (z. B. gleiche Lohn- und Gehaltsbedingungen)	– Kosten können besser kalkuliert werden. – keine großen Schwankungen auf dem Arbeitsmarkt der gleichen Branche – keine Produktionsunterbrechung während der Friedenspflicht

Ein **Tarifvertrag** wird auch als „Friedensvertrag“ bezeichnet, da er für die Dauer der Gültigkeit nicht durch sogenannte Kampfmaßnahmen (Streik, Aussperrung) unterbrochen werden kann. Es gilt die Friedenspflicht.

Tarifliche Regelungen sind **Mindestnormen.** Sie gelten nur dann, wenn sie für den Arbeitnehmer vorteilhafter sind als die gesetzlichen Bestimmungen. In Betriebsvereinbarungen ausgehandelte und in individuellen Arbeitsverträgen vereinbarte über dem Tarifvertrag liegende (übertarifliche) Leistungen gelten vorrangig.

Bei dem Abschluss eines Tarifvertrags wird genau festgelegt, wie lange er gültig ist.

Betriebsvereinbarungen sind Verträge zwischen Arbeitgeber und Betriebsrat, die (ähnlich wie der Tarifvertrag) Normen enthalten, die sich unmittelbar auf einzelne Arbeitsverhältnisse auswirken.

Betriebsvereinbarungen regeln z. B. Beginn und Ende der Arbeitszeit, den betrieblichen Urlaubsplan und die Ausgestaltung von Arbeitszeitkonten.

Systematik des Tarifvertragsrechts nach Tarifvertragsgesetz (TVG)

Prinzip der Tarifautonomie
Die Tarifvertragsparteien haben das Recht, unabhängig vom Staat (autonom) Rechtsvorschriften in Tarifverträgen festzuschreiben und ihre Mitglieder der Tarifbindung zu unterwerfen.

§ 2 TVG, Tarifvertragsparteien:	§ 3 TVG, Tarifgebundenheit:	§ 5 TVG, Allgemeinverbindlichkeit:
Gewerkschaften und Arbeitgeberverbände sowie einzelne Arbeitgeber	Bindungswirkung geregelter Sachverhalte für alle Mitglieder der Tarifvertragsparteien	Geltung für alle Betroffenen, wenn dies im öffentlichen Interesse liegt und ein gemeinsamer Antrag der Tarifvertragsparteien an das Bundesministerium für Arbeit und Soziales gestellt wird

- Tarifverträge sind Gruppenverträge, die für die Mitglieder der Vertragsparteien Rechte und Pflichten für eine festgelegte Laufzeit begründen.
- Tarifverträge sind
  - **Haustarifverträge,** wenn sie zwischen einer Gewerkschaft und einem einzelnen Arbeitgeber abgeschlossen werden,
  - **Flächentarifverträge,** wenn sie branchenbezogen sind und für ein bestimmtes regional abgegrenztes Tarifgebiet gelten.

[1] **Entgeltgruppe**
Das Arbeitsentgelt wird nicht zwischen Arbeitgeber und Arbeitnehmer ausgehandelt, sondern erfolgt nach der Zuordnung zu einer Entgelt gruppe. Die Eingruppierung ist abhängig von Faktoren wie z. B. Ausbildung, Dauer der Betriebs zugehörigkeit.

Tarifverträge und ihr Inhalt

Entgelttarifverträge sind Lohn und Gehaltstarife.	**Manteltarifverträge** regeln allgemeine Arbeitsbedingungen.	**Rahmentarifverträge** beziehen sich auf allgemeine Arbeitsbedingungen.
Höhe der Bruttoentgelte; Entgelte der einzelnen Entgeltgruppen[1]; Leistungslohnzuschläge, sonstige Zuschläge für Lärm, Schmutz, schwere Arbeiten; Ausbildungsvergütungen	Urlaub; Arbeitszeit; Arbeitsschutz; Rationalisierungsschutz; vermögenswirksame Leistungen; Kündigungsfristen; Erfolgsbeteiligung; 13./14. Monatsgehalt	Entgeltgruppenmerkmale; Merkmale der Zuordnung zu den Entgeltgruppen; Arbeits- und Leistungsbewertung

Friedenspflicht und Arbeitskampf

Ist die Friedenspflicht abgelaufen, können Kampfmaßnahmen ergriffen werden. Der Arbeitskampf hat zum Ziel, einen kollektiven Druck auf die jeweilige Gegenseite auszuüben, um eine Einigung zu erzwingen. Legitime Kampfmittel der Tarifvertragsparteien sind laut Arbeitskampfrecht:

- Streik (Arbeitnehmerseite)
- Aussperrung (Arbeitgeberseite)

Ein **Streik** ist die kollektive Arbeitsniederlegung einer Mehrzahl von Arbeitnehmern ohne Einverständnis des Arbeitgebers mit dem Ziel, eine Verbesserung der Lohn- und/oder Arbeitsbedingungen durchzusetzen.

Unterschiedliche Streikarten

Flächenstreik	**Schwerpunktstreik**
Rufen die Gewerkschaften zum Flächenstreik auf, erstreckt sich der Streik auf alle tarifgebundenen Arbeitgeber im jeweiligen Tarifgebiet.	Ein Schwerpunktstreik ist zielgerichtet auf einen bestimmten Arbeitgeber, der häufig in der jeweiligen Branche eine Schlüsselstellung einnimmt, weil er z. B. ein wichtiger Zulieferer für die bekämpfte Branche ist.

Warnstreik als Vorstufe eines regulären Arbeitskampfes
Mithilfe von Warnstreiks signalisieren Gewerkschaften ihre Kampfbereitschaft während laufender Verhandlungen. Warnstreiks sind während der Friedenspflicht zulässig, wenn sie von den Gewerkschaften organisiert sind, auf das Tarifgebiet begrenzt bleiben und als Schwerpunktstreik gestaltet werden (Flächenstreiks sind unzulässig) sowie dem Prinzip der Verhältnismäßigkeit genügen.

Das Druckmittel der Arbeitgeber ist die Aussperrung.

Aussperrung ist die planmäßig durchgeführte Nichtzulassung einer Arbeitnehmergruppe zur Arbeitsleistung unter gleichzeitiger Verweigerung des Arbeitsentgelts seitens der Arbeitgeber, insbesondere zur Abwehr von Forderungen der Arbeitnehmer während eines Streiks.

Ständige Tarifverhandlungen begleiten den Arbeitskampf bis hin zu einem Tarifergebnis. Verständigen sich die Tarifvertragsparteien gemeinsam auf einen Schlichter, kann dieser für einen Interessenausgleich sorgen und so die Zustimmung zu einem Tarifergebnis erleichtern.

Sowohl für den Beginn als auch für das Ende eines Streiks bzw. einer Aussperrung bedarf es einer Zustimmung der jeweiligen betroffenen Gewerkschaftsmitglieder bzw. der Mitglieder des Arbeitgeberverbandes.

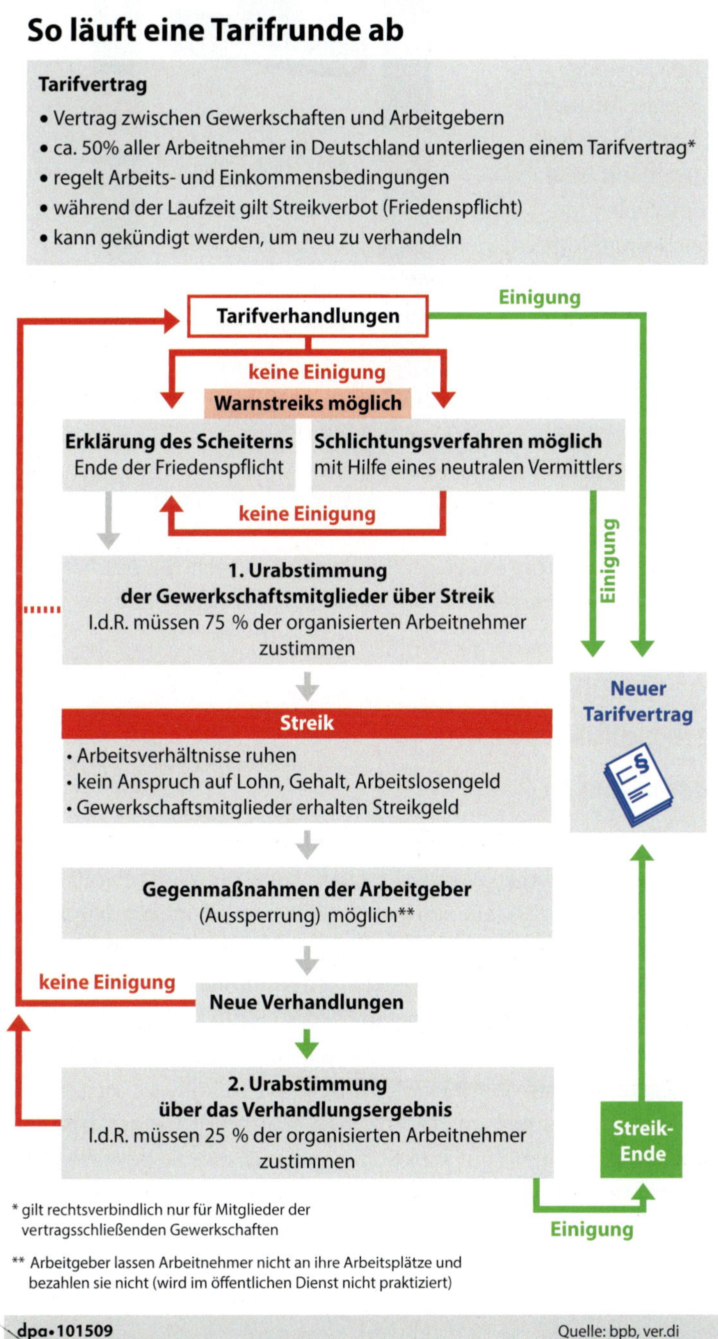

Tarifflucht

Immer mehr Unternehmen verlassen ihre Arbeitgeberverbände, um den Flächentarifverträgen zu entgehen. 1998 arbeiteten in Westdeutschland noch 76 % und in Ostdeutschland 63 % der Beschäftigten im Geltungsbereich eines Flächen- oder Haustarifvertrags. Heute sind es wesentlich weniger. Häufig genannte Gründe für den Ausstieg aus den Flächentarifverträgen in Westdeutschland sind die vor allem im industriellen Metall- und Elektrobereich eingeführte 35-Stunden-Woche und die von den Unternehmen als zu hoch empfundene tarifliche Entlohnung, vor allem von gering qualifizierten Mitarbeitern.

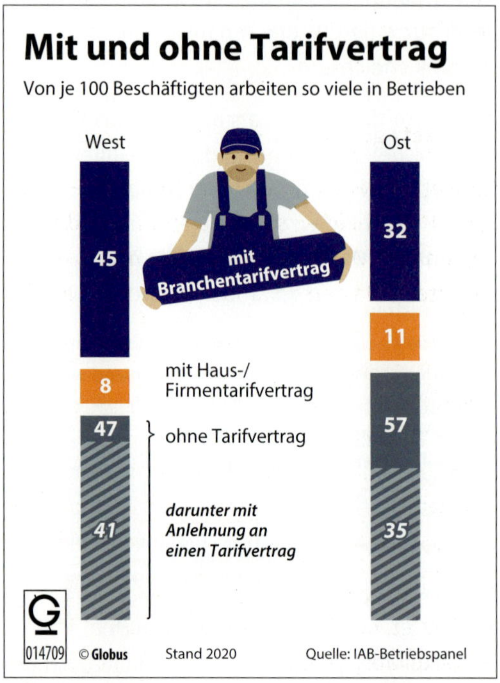

Auch der US-Konzern Amazon weigert sich, für die Mitarbeiter an seinen deutschen Logistikstandorten Tarifverträge abzuschließen. Amazon wird von der Gewerkschaft ver.di deshalb seit Jahren kritisiert. Warnstreiks zeigen kaum Wirkung. Weltweit beschäftigt Amazon über eine Million Menschen, in Deutschland sind es 20 000 Mitarbeiterinnen und Mitarbeiter (Stand: 2022).

1.3.2 Wettbewerbspolitik

Wettbewerb und Marktmacht

Grundelement der Marktwirtschaft ist der **Leistungswettbewerb.** Wird der Markt sich selbst überlassen, wie z. B. in der freien Marktwirtschaft, kann der Wettbewerb durch die Bildung von Angebotsmonopolen (ein einziger Anbieter) und Angebotsoligopolen (wenige Anbieter) beschränkt bzw. ausgeschaltet werden. Überhöhte Preise und Marktmacht in den Händen weniger sind die Folge. Unternehmen ohne Konkurrenz wären nicht mehr gezwungen, Produktionsfaktoren bei der Produktion effizient einzusetzen. Um auf einem Wettbewerbsmarkt bestehen zu können, müssen Produktionsfaktoren optimal eingesetzt werden. Wettbewerb führt somit zu höherer wirtschaftlicher Effizienz, günstigeren Güterpreisen, technischem Fortschritt, einer besseren Güterversorgung und somit zu einem gut funktionierenden Markt. So gelten Märkte mit hoher **Wettbewerbsintensität** als ideale Voraussetzung dafür, dass der Marktpreismechanismus funktioniert. Intensiver Wettbewerb eröffnet Konsumenten und Produzenten Wahlmöglichkeiten und einen fairen Interessenausgleich zwischen den Anbietern und Nachfragern. Deshalb hat der Staat ein Interesse daran, durch wettbewerbspolitische Regelwerke den Wettbewerb zu sichern.

Der Staat muss **Wettbewerbspolitik** betreiben, um die Unternehmen daran zu hindern, Wettbewerb zu reduzieren.

Gesetz gegen Wettbewerbsbeschränkungen (GWB)

Die Wettbewerbsintensität nimmt tendenziell ab, wenn die Zahl der Marktteilnehmer sinkt. Also schließen sich Anbieter und/oder Nachfrager oft zusammen oder kooperieren, um ihre Marktmacht zu stärken. Denkbar sind auch Kartellabsprachen unter Konkurrenten zulasten der anderen Anbieter am Markt.

Kartellabsprachen
Kartellabsprachen sind Absprachen unter konkurrierenden Unternehmen in wirtschaftlichen Teilbereichen. Sie können sich unter anderem auf Verkaufspreise und Produktionsmengen beziehen, die Aufteilung von Märkten regeln oder den Kartellmitgliedern feste Verkaufsmengen zuweisen. Kartelle können den Leistungswettbewerb gefährden.

Das GWB gilt als „Grundgesetz der Marktwirtschaft". Es wird auch als „Kartellgesetz" bezeichnet, beschränkt sich aber nicht allein auf die Unterbindung wettbewerbswidriger Kartellabsprachen, sondern enthält darüber hinaus gehende Bestimmungen.

§ 1 GWB, Verbot wettbewerbsbeschränkender Vereinbarungen
Vereinbarungen zwischen Unternehmen, Beschlüsse von Unternehmensvereinigungen und aufeinander abgestimmte Verhaltensweisen, die eine Verhinderung, Einschränkung oder Verfälschung des Wettbewerbs bezwecken oder bewirken, sind verboten.

Für die Überwachung der Einhaltung der Bestimmungen des GWB sind das Bundeskartellamt und gegebenenfalls Landeskartellbehörden sowie das Bundesministerium für Wirtschaft und Energie zuständig. Im Falle wettbewerbsschädigender Praktiken unterbinden sie ein solches Verhalten durch Untersagen, Strafen oder Auflagen.

Gesetz gegen Wettbewerbsbeschränkungen	
Anwendungsbereich	Unternehmen, die sich wettbewerbswidrig verhalten
wettbewerbspolitische Instrumente	Kartellverbot, Verbot eines abgestimmten Verhaltens, Verbot von Behinderungspraktiken, Fusionskontrolle

Weitere Gesetze gegen Wettbewerbsverzerrungen und Wettbewerbsbeschränkungen
Gesetz gegen den unlauteren Wettbewerb (UWG)
Das Gesetz ist zum Schutz vor unlauteren Handlungen und verfälschendem Wettbewerb verfasst worden. Unlautere Handlungen sind z. B. Belästigung, Nötigung oder Gewalt, um einen Marktteilnehmer in seiner Entscheidung zu beeinflussen. Verbraucher und Marktteilnehmer sollen ungezwungen am wirtschaftlichen Geschehen teilhaben können. So sind u. a. direkte Preisvergleiche und nicht zulässige Sonderverkäufe verboten.

Gewerbeordnung (GewO)
Mit diesem Gesetz gewährleistet der Staat, dass bestimmte Erwerbstätigkeiten nur ergriffen werden dürfen, wenn die jeweiligen Fachkenntnisse vorliegen.

Regelung zu den allgemeinen Geschäftsbedingungen (§§ 305 ff. BGB)
Diese Regelungen dienen dazu, den Verbraucher bei einem Vertragsabschluss nicht zu benachteiligen. Er soll vor allem vor dem sogenannten Kleingedruckten geschützt werden.

1.3.3 Finanzierung staatlicher Aufgaben

Wichtigstes Ziel der Erhebung von Steuern ist die **Erzielung von Einnahmen.** Sie werden zur Deckung des Staatshaushalts, also der Finanzierung von staatlichen Ausgaben, verwendet. Zu den staatlichen Aufgaben gehören z. B.:

- Entlohnung der Beschäftigten im öffentlichen Dienst
- Zuschüsse zu den sozialen Sicherungssystemen
- Finanzielle Unterstützung von Forschung, Lehre und Bildung
- Schaffung, Verbesserung und Aufrechterhaltung der Infrastruktur[1]

[1] Steuereinnahmen sind **nicht zweckgebunden.** So werden beispielsweise Straßen und Autobahnen nicht direkt aus der Kfz-Steuer finanziert, die Kosten der Feuerwehr nicht durch die Feuerschutzsteuer.

Ein weiteres Ziel der Erhebung von Steuern ist die **Lenkung von Verhaltensweisen** der Steuerzahler. So können z. B. Verbrauchssteuern das Verbraucherverhalten beeinflussen. Mit einer hohen Tabaksteuer wird z. B. erreicht, das gesundheitsschädliche Rauchen einzudämmen. Ähnlich wirkt sich die Alkopopsteuer für alkoholhaltige Süßgetränke aus, die zusätzlich zur Alkoholsteuer erhoben wird. Außerdem können Steuern eine **Umverteilung** unter dem Aspekt der sozialen Gerechtigkeit bewirken. Zur sozialen Gerechtigkeit trägt die Steuerprogression bei der Lohn- und Einkommensteuer bei. Sie bewirkt eine Umverteilung zulasten von Personen mit hohem Einkommen, die prozentual mehr Steuern zahlen müssen, zugunsten von Einkommensschwachen. Zum sozialen Ausgleich trägt auch bei, dass die gesetzlichen Sozialversicherungsträger mit Steuererträgen bezuschusst werden. Vor allem wegen des demografischen Wandels müssen aus dem Bundeshaushalt jährlich mehr als 100 Mrd. € als Zuschüsse zur Rentenversicherung ausgegeben werden.

Steuern für Bund, Länder und Gemeinden

Welche Steuern der Bund, die Länder und die Gemeinden erhalten, ist im Grundgesetz eindeutig geregelt. Danach unterscheidet das deutsche Steuersystem zwischen Bundes-, Landes- und Gemeindesteuern sowie Gemeinschaftssteuern, die an verschiedene Ebenen gehen:

- Mehrere Steuern gehen komplett an den **Bund.** Dazu gehören die Tabaksteuer und die Luftverkehrsteuer.
- Zu den **Landessteuern** gehören unter anderem die Erbschafts-, die Schenkungsteuer und die Feuerschutzsteuer. Die Feuerschutzsteuer ist eine Steuer, die auf Versicherungsprämien für Feuerversicherungen erhoben wird. Zu diesen Versicherungen gehören Wohngebäude- und Hausratversicherungen.

- Die ertragreichste Steuer, die **Gemeinden** einnehmen, ist die Gewerbesteuer. Deren Höhe kann jede Gemeinde selbst festlegen. Weitere Gemeindesteuern sind unter anderem die Grundsteuer, die Hundesteuer oder auch die Zweitwohnungssteuer, die z. B. Studenten zahlen müssen, wenn sie an ihrem Studienort eine Wohnung mieten oder in eine WG einziehen.
- Es gibt auch **Gemeinschaftssteuern,** die auf verschiedene staatliche Ebenen verteilt werden (Stand: 2022): Die Abgeltungsteuer auf Kapitalerträge geht zu jeweils 44 % an Bund und Länder und zu 12 % an die Kommunen. Sie wird auf Zinsen oder Wertpapiergewinne erhoben. Die Körperschaftsteuer geht zu einer Hälfte an den Bund und zur anderen Hälfte an die Länder. Sie wird aus Gewinnen von Kapitalgesellschaften erzielt. Lohn- und Einkommensteuer teilen sich der Bund (42,5 %), die Länder (42,5 %) und die Gemeinden (15 %). Bei der Umsatzsteuer bekommt der Bund am meisten (etwa 52 %), die Länder etwa 46 % und Gemeinden den Rest von 2 %.

Gebühren und Beiträge

Neben den Steuern erhebt der Staat aber noch andere Arten von Abgaben. Sie sind zweckgebunden.

- **Gebühren** zahlt man für eine konkrete Leistung. Das kann z. B. für die Ausstellung eines Reisepasses oder Führerscheins sein. Auch Müllgebühren sind zweckgebunden.
- **Beiträge** sind unabhängig davon, ob man eine Leistung in Anspruch nimmt. Der Rundfunkbeitrag ist ein Beitrag im steuerlichen Sinn: Auch wer kein Fernsehgerät besitzt, muss die öffentlich-rechtlichen Sender mitfinanzieren.

Finanzausgleich

In einigen Bundesländern gibt es viele zahlungskräftige Unternehmen und gut verdienende Beschäftigte, in anderen Bundesländern leiden Unternehmen und Bewohner darunter, dass die wirtschaftliche Entwicklung zurückbleibt. Trotzdem soll es soll möglichst gleichwertige Lebensverhältnisse für alle geben, z. B. sollen alle Kinder gute Schulen und die gleichen Bildungschancen haben. Beim **Länderfinanzausgleich** müssen deshalb reiche Bundesländer einen Teil ihrer Steuereinnahmen an ärmere Länder abgeben, beim **kommunalen Finanzausgleich** geben reiche Gemeinden einen Teil ihrer Einnahmen an ärmere ab.

Zuständigkeiten von Bund, Ländern und Gemeinden

Bund	Länder	Gemeinden
Auswärtiger Dienst	Bildung	Abwasser- und Abfallbeseitigung
Landesverteidigung	Forschung	Kinderbetreuung
Soziale Sicherung	Kultur	Theater, Museen
Verkehrswesen	Nahverkehr	Sportanlagen
Zollverwaltung	Landespolizei	Schulen
Bundespolizei	Finanzverwaltung	Wasser- und Energieversorgung
Währungspolitik		

Staatsverschuldung

Unter der deutschen Staatsverschuldung werden die Schulden von Bund, Ländern, Gemeinden und den Sozialversicherungen zusammengefasst.

Den größten Schuldenberg hat der Bundeshaushalt zusammengetragen. Eine „Schuldenbremse", also das Gebot, keine zusätzlichen Schulden aufzunehmen und bestehende Schulden abzubauen, war zwar bereits 2011 vom Bundestag beschlossen worden. Die Coronapandemie, während der Unternehmen und Beschäftigte mit hohen Geldbeträgen unterstützt werden mussten, machte diese Pläne aber zunichte. Während die Bundeshaushalte der Jahre 2014 bis 2019 jeweils ausgeglichen waren oder sogar Überschüsse erwirtschafteten, mussten 2020 und 2021 Kredite in Rekordhöhe aufgenommen werden. Der Schuldenberg des Bundes wuchs in diesen beiden Jahren um 400 Mrd. € auf mehr als 1,4 Billionen € an. Zählt man die Schulden der Bundesländer und Gemeinden dazu, lag die Schuldensumme Ende 2021 bei nahezu 2,4 Billionen €. Der Krieg in der Ukraine, der auch in Deutschland Kriegsängste auslöste und höhere Rüstungsausgaben wünschenswert machte, verschärfte 2022 das Haushaltsdefizit.

i

Funktionen der Steuern in der sozialen Marktwirtschaft

In Deutschland gibt es rund 35 Steuerarten (Stand: 2022). Dabei zeigen sich unterschiedliche Funktionen der Besteuerung.

Fiskalische Funktion: Steuern sollen ergiebig und mit möglichst geringem Verwaltungsaufwand zu erheben sein. Dies geschieht am wirksamsten durch die Besteuerung der **Einkommensverwendung,** wie es mit der Umsatzsteuer, also der Mehrwertsteuer, oder den Verbrauchssteuern, z. B. der Mineralölsteuer, der Kaffeesteuer oder der Tabaksteuer, geschieht. Umsatzsteuer und Verbrauchssteuern belasten die Steuerzahler proportional. Für jede Einkommenseinheit, die konsumiert wird, wird derselbe Prozentsatz erhoben.

Soziale Funktion: Die Steuerbelastung soll **gerecht,** oder wie es Ökonomen formulieren, **nach Leistungsfähigkeit** verteilt sein, z. B. durch eine progressive Besteuerung des Einkommens.

Wirtschaftliche Funktion: Direkte Steuern werden beim Steuerpflichtigen (Steuerschuldner) direkt erhoben. So werden Einkommen-, Lohn-, Gewerbe- und Erbschaftsteuer direkt beim Steuerschuldner erhoben, während etwa die Umsatz- und Mineralölsteuer als typische **indirekte Steuern** zwar vom Verbraucher mit der Ware bezahlt, aber vom Verkäufer als Steuerschuldner überwiesen werden müssen. Direkte und indirekte Steuern sind zwischen den Einkommensgruppen jedoch sehr ungleich verteilt. So zahlen die 10 % einkommensstärksten Haushalte 57 % der gesamten Einkommensteuer, aber nur 6 % der Umsatzsteuer. Die unteren 50 % der Einkommensverteilung zahlen 5 % der gesamten Einkommensteuer, aber immerhin 38 % der Umsatzsteuer (Stand: 2022).

Aufgaben zu Kapitel **1**

1. Unterscheiden Sie wesentliche Merkmale der freien Marktwirtschaft und der Zentralverwaltungswirtschaft.
2. Beschreiben Sie Eingriffe in das Wirtschaftssystem, die der Staat in einer sozialen Marktwirtschaft vornehmen darf.
3. Erläutern Sie die Grundauffassung der sozialen Marktwirtschaft.
4. Zitieren Sie einige Begriffe des Grundgesetzes, aus denen sich die Wirtschaftsordnung Deutschlands ableiten lässt.
5. Viele Arbeitgeber sind nicht Mitglied in einem Arbeitgeberverband (Stichwort: Tarifflucht). Nennen Sie mögliche Folgen für die betroffenen Arbeitnehmer.
6. Beschreiben Sie die Voraussetzungen für einen legitimen Arbeitskampf.
7. Erörtern Sie die Wirkung des Arbeitskampfes für tarifgebundene und nicht tarifgebundene Arbeitnehmer.
8. Erklären Sie direkte und indirekte Steuern. Nennen Sie jeweils Beispiele.

2 Bedeutung des Marktes

Am 10.03.2022 nahmen BMW-Aktionäre die vom Vorstand vorgelegten Jahreszahlen des Autokonzerns mit Enttäuschung zur Kenntnis, einige reagierten sofort. Die Aktien der Münchener weiteten ihre zuvor schon deutlichen Kursverluste nach der Bekanntgabe der Kennzahlen auf zuletzt 6,54 % aus. Damit waren sie zweitschwächster Wert im Deutschen Aktienindex (DAX). Nun hatte BMW keineswegs schlecht gewirtschaftet – im Gegenteil. Das Unternehmen hatte seinen Vorjahresgewinn deutlich gesteigert und angekündigt, die Dividende kräftig zu erhöhen. Den Aktionären war es nicht genug, sie hatten noch höhere Gewinne erwartet. Viele trennten sich von ihren BMW-Anteilen.

Wertpapierbörsen sind Märkte mit einer großen Markttransparenz und der Möglichkeit einer schnellen Reaktionsgeschwindigkeit der Marktpartner. Sie sind vor allem in Zeiten wirtschaftlicher Unsicherheiten wie der Coronapandemie Märkte mit enorm schnellen Kursbewegungen und einem hohen Handelsvolumen. Die Wahrscheinlichkeit erheblicher Kursänderungen ist in solchen Zeiten hoch. Kleinaktionäre müssen das aushalten können und gute Nerven haben.

2.1 Markt, Marktarten und Marktformen

Ein **Markt** ist ein Ort, an dem sich Käufer und Verkäufer treffen. Früher geschah dies in der Regel auf öffentlichen Plätzen im Herzen einer Stadt. Heute können Märkte auch Internetplattformen oder Börsen sein, bei denen gar keine materiellen Waren zugegen sind. Ein Markt bringt Käufer und Verkäufer zusammen. Verkäufer können ihre Produkte nur verkaufen, wenn es Menschen gibt, die bereit sind, das Gut zu kaufen. Käufer können nur etwas kaufen, wenn es auch Menschen gibt, die bereit sind, das gewünschte Produkt zu verkaufen.

Aufgrund der Anzahl der Anbieter und Nachfrager in einem Markt lassen sich verschiedene **Marktformen** unterscheiden. Im Modell des vollkommenen Marktes gibt es viele Anbieter und viele Nachfrager. Daher spricht man hierbei auch von einem **Polypol.** In dieser Marktform herrscht vollkommener Wettbewerb, d. h., weder Anbieter noch Käufer können den Preis durch ihr einzelnes Handeln beeinflussen.

In der Realität gibt es allerdings häufig Märkte, in denen wenige Anbieter vielen Nachfragern gegenüberstehen. Diese Märkte bezeichnet man als **Oligopol.** In diesen Märkten haben die Anbieter mehr Einfluss auf die Preisbildung und können so, sofern sie kooperieren, einen höheren Preis durchsetzen als im vollkommenen Wettbewerb.

Außerdem gibt es Märkte, in denen es zwar viele Nachfrager gibt, aber nur einen Anbieter. In diesem Fall handelt es sich um ein **Monopol.** Im Monopol kann der Anbieter den Preis so hochsetzen, dass er dabei seinen eigenen Gewinn maximiert. In dieser Marktform hat der Anbieter die Marktmacht, den Preis zu seinen Gunsten zu beeinflussen.

	zweiseitiges Polypol	**Angebotsoligopol**	**Angebotsmonopol**
viele Nachfrager	viele Anbieter	wenige Anbieter	ein Anbieter
Beispiel	Blumenmarkt: viele Blumenverkäufer, viele Nachfrager nach Blumen	Tankstellenmarkt: wenige Anbieter von Treibstoff, viele Nachfrager nach Benzin	Deutsche Bahn: einziger Anbieter auf vielen Strecken, viele Nachfrager nach Bahnreisen

2.2 Funktionen des Preises

Preise sind das Ergebnis von Angebot und Nachfrage und lösen den klassischen volkswirtschaftlichen Konflikt aufgrund einer Knappheit der Güter einerseits und unbegrenzter Bedürfnisse andererseits. Der Preis erfüllt dadurch mehrere Funktionen.

Funktionen des Preises	
Zuteilungsfunktion	Preise sind ein Indikator (Messgröße) für Knappheit. Wenn Ressourcen knapp werden, übersteigt die Nachfrage das Angebot. Der Preis steigt. Da das Einkommen der Nachfrager begrenzt ist, bleiben als Käufer diejenigen, die den höchsten Nutzen aus dem angebotenen Gut ziehen und in der Lage sind, den höheren Preis zu zahlen.
Signalfunktion	Für Nachfrager sind steigende Preise ein Signal, ihren Konsum zurückzufahren und den Markt zu verlassen. Für Anbieter/Hersteller bedeuten höhere Preise mehr Profit. Daher werden mehr Hersteller in Betracht ziehen, in den Markt einzutreten.
Allokationsfunktion	Preise stellen sicher, dass Ressourcen dort eingesetzt werden, wo sie den größten Nutzen stiften. Hohe Preise bei Ressourcen stellen sicher, dass sie möglichst effizient verwendet werden.

2.3 Preisbildung bei vollkommener Konkurrenz

2.3.1 Preisbildung am Beispiel einer Warenbörse

Es ist Tulpenzeit auf dem Blumenmarkt in Amsterdam. Viele Tulpenverkäufer treffen auf viele Tulpenkäufer. Nehmen wir an, es gibt einen Makler, der den Preis so setzen will, dass die größtmögliche Anzahl an Blumenkisten verkauft wird. Die Verkäufer werden nach dem Preis gefragt, den sie gerade noch bereit sind zu akzeptieren, und nach der Menge an Kisten, die sie verkaufen wollen. Die Käufer werden ebenfalls nach dem Preis gefragt, den sie gerade noch bereit sind zu bezahlen, und nach der Menge an Tulpenkisten, die sie kaufen möchten. Die folgenden Tabellen zeigen die gesammelten Ergebnisse der individuellen Angebots- und Nachfragevorstellungen:

Namen der Verkäufer	Mindestpreis pro Kiste in €	Anzahl an Kisten
A: Anton Arndt	20	250
B: Berta Blum	25	200
C: Cesar Callas	30	150
D: Dahlia Doll	35	200
E: Ernst Eichel	40	100
F: Flora Fischer	45	50

Namen der Käufer	Mindestpreis pro Kiste in €	Anzahl an Kisten
G: Gerhard Ginster	20	250
H: Heide Heim	25	100
I: Iris Immel	30	200
J: Jasmin Jung	35	150
K: Karen Kussmaul	40	150
L: Lars Lilienthal	45	100

Auf einem Markt müssen sich Verkäufer und Käufer über den Preis einig werden. Der Preis bestimmt sich durch die Gesamtnachfrage (aggregierte Nachfrage[1]) und das Gesamtangebot (aggregiertes Angebot[2]).

[1] **aggregierte Nachfrage** Summe der individuellen Nachfragen (Gesamtnachfrage)

[2] **aggregiertes Angebot** Summe der individuellen Angebote (Gesamtangebot)

Der Makler berechnet nun, wie viele Tulpenkisten zu den verschiedenen Preisen insgesamt angeboten und nachgefragt werden, und ermittelt so das Gesamtangebot und die Gesamtnachfrage an Tulpen.

Gesamtangebot							
Preis in €	A	B	C	D	E	F	Summe
20	250						250
25	250	200					450
30	250	200	150				600
35	250	200	150	200			800
40	250	200	150	200	100		900
45	250	200	150	200	100	50	950

Gesamtnachfrage							
Preis in €	G	H	I	J	K	L	Summe
20	250	100	200	150	150	100	950
25		100	200	150	150	100	700
30			200	150	150	100	600
35				150	150	100	400
40					150	100	250
45						100	100

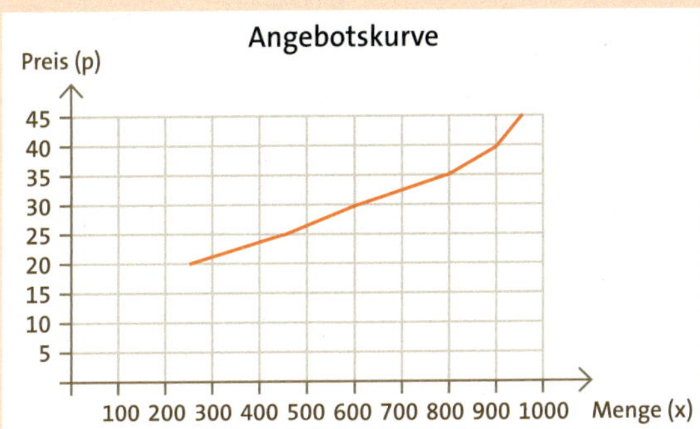

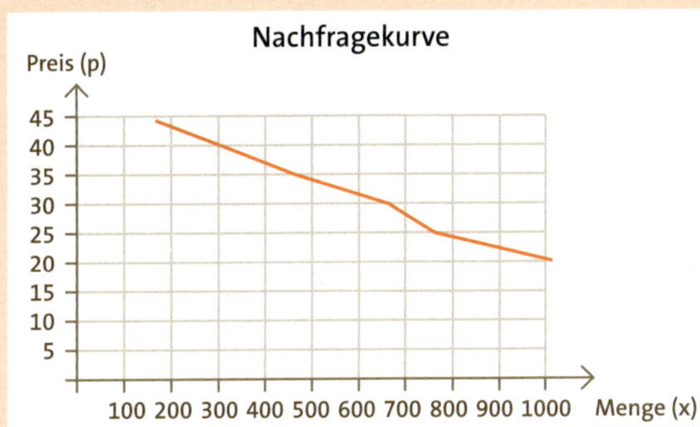

Das **aggregierte Angebot** eines Marktes lässt sich grafisch als Angebotskurve darstellen. Die Angebotskurve verläuft in der Regel mit positiver Steigung, da die angebotene Menge mit zunehmendem Marktpreis steigt. Ist der Marktpreis niedrig, werden nur wenige Anbieter in der Lage sein, ihre Herstellungskosten zu decken und somit ihre Güter anzubieten. Kommt ein höherer Preis zustande, können auch Hersteller mit höheren Produktionskosten ihre Waren verkaufen.

Die **aggregierte Nachfrage** eines Marktes lässt sich grafisch als Nachfragekurve darstellen. Sie verläuft in der Regel mit negativer Steigung, da die nachgefragte Menge mit zunehmendem Marktpreis sinkt. Steigt der Preis, fallen immer mehr Kaufinteressenten als potenzielle Käufer weg, da sie nicht unbeschränkt Geld ausgeben können. Sie werden sich dazu entscheiden, das Gut nicht mehr zu kaufen, weil andere Bedürfnisse dringender sind, oder es durch ein anderes, günstigeres Gut zu ersetzen.

Das „Gesetz" des Angebots: Je **höher** der Preis, desto **höher** die angebotene Menge; je **niedriger** der Preis, desto **niedriger** die angebotene Menge.

Das „Gesetz" der Nachfrage: Je **höher** der Preis, desto **niedriger** die nachgefragte Menge; je **niedriger** der Preis, desto **höher** die nachgefragte Menge.

Auf Grundlage des Marktangebots und der Marktnachfrage kann der Makler den Preis ermitteln, zu dem die größtmögliche Menge an Gütern umgesetzt wird:

Preis in €	Angebot	Nachfrage	Gehandelte Menge	Marktsituation
20	**250**	**950**	250	Nachfrageüberhang: 700
25	**450**	**700**	450	Nachfrageüberhang: 250
30	**600**	**600**	**600**	Markt ist „geräumt"
35	**800**	**400**	400	Angebotsüberhang: 400
40	**900**	**250**	250	Angebotsüberhang: 650
45	**950**	**100**	100	Angebotsüberhang: 850

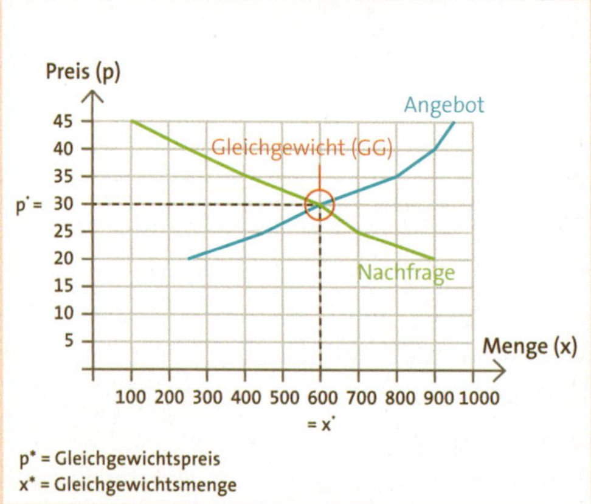

Für alle Preise, die unter 30,00 € liegen, herrscht ein Nachfrageüberhang, d. h., die nachgefragte Menge übersteigt die angebotene Menge. Bei einem Preis von 30,00 € pro Kiste entspricht die nachgefragte der angebotenen Menge, daher befindet sich der Markt im Gleichgewicht. Für alle Preise, die über 30,00 € pro Kiste liegen, gibt es einen Angebotsüberhang, d. h., die angebotene Menge übersteigt die nachgefragte Menge.

Die Preisbildung in Märkten mit Wettbewerb ist das Ergebnis der Interaktion zwischen Angebot und Nachfrage. Bei dem so zustande kommenden Gleichgewichtspreis wird die größtmögliche Menge an Waren umgesetzt.

2.3.2 Modell des vollkommenen Marktes mit Wettbewerb

Ein „vollkommener Markt mit Wettbewerb"[1] ist gegeben, wenn niemand, auch keine Regierung, in den Markt eingreift und zudem folgende Bedingungen erfüllt sind:

- **Große Anzahl an Käufern und Verkäufern:** Keine Seite hat Marktmacht, d. h., keine Seite kann den Preis durch ihr einzelnes Handeln beeinflussen, alle müssen den Preis akzeptieren, der durch den Wettbewerb zustande kommt.
- **Homogene[2] Güter:** Es gibt nur eine Art von Produkt und es gibt keine Unterschiede in der Qualität, dem Design, dem Geschmack, der Verpackung o. Ä. (z. B. Gold, Rohöl).

[1] Er wird auch als „perfekter Markt mit Wettbewerb" bezeichnet.

[2] **homogen** gleichartig

- **Keine persönlichen Präferenzen**[1]**:** Kaufentscheidungen werden nicht von den Menschen, die an der Transaktion beteiligt sind, beeinflusst (z. B. wird ein Verkäufer einem anderen nicht wegen Sympathie vorgezogen).
- **Keine räumlichen Präferenzen:** Kaufentscheidungen werden nicht vom Standort der Verkäufer beeinflusst, alle Verkäufer sind gleich gut zu erreichen (z. B. Onlineshops).
- **Perfekte Information:** Die Verkäufer kennen ihre Produktionskosten, die Käufer kennen ihre eigene Zahlungsbereitschaft und beide Gruppen kennen den Marktpreis.

[1] **Präferenzen**
Vorlieben

Unter diesen Rahmenbedingungen wird sich der Preis so lange anpassen, bis die angebotene Menge der nachgefragten Menge entspricht. Dieser **Gleichgewichtspreis** maximiert die gehandelte Menge. Im vollkommenen Wettbewerb sind sowohl Verkäufer als auch Käufer **Preisnehmer,** d. h., sie akzeptieren den durch den Markt zustande gekommenen Preis: Die Verkäufer passen die angebotene Menge entsprechend an und die Käufer die nachgefragte Menge.

Im vollkommenen Wettbewerb wird sich immer der Gleichgewichtspreis einstellen, also der Preis, zu dem die größtmögliche Menge an Gütern gehandelt wird und bei dem die nachgefragte Menge der angebotenen Menge entspricht.

Dieses Modell des vollkommenen Marktes mit Wettbewerb basiert auf sehr strengen Annahmen. In der Realität gibt es nur wenige Märkte, in denen all diese Bedingungen erfüllt sind. Wenn eine der zuvor beschriebenen Annahmen des vollkommenen Marktes verletzt wird, handelt es sich um einen **unvollkommenen Markt.**

Der Markt für frische Brötchen und Brezeln ist nicht vollkommen. Menschen neigen dazu, immer wieder bei bestimmten Bäckereien einzukaufen, was verschiedene Gründe haben kann:

- Es gibt nur wenige Bäckereien in der Stadt und die meisten gehören zu größeren Ketten.
- Käufer sind der subjektiven Ansicht, dass die Brötchen in der Bäckerei A besser schmecken als die in der Bäckerei B (somit würde es sich nicht um homogene Güter handeln).
- Käufer mögen die Verkäuferin der Bäckerei A lieber (persönliche Präferenz).
- Käufer möchten nicht zu viel Zeit brauchen, um zum Bäcker zu gehen, daher wählen die meisten die Bäckerei, die am nächsten liegt (räumliche Präferenz).
- Die Käufer sind sich nicht bewusst, dass irgendwo in der Stadt eine weitere Bäckerei ist, die gleich gute Brötchen für weniger Geld verkauft (keine vollständige Information).

Dennoch kommt die Preisbildung in vielen Märkten sehr nahe an das Ergebnis eines vollkommenen Marktes.

Das vermutlich beste Beispiel ist eine Börse: Das hier gehandelte Gut ist homogen, es gibt nur eine Art von Aktien eines Unternehmens. Oder das gehandelte Gut ist Massenware, z. B. Weizen. Fällt der Preis an der Börse, ist dies ein Zeichen dafür, dass mehr Ware angeboten wird, als Käufer nachfragen. Steigt der Preis, bedeutet dies in der Regel, dass die Nachfrage das Angebot übertrifft.

Das Modell des vollkommenen Marktes wird dazu verwendet, Preisänderungen in Märkten vorherzusagen.

2.3.3 Preisveränderungen im vollkommenen Markt

Mithilfe des aggregierten Angebots und der aggregierten Nachfrage ist es möglich, Preisänderungen zu erklären und zu einem gewissen Grad vorherzusagen. Es gibt verschiedene Möglichkeiten:

- **Bewegung auf der Kurve**

Die Angebots- und die Nachfragekurve zeigen den Zusammenhang zwischen dem Preis eines Gutes und der nachgefragten Menge. Wenn sich der Preis eines Gutes verändert, kommt es zu einer „Bewegung auf der Kurve".

Angebot

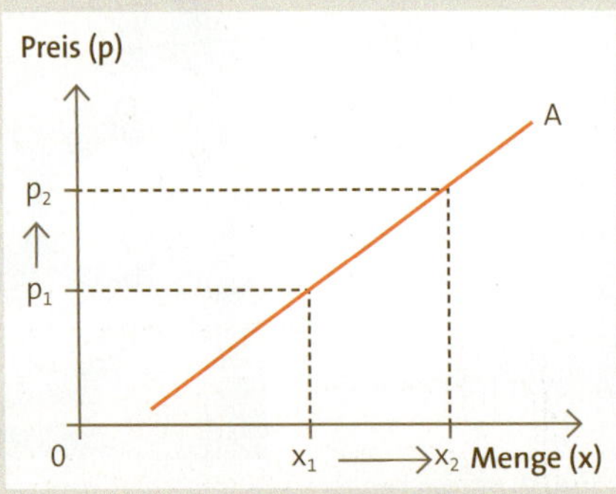

Wenn der Preis steigt, nimmt die von den Herstellern angebotene Menge zu, da der Verkauf der Güter jetzt profitabler ist. Wenn der Preis fällt, geht die von den Herstellern angebotene Menge zurück, da es weniger profitabel ist.

Nachfrage

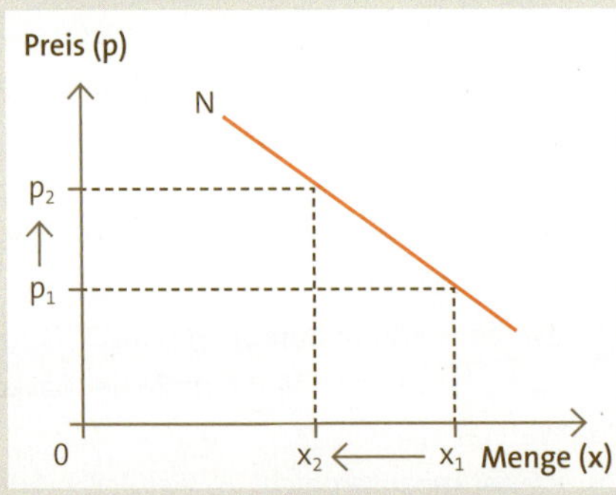

Wenn der Preis steigt, geht die nachgefragte Menge zurück, da Einkommen begrenzt ist und Käufer sich vielleicht für andere Güter entscheiden. Wenn der Preis fällt, steigt die nachgefragte Menge.

Verschiebung der Angebotskurve

Auch einige andere Faktoren haben einen Einfluss auf das Angebot, z. B. die Herstellungskosten, die Versorgung mit Rohstoffen, Steuern oder Zuschüsse der Regierung. Falls sich einer dieser Faktoren ändert, verschiebt sich die Angebotskurve.

Angebotskurve verschiebt sich nach rechts

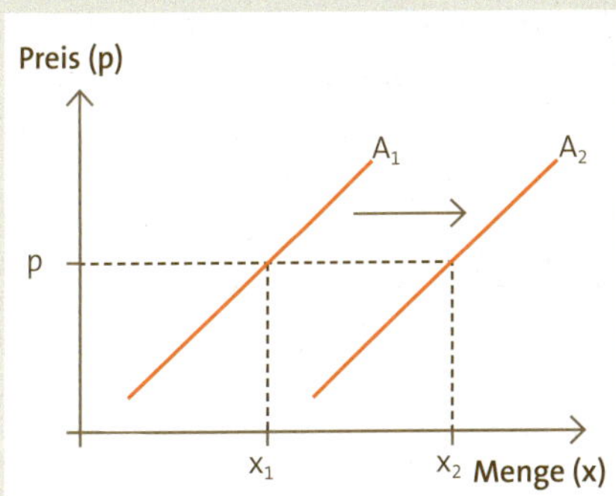

Mögliche Ursachen:
- günstigere Herstellungskosten
- günstigere Rohstoffe
- Regierung zahlt dem Unternehmen einen Zuschuss für das Produkt

Auswirkung auf den Markt:

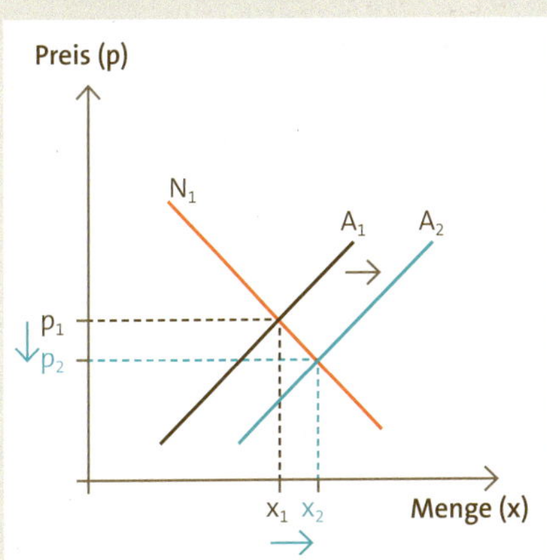

Erhöhung der angebotenen Menge:
- Preis fällt
- nachgefragte Menge steigt

Angebotskurve verschiebt sich nach links

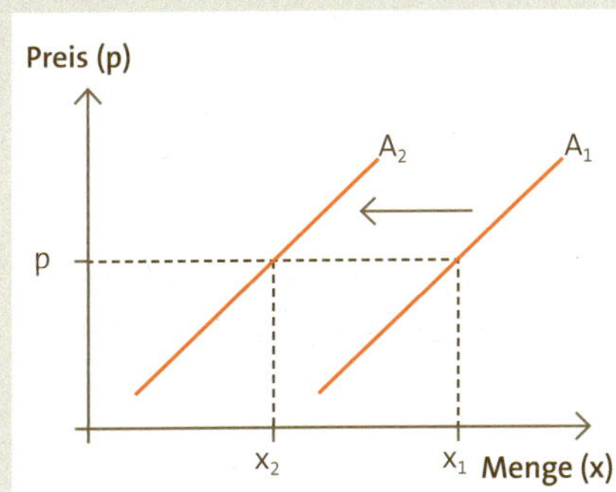

Mögliche Ursachen:
- gestiegene Herstellungskosten
- gestiegene Preise der Rohstoffe
- Regierung führt Steuern auf das Gut ein, die vom Unternehmen abgeführt werden müssen

Auswirkung auf den Markt:

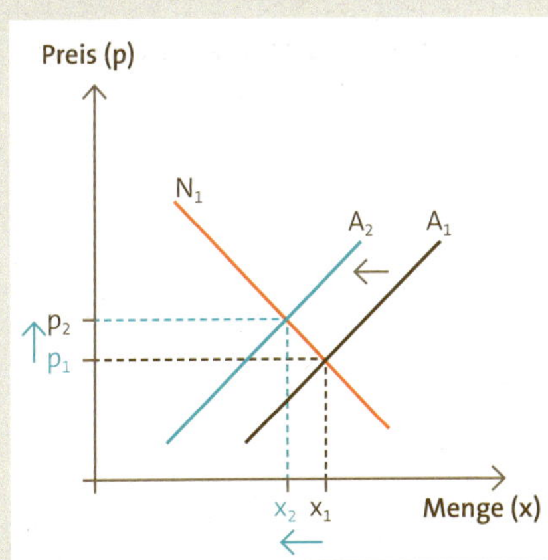

Verminderung der angebotenen Menge:
- Preis steigt
- nachgefragte Menge fällt

Verschiebung der Nachfragekurve

Neben dem Preis gibt es auch andere Einflussgrößen auf die Nachfrage, z. B. die Preise anderer Güter, das Einkommen oder sich verändernde Präferenzen. Wenn sich einer dieser Faktoren ändert, verschiebt sich die Nachfragekurve.

Nachfragekurve verschiebt sich nach rechts

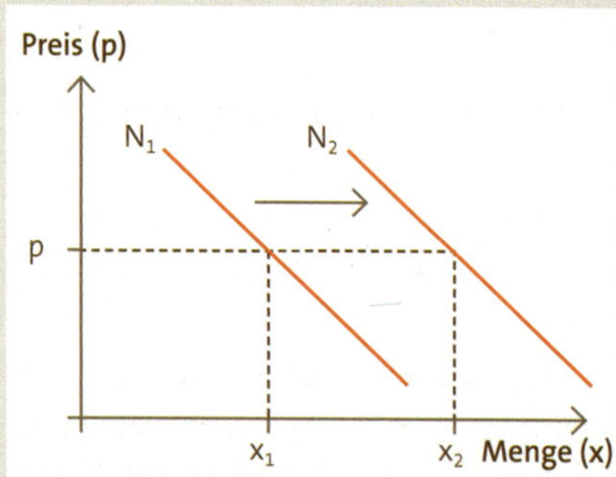

Mögliche Ursachen:
- höheres Einkommen
- Bevölkerung wächst
- Substitutionsgüter[1] werden teurer
- veränderte Präferenzen

Auswirkung auf den Markt:

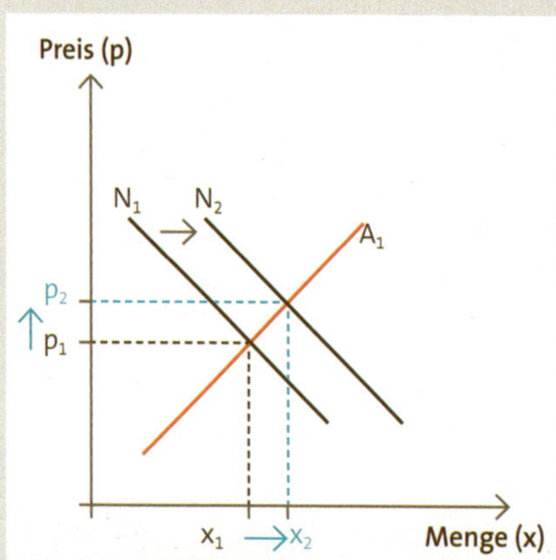

Erhöhte Nachfrage:
- Preis steigt
- angebotene Menge steigt

Nachfragekurve verschiebt sich nach links

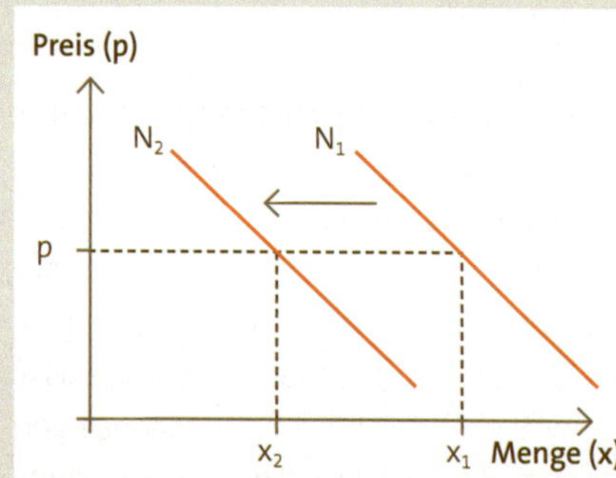

Mögliche Ursachen:
- niedrigeres Einkommen
- Bevölkerung geht zurück
- Substitutionsgüter werden günstiger
- veränderte Präferenzen

Auswirkung auf den Markt:

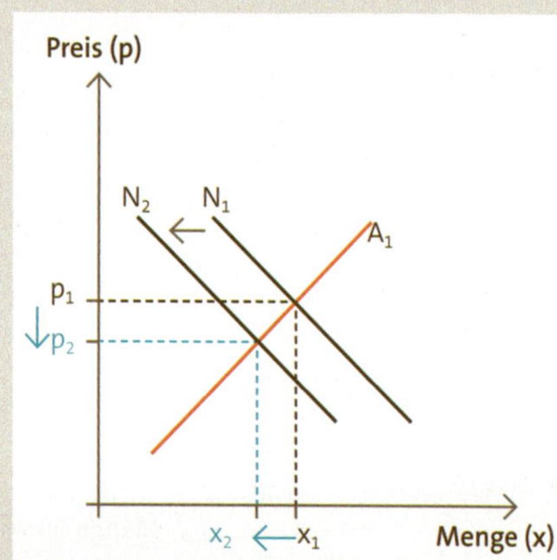

Sinkende Nachfrage:
- Preis sinkt
- angebotene Menge sinkt

[1] **Substitutionsgüer**
Güter, die gleiche oder ähnliche Bedürfnisse befriedigen wie ein anderes Gut. Die Güter können deshalb gegeneinander ausgetauscht werden, z. B. Butter und Margarine.

2.3.4 Marktkonforme und marktkonträre Eingriffe des Staates in die Preisbildung

Hin und wieder greift der Staat direkt oder indirekt in den Marktpreis ein. Dies kann durch **marktkonforme** oder **marktkonträre** Eingriffe geschehen.

Bei **marktkonformen Eingriffen** beeinflusst der Staat die Nachfrage oder das Angebot, wobei die Preisbildung dem Markt überlassen bleibt.

- Der Staat kann die **Nachfrage** beeinflussen, indem er z. B. den Benzinpreis durch Mineralölsteuern massiv verteuert. Das Marktgleichgewicht existiert weiterhin, aber zu höheren Preisen als ohne den Staatseingriff. Umgekehrt subventioniert der Staat erneuerbare Energien und ermöglicht so einen günstigeren, gegenüber fossilen Energieträgern konkurrenzfähigeren Preis.
- Will der Staat das **Angebot** beeinflussen, kann er z. B. Zölle erhöhen oder senken oder Einfuhrbeschränkungen abbauen bzw. einführen. Allerdings kann es dabei zu einem Überangebot an ausländischen Waren kommen, die inländische Produkte verdrängen und dadurch Arbeitsplätze im Inland gefährden.

Steuersenkungen verbilligen das Angebot

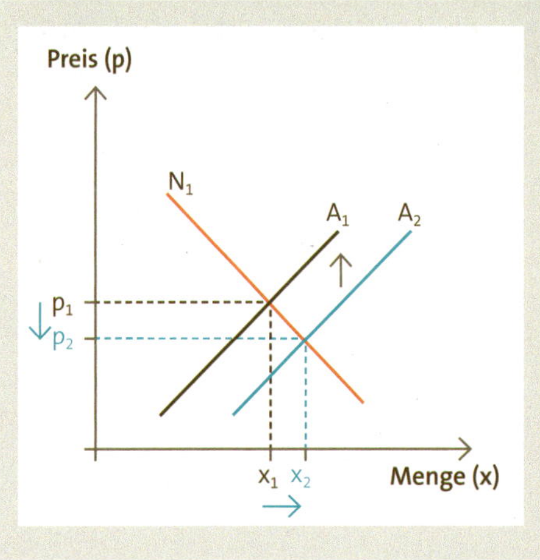

Zollerhöhungen verteuern das Angebot

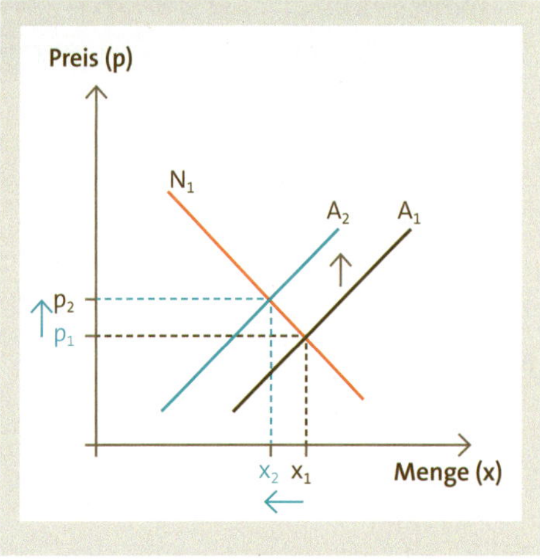

Marktkonträre Eingriffe des Staates sind wirtschaftspolitische Maßnahmen, die den Preismechanismus stören. Beispiele sind staatlich verordnete Mindest- und Höchstpreise und Festpreise.

Dadurch gerät das Marktgleichgewicht aus den Fugen und entweder Knappheit von Gütern und Dienstleistungen oder Überschüsse entstehen.

Ein anschauliches Beispiel für marktkonträre Eingriffe waren die jahrzehntelang von der Europäischen Union verordneten und mittlerweile abgeschafften **Mindestpreise** für Agrarerzeugnisse, unter anderem für Getreide, Schweinefleisch und Milch. Die Folgen waren ein höheres Angebot und weniger Nachfrage. Dies führte zwangsläufig zu erheblichen Überschüssen, deren Export mit hohen Geldbeträgen aus dem EU-Haushalt subventioniert werden musste.

Ein aktuelles Beispiel für **Mindestpreise** ist die von den Sozialpartnern ausgehandelten und 2022 ausnahmsweise von der Bundesregierung festgesetzten Mindestlöhne.

Ein Beispiel für **Höchstpreise** ist die „Mietpreisbremse", bei der die Mietpreise eingefroren oder an einen örtlichen „Mietpreisspiegel" angepasst werden.

Die marktkonträre **Preisbindung** bei Büchern und Zeitschriften setzt ebenfalls die Bildung von Gleichgewichtspreisen im Handel außer Kraft. Ein Verdrängungswettbewerb zugunsten großer Buchhandlungsketten soll dadurch vermieden werden.

Auch verschreibungspflichtige Medikamente unterliegen der **Preisbindung:** Jeder Patient kann ein bestimmtes Arzneimittel in jeder Apotheke (auch Online-Apotheke) zum selben Preis erwerben. Diese Maßnahme soll kranke Menschen schützen, da sie – aus naheliegenden Gründen – zu einem Vergleich von Preisen oft kaum in der Lage sind.

Aufgaben zu Kapitel 2

1. Skizzieren Sie die Wirkung der folgenden Preisveränderungen in einem Preis-Mengen-Diagramm.
   a) Wenn eine Kältewelle Italien und Spanien im Winter trifft, steigt der Preis von Orangen in deutschen Supermärkten.
   b) Wenn es einen heißen Sommer in Mitteleuropa gibt, sinken die Preise für Hotelzimmer in Südeuropa.
   c) Nach langwierigen Verhandlungen mit dem Iran wird das Handelsembargo für Erdöl aufgehoben.

2. In einer kleinen Stadt ergeben sich am Markt für frisch zubereitete Burger folgende Daten:

Preis in €	3,99	4,00	5,00	6,00	7,00	8,00
Nachgefragte Menge	270	208	162	136	106	78
Angebotene Menge	52	106	162	196	220	242

a) Zeichnen Sie die Angebots- und die Nachfragekurve.

b) Beschreiben Sie die Marktsituation, wenn sich die Anbieter abgesprochen hätten und 7,00 € verlangen würden.

c) Skizzieren Sie die Veränderung des Gleichgewichtspreises, wenn in der Kleinstadt ein neues Schulzentrum eröffnet wird.

3. Erläutern Sie die Begriffe „Höchstpreis" und „Mindestpreis".

4. Beschreiben Sie die Wirkung marktkonträrer Maßnahmen der EU. Recherchieren Sie dazu die Ursachen der in den 1980er Jahren angehäuften „Milch- und Butterberge".

5. Skizzieren Sie die Veränderung der Marktsituation

a) bei marktkonformen staatlichen Eingriffen.

b) bei marktkonträren staatlichen Eingriffen.

Teil VII

Wirtschaftspolitische Ziele und Instrumente in der sozialen Marktwirtschaft

Die soziale Marktwirtschaft sieht vor, dass die wirtschaftliche Freiheit gewährleistet ist. Der Staat behält sich aber die Möglichkeit vor, eine Regulierungs- und Kontrollfunktion auszuüben, um sowohl marktkonträre als auch konjunkturelle Fehlentwicklungen zu korrigieren und ein Höchstmaß an sozialer Gerechtigkeit zu gewährleisten. Nicht nur Wettbewerbsverzerrungen auf heimischen Märkten, sondern auch unvorhersehbare Ereignisse wie die Coronapandemie oder der Krieg Russlands gegen die Ukraine können Angebot und Nachfrage beeinflussen. Beide Ereignisse haben die Rohstoffversorgung behindert und Lieferketten unterbrochen. Milliardenschwere Konjunkturprogramme waren notwendig, um Unternehmer und Verbraucher zu schützen.

Dieser Teil des Buches thematisiert wirtschaftspolitische Zielsetzungen und Instrumente in der sozialen Marktwirtschaft, die solchen Krisen entgegenwirken sollen. Ausgehend vom Stabilitätsgesetz werden Inlandsprodukt, Konjunkturindikatoren und staatliche Eingriffsmöglichkeiten im Rahmen der Wirtschafts- und Sozialpolitik dargestellt. Die Grenzen des Sozialstaats, der mit immer neuen Forderungen konfrontiert wird, werden diskutiert.

1 Die Ziele des Stabilitäts- und Wachstumsgesetzes

Während der Coronapandemie griffen Bundesregierung und Bundestag durch Konjunkturprogramme mehrfach in das Marktgeschehen ein. Unter anderem erhöhten sie die „Innovationsprämie" für jedes Elektrofahrzeug bis zum Listenverkaufspreis von 40.000,00 € von zuvor 3.000,00 € auf 6.000,00 €. Damit sollte die Nachfrage nach umweltfreundlichen Fahrzeugen erhöht werden. Der Staat kann durch aktive Eingriffe das Marktgeschehen immer dann ergänzen, wenn es nicht zu den erwünschten wirtschaftlichen oder sozialen Resultaten führt.

1.1 Das Stabilitäts- und Wachstumsgesetz – Magisches Viereck

Eine unmittelbare Folge des Kriegs Russlands gegen die Ukraine war das Emporschnellen der Inflationsrate: Sie lag im März 2022 bei 7,3 % gegenüber dem Vorjahr, maßgeblich getrieben durch eine explosive Zunahme der Energiepreise. Die Gaspreise stiegen innerhalb weniger Monate auf das Vierfache des Vorkriegsniveaus. Auch Strom und Heizöl wurden teurer. Die Wirtschaftspolitik musste deshalb dafür sorgen, dass Arbeitsplätze erhalten wurden, die Preissteigerungsrate nicht weiter nach oben ging und die wirtschaftliche Abhängigkeit von Exporteuren der fossilen Energieträger Kohle, Erdöl und Erdgas sank.

Die staatliche Wirtschaftspolitik versucht, wirtschaftlichen Fehlentwicklungen entgegenzuwirken. Die gesetzliche Grundlage dafür ist das **Stabilitätsgesetz** (genauer: Gesetz zur Förderung der Stabilität und des Wachstums der Wirtschaft, StabG) von 1967.

§ 1 StabG

[1]Bund und Länder haben bei ihren wirtschafts- und finanzpolitischen Maßnahmen die Erfordernisse des gesamtwirtschaftlichen Gleichgewichts zu beachten. [2]Die Maßnahmen sind so zu treffen, dass sie im Rahmen der marktwirtschaftlichen Ordnung gleichzeitig zur Stabilität des Preisniveaus, zu einem hohen Beschäftigungsstand und außenwirtschaftlichem Gleichgewicht bei stetigem und angemessenem Wirtschaftswachstum beitragen.

In dem Gesetz werden vier Ziele genannt, die auch als das **Magische Viereck** bezeichnet werden. Magisch heißt es deswegen, weil nie alle Ziele gleichzeitig erreicht werden können, da sie oft in Konflikt zueinander stehen.

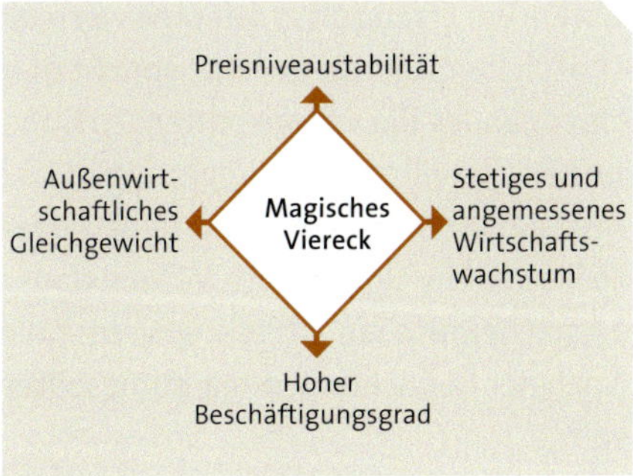

- **Stetiges und angemessenes Wirtschaftswachstum▸:** Von wirtschaftlichem Wachstum spricht man, wenn das Bruttoinlandsprodukt (BIP) in einem bestimmten Zeitraum zunimmt. Ein angemessenes Wachstum der Wirtschaft ist eine wesentliche Voraussetzung, um Arbeitsplätze zu erhalten bzw. neu zu schaffen, höhere Lohnabschlüsse zu erreichen sowie höhere Renditen für Unternehmen und höhere Einnahmen für öffentliche Haushalte zu erzielen. Wachstum hat aber auch Schattenseiten. Quantitatives Wachstum, bei dem immer mehr Rohstoffe verbraucht und immer größere Umweltschäden verursacht werden, sollte nicht angestrebt werden, wohl aber qualitatives Wachstum im sozialen Bereich, bei der Bildung oder im Umweltschutz. Dabei steigt das Inlandsprodukt ohne Umweltbelastung. Nach der herrschenden Meinung ist ein jährliches Wirtschaftswachstum, also ein Zuwachs des realen Bruttoinlandsprodukts, von 3 % bis 4 % anzustreben.

Stetiges und angemessenes Wirtschaftswachstum
▸ Kap. 1.2, S. 123

- **Hoher Beschäftigungsstand▸:** Ein besonderes Problem stellt die Arbeitslosigkeit dar. Sie führt bei den Betroffenen zu einer Verschlechterung des Lebensstandards und zu einem Sinken des Selbstwertgefühls. Auch der Staat bekommt das Problem der Arbeitslosigkeit zu spüren. Es bedeutet für ihn geringere Steuereinnahmen und gleichzeitig höhere Ausgaben für Unterstützungen, z. B. für Arbeitslosengeld II. Das Stabilitätsgesetz sieht deshalb vor, dass die staatliche Wirtschaftspolitik einen hohen Beschäftigungsstand zum Ziel haben soll. Eine Arbeitslosenquote von 2 % oder 3 % gilt noch als unproblematisch. Das Ziel ist, die Arbeitslosenquote möglichst gering zu halten und einen möglichst hohen Beschäftigungsgrad zu sichern. Das Ziel eines hohen Beschäftigungsstands hängt eng mit dem Ziel des stetigen und angemessenen Wirtschaftswachstums zusammen.

Hoher Beschäftigungsstand
▸ Kap. 1.3, S. 136

Preisniveaustabilität
► Kap. 1.4, S. 138

- **Preisniveaustabilität►:** Das Stabilitätsgesetz verlangt, dass die staatliche Wirtschaftspolitik zur Stabilität des Preisniveaus beiträgt. Sie muss dafür sorgen, dass sich Preissteigerungen für Waren und Dienstleistungen in Grenzen halten. Nach Auffassung der Europäischen Zentralbank (EZB) ist die Preisstabilität am besten gewährleistet, wenn die Inflationsrate bei ca. 2 % liegt. Ist sie höher, sinkt die Kaufkraft zu stark, ist sie geringer, besteht nach Auffassung der EZB die Gefahr einer Rezession. Die Wettbewerbsfähigkeit deutscher Waren im Ausland würde ebenfalls leiden, wenn sich die Preise zu stark erhöhten.

Außenwirtschaftliches Gleichgewicht
► Kap. 1.5, S. 141

- **Außenwirtschaftliches Gleichgewicht►:** Durch internationalen Handel wachsen die Märkte für Unternehmen. Sie können ihre Produktion ausweiten und so die Kosten je Produktionseinheit reduzieren. Umgekehrt können Unternehmer und Verbraucher dort einkaufen, wo Erzeugnisse am preiswertesten angeboten werden. Von „außenwirtschaftlichem Gleichgewicht" spricht man dann, wenn sich die Importe und Exporte eines Landes die Waage halten. Zu hohe Exporte im Verhältnis zu den Importen können schnell zu Preissteigerungen im Inland führen, denn wer höhere Preise im Ausland erzielen kann, wird seine Waren nicht zu einem geringeren Preis im Inland verkaufen. Umgekehrt würden dauernde Importüberschüsse die Nachfrage nach heimischen Produkten vermindern und Arbeitsplätze im Inland gefährden. Nach der herrschenden Meinung sollten Exporte und Importe ungefähr gleich groß sein.

Zielharmonien und Zielkonflikte

Alle Ziele stehen in Wechselbeziehungen zueinander: Zwei Ziele können harmonieren (Zielharmonie), sich neutral zueinander verhalten oder miteinander im Konflikt stehen (Zielkonflikt). Ein Zielkonflikt liegt also vor, wenn die Verfolgung eines wirtschaftspolitischen Ziels die Erreichung eines oder mehrerer anderer Ziele gefährdet. Im Folgenden sind einige Ziele und ihre Beziehungen zueinander dargestellt:

- **Hoher Beschäftigungsstand und Preisniveaustabilität:** Bei Hochkonjunktur und damit verbundener Vollbeschäftigung gibt es nur wenige Arbeitslose, aber viele offene Stellen. Auf dem Arbeitsmarkt besteht zwar Nachfrage nach Arbeitskräften, das Angebot ist jedoch ausgeschöpft. Die Gewerkschaften haben bei Tarifverhandlungen eine starke Position. Sie können die Steigerung der Arbeitsentgelte durchsetzen. Die höheren Löhne erhöhen die Produktionskosten. Damit setzen sie die Lohn-Preis-Spirale in Gang, d. h., die höheren Löhne treiben die Preise in die Höhe, die Preise dann wiederum die Löhne. Zwischen diesen beiden Zielen besteht also ein Zielkonflikt.
- **Preisniveaustabilität und Wirtschaftswachstum:** Stabile Preise fördern die Investitionsbereitschaft der Unternehmen. Langfristige Anlageprojekte können geplant werden. Optimismus belebt die Konjunktur, es entsteht Wirtschaftswachstum. Die beiden Ziele harmonieren. Ein Zielkonflikt zwischen Preisniveaustabilität und Wirtschaftswachstum entsteht, wenn sich die Beschäftigung hin zur Überbeschäftigung entwickelt und die Lohn-Preis-Spirale die Preisniveaustabilität gefährdet.
- **Hoher Beschäftigungsstand und Wirtschaftswachstum:** Ein steigendes Wirtschaftswachstum zieht die Erhöhung des Beschäftigungsstandes mit sich. Beide Ziele harmonieren also miteinander.

1.2 Stetiges und angemessenes Wirtschaftswachstum

1.2.1 Bruttoinlandsprodukt (BIP) – Entstehung, Verwendung, Verteilung

Das Wirtschaftswachstum lässt sich anhand der Veränderung des Bruttoinlandsprodukts messen.

Das Bruttoinlandsprodukt (BIP) ist der in Geld gemessene Wert aller Sachgüter und Dienstleistungen, die in einer Volkswirtschaft erzeugt und geleistet werden.

Die Höhe des BIP ermöglicht es, die wirtschaftliche Gesamtleistung einer Volkswirtschaft zu bewerten. Auf diese Weise werden die Leistungen mit denen vorangegangener Jahre vergleichbar. Teilt man das BIP durch die Bevölkerungszahl, macht es auch die Wirtschaftsleistungen zwischen einzelnen Staaten vergleichbar.

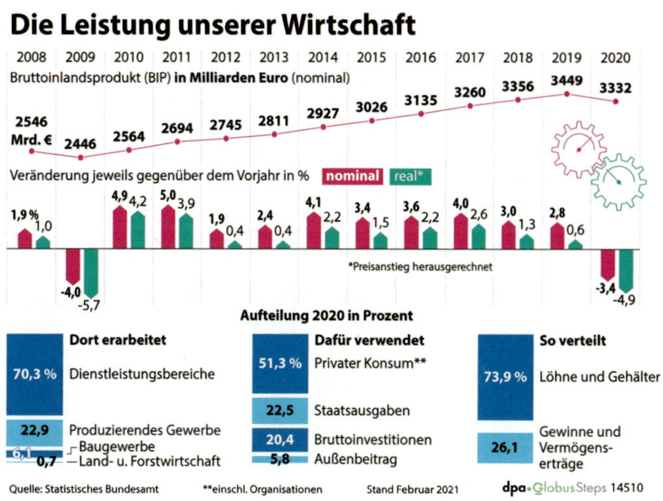

Die **Entstehung**, die **Verwendung** und die **Verteilung** des Bruttoinlandsprodukts in einer Periode werden im Rahmen der **Volkswirtschaftlichen Gesamtrechnung (VGR)** vom Statistischen Bundesamt ermittelt. Dabei werden drei verschiedene Rechnungen aufgestellt, die von einer jeweils anderen Fragestellung ausgehen:

- Entstehungsrechnung: Wo ist das BIP entstanden?
- Verwendungsrechnung: Wofür wurde das BIP verwendet?
- Verteilungsrechnung: Wie verteilt sich das BIP?

Entstehungsrechnung

Bei der Entstehungsrechnung wird der gesamte Produktionswert aller produzierten Güter und Dienstleistungen errechnet. Von diesem Wert werden im nächsten Schritt alle Vorleistungen abgezogen.

In der Entstehungsrechnung wird die Wertschöpfung in den einzelnen Wirtschaftsbereichen ermittelt, indem zunächst der gesamte Produktionswert aller produzierten Güter und erbrachten Dienstleistungen ermittelt wird. Von diesem Wert werden dann alle Vorleistungen abgezogen. Vorleistungen sind bezogene Produktionsgüter wie Roh-, Hilfs- und Betriebsstoffe, Fertigteile, Halbfabrikate, Handelswaren oder Dienstleistungen, die Unternehmen von anderen Unternehmen kaufen und in der eigenen Produktion verwenden. Dazu gehören z. B. das Mehl im Brot oder Batterien und Reifen im Pkw.

Die **Bruttowertschöpfung** ist der in Geld gemessene Herstellpreis aller in einer Volkswirtschaft innerhalb eines Jahres erzeugten Sachgüter und Dienstleistungen ohne Vorleistungen. Addiert man dazu die Mehrwertsteuer und die Verbrauchssteuern (u.a. Mineralölsteuer, Tabaksteuer), ergibt sich das **Bruttoinlandsprodukt (BIP) zu Marktpreisen.**

- **Verwendungsrechnung**

Die **Verwendungsrechnung** zeigt, von wem, wofür und in welcher Höhe das erwirtschaftete BIP verwendet wurde.

Die Verwendungsrechnung liefert Informationen darüber, wie hoch die Konsumausgaben, die Investitionen und die Ex- und Importe in der betrachteten Periode waren.

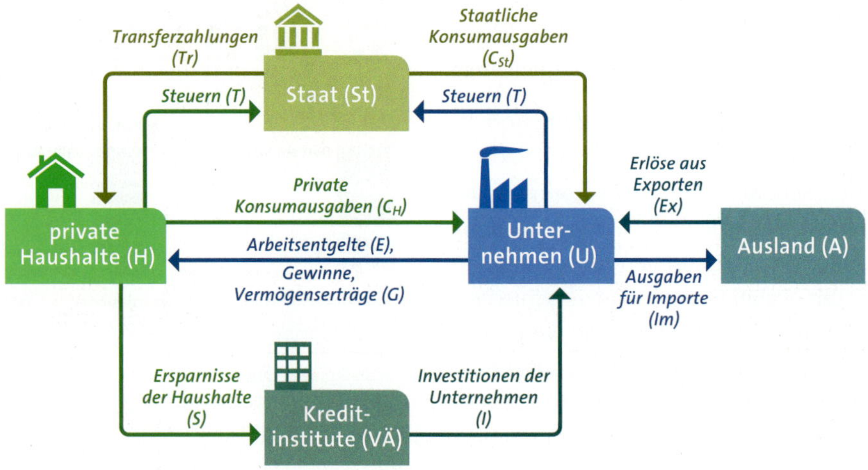

Die **Verwendungsseite** des BIP erfasst:

private Konsumausgaben
\+ Konsumausgaben des Staates
\+ Bruttoinvestitionen
\+ Exporte
– Importe
= Bruttoinlandsprodukt

In den vergangenen Jahren entfiel in Deutschland jeweils über die Hälfte des BIP auf die **privaten Konsumausgaben (C_H)**. Darunter wird der Kauf von Waren und Dienstleistungen durch inländische private Haushalte verstanden. Dazu zählen beispielsweise die Ausgaben für Lebensmittel, Bekleidung und Haushaltsgeräte, für Wohnungsmiete und Energie sowie für Freizeit und Unterhaltung. Zu den **Konsumausgaben des Staates (C_{St})** gehören die Aufwendungen von Bund, Ländern und Gemeinden unter anderem für

Sicherheit, Bildung und für das Gesundheitswesen. Ein kleinerer Teil des Bruttoinlandsprodukts wird von **Unternehmen investiert (I_{Brutto})** und erhöht damit den Bestand an Produktionsanlagen und Betriebsgebäuden.

Verteilungsrechnung

Die Verteilungsrechnung zeigt, wie das durch den Wertschöpfungsprozess erwirtschaftete Geld verteilt wird. Sie gibt Hinweise auf die Einkommensstruktur in der Volkswirtschaft.

Dabei wird zwischen dem Einkommen aus unselbstständiger Arbeit (z. B. Löhne, Gehälter) und Einkommen aus Unternehmertätigkeit und Vermögen (z. B. Unternehmergewinne, Mieten, Pachten, Zinsen, Dividenden) unterschieden.

Zählt man das Arbeits-, Unternehmens- und Vermögenseinkommen von Inländern in einer Volkswirtschaft zusammen, erhält man das **Volkseinkommen (VE),** auch Bruttoeinkommen genannt, das die Grundlage der Verteilungsrechnung ist.

Während der Erzeugung von Gütern nutzen sich Gebäude, Maschinen und Werkzeuge ab. Dieser Verschleiß wird in der Buchführung als **Abschreibung (Ab)** bezeichnet. Zieht man Abschreibungen, die bei der Gütererzeugung entstehen, vom BIP ab, so erhält man das Nettoinlandsprodukt (NIP). Zieht man vom Nettoinlandsprodukt auch noch die indirekten Steuern (T_{ind}), z. B. die Umsatzsteuer, ab, erhält man ebenfalls das Volkseinkommen, das sich aus Arbeitsentgelten (E) und Gewinnen (G) zusammensetzt. Berücksichtigt man die Wirtschaftsbeziehungen mit dem Ausland, kommt zum BIP noch der Außenbeitrag. Der **Außenbeitrag** ist gleich den Exporten (Ex) minus den Importen (Im).

Beispielberechnung zum BIP

In einer Volkswirtschaft haben die zusammengefassten Kreislaufgrößen in einem Jahr folgende Werte in Geldeinheiten (GE):

Arbeitsentgelte (E)	2.800 GE
Gewinne (G)	700 GE
Indirekte Steuern (T_{ind})	500 GE
Private Konsumausgaben (C_H)	2.200 GE
Staatskonsum (C_{St})	900 GE
Bruttoinvestitionen (I_{Brutto})	1.000 GE
Abschreibungen (Ab)	300 GE
Erlöse aus Exporten (Ex)	800 GE
Ausgaben für Importe (Im)	600 GE

a. Berechnung des Brutto- und des Nettoinlandsprodukts auf zwei Arten

aa. Verteilung

$VE = E + G = 2.800\,GE + 700\,GE = 3.500\,GE$

$NIP = VE + T_{ind} = 3.500\,GE + 500\,GE = 4.000\,GE$

$BIP = NIP + Ab = 4.000\,GE + 300\,GE = 4.300\,GE$

ab. Verwendung

$BIP = C_H + C_{St} + I_{Brutto} + (Ex - Im)$
$= 2.200\,GE + 900\,GE + 1.000\,GE + (800\,GE - 600\,GE)$
$= 4.300\,GE$

Zusammenfassung in Kontenform („Nationales Produktionskonto")

Verteilung					Verwendung	
BIP	NIP	VE	Ab.	300 GE	C_H	2.200 GE
			T_{ind}	500 GE	C_{St}	900 GE
			E	2.800 GE	I_{Brutto}	1.000 GE
			G	700 GE	Ex – Im	200 GE
				4.300 GE		**4.300 GE**

Bei der Berechnung des BIP spielt es keine Rolle, ob eine Leistung von Inländern oder Ausländern erbracht wurde. Beim BIP ist die Landesgrenze entscheidend, innerhalb der Sachgüter erzeugt oder Dienstleistungen erbracht werden. Schwankungen und Trends des BIP geben deshalb gute Hinweise auf den Konjunkturverlauf im Inland. Die Staatsangehörigkeit der Leistungserbringer ist unerheblich.

i

Anders als das BIP stellt das **Bruttonationaleinkommen** (früher: „Sozialprodukt") die Summe aller erwirtschafteten Einkommen der **Bewohner eines Staates** innerhalb eines Jahres dar. Dabei spielt es keine Rolle, ob diese im Inland oder Ausland erzielt wurden.

1.2.2 Nominales und reales BIP

Werden in einer Volkswirtschaft innerhalb einer Rechnungsperiode, meist eines Jahres, mehr Sachgüter und Dienstleistungen erzeugt als in der vorangegangenen Rechnungsperiode, spricht man von einem **Wirtschaftswachstum.** Wenn aber die Preise gegenüber dem Vorjahr ebenfalls gestiegen sind, so könnte das BIP zunehmen, obwohl genauso viele oder sogar weniger Güter hergestellt oder Dienstleistungen erbracht worden sind. Um solche Missverständnisse zu vermeiden, unterscheidet man das **nominale** und das **reale BIP.**

Beim nominalen BIP werden Güter und Dienstleistungen zu den jeweiligen Marktpreisen in einer Periode bewertet. Beim realen BIP werden Güter und Dienstleistungen im Berichtsjahr zu den Marktpreisen eines Basisjahrs bewertet.

Beim realen BIP wird also die jährliche Inflationsrate abgezogen, es drückt den tatsächlichen Wert eines Guts oder einer Dienstleistung aus. Zur Ermittlung des Wirtschaftswachstums eignet sich also das reale BIP.

1.2.3 Das BIP als Wohlstandsindikator?

Die wirtschaftliche Leistung einer Volkswirtschaft wird oft mit dem Wohlstand eines Landes gleichgesetzt. Damit kann das BIP allgemein auch als ein Wohlstandsindikator angesehen werden.

Erhöhung des BIP wird als **Wohlstandsteigerung** interpretiert.

Verringerung des BIP wird als **Wohlstandsminderung** interpretiert.

In Deutschland und auch international wird diese Betrachtung zunehmend diskutiert. Seit Langem wird bezweifelt, ob das BIP als alleiniger Indikator für den Wohlstand eines Landes geeignet ist. Ein hohes BIP ist kein Maßstab dafür, dass das Wirtschaftswachstum den Menschen zu einer größeren Lebensqualität verhilft. Das lässt sich leicht an Beispielen zeigen:

- Das BIP enthält auch Größen, die lediglich Wohlstandseinbußen ausgleichen. So werden nach Naturkatastrophen wie Stürmen oder Fluten die Wiederaufbauarbeiten als BIP-Zuwachs und damit als Wohlstandsgewinn verbucht, obwohl eigentlich nur Schäden ausgeglichen wurden.
- Das BIP bewertet Ressourcen wie Erdöl, Erdgas und Kohle als Gratisleistungen der Natur, die verbraucht werden. Der Verkauf erhöht das BIP, in Wirklichkeit wird ein Land, das seine Rohstoffe ausbeutet, aber ärmer.
- Das BIP gibt falsche Signale: Steigende Kriminalität, Umweltverschmutzung, Staus und all die damit zusammenhängenden Reparatur- und Vermeidungskosten (Kosten, die für die Schadstoffsenkung notwendig sind) erhöhen das BIP. So erhöhte die Beseitigung der Sturmschäden oder die von Flutkatastrophen das BIP, zusätzliche Werte wurden aber nicht geschaffen.
- Verteilungsfragen, also die immer weiter auseinanderklaffende Schere zwischen Arm und Reich, bleiben beim BIP unberücksichtigt. Die zunehmende Konzentration von Vermögen und Einkommen in den Händen von wenigen wird nicht sichtbar. Das BIP kann sogar steigen, wenn in einem Land eine Hungersnot herrscht. Das Wachstum kann sich auch weitgehend aus Unternehmensgewinnen und Vermögenseinkommen einer kleinen Oberschicht zusammensetzen.

Trotz dieser und weiterer Einwände wird das BIP als aussagekräftiges Wohlstandsmaß international verwendet. Es werden jedoch Forderungen lauter, weitere Indikatoren zur Wohlstandsmessung in einer Volkswirtschaft zu berücksichtigen.

1.2.4 Alternativkonzepte zum BIP

Verschiedene Initiativen auf nationaler und internationaler Ebene versuchen herauszufinden, wie gesellschaftlicher Fortschritt und Wohlstand umfassender gemessen werden können als mit dem BIP. Insbesondere wird untersucht, wie Wirtschaftswachstum, Wohlstand, Lebensqualität und Wohlbefinden zusammenhängen und ob unser Wohlstand nachhaltig ist. Hierzu wurde eine Reihe von Alternativkonzepten entwickelt.

Umweltökonomische Gesamtrechnung (UGR)

Zum nachhaltigen Wirtschaften gehört vor allem der schonende Umgang mit den natürlichen Ressourcen des Planeten Erde. Zu den Risiken wirtschaftlichen Handelns für die Erde gehören Industrieabfälle, Abwässer, Abgase und Hausmüll, auch der Verbrauch fossiler Brennstoffe, der den Ausstoß klimaschädlicher Abgase wie Kohlendioxid, Stickoxiden und Methan erhöht.

Die UGR ist die umweltökonomische Ausrichtung der Volkswirtschaftlichen Gesamtrechnung und wird auch vom Statistischen Bundesamt erstellt. An die Stelle des BIP tritt das **Ökosozialprodukt.** Es orientiert sich an dem Prinzip des nachhaltigen Wirtschaftens und ergänzt das BIP um Aspekte des Verbrauchs natürlicher Ressourcen. Es soll insbesondere die Ausgaben erfassen, die ausschließlich dazu dienen, wachstumsbedingte Schädigungen der Lebens-, Arbeits- und Umweltsituation zu vermindern, auszugleichen oder vorbeugend zu vermeiden. Dazu gehören unter anderem Umweltschutzaufwendungen des Staates/der Unternehmen, Aufwendungen zur Regulierung von Verkehrsunfällen und Ausgaben im Gesundheitswesen. Es sollen die Folgewirkungen des Wachstums dokumentiert werden.

Human Development Index (HDI)

Der „Index der menschlichen Entwicklung“ ist eine von der UN entwickelte Messgröße, die als Maßstab für die Lebenschancen in einem Land herangezogen wird. Berücksichtigt werden dabei qualitative Faktoren wie Chancengleichheit im Zugang zu Bildungs- und Gesundheitseinrichtungen sowie die Bekämpfung von Armut und die Einkommensverteilung. Als Messgrößen dienen unter anderem die Lebenserwartung Neugeborener und das Pro-Kopf-Einkommen.

Je geringer der Wert des HDI, desto „ärmer“ ist ein Land und desto notwendiger ist es, in diesen Ländern neben der Steigerung des materiellen Lebensstandards unter anderem das Gesundheitswesen und die Bildungschancen zu verbessern.

Happy Planet Index (HPI)

Der „Index des glücklichen Planeten“ der englischen Denkfabrik „New Economics Foundation (NEF)“ verknüpft subjektives Wohlbefinden der Menschen, deren Gesundheitszustand und Lebenserwartung mit dem Aspekt der Nachhaltigkeit zu einer Messgröße. Als Indikator für die Nachhaltigkeit wird der sogenannte **ökologische Fußabdruck** herangezogen, in den unter anderem Umweltbelastungen und der Verbrauch natürlicher Ressourcen eingehen.

$$\text{Happy Planet Index} = \frac{\text{subjektives Wohlbefinden} \cdot \text{Lebenserwartung} \cdot \text{Ungleichheitsfaktor}}{\text{okologischer Fußabdruck}}$$

Die Suche nach Konzepten, die den Wohlstand eines Landes auch unter qualitativen Aspekten ermitteln, gestaltet sich schwierig, zumal die Verbesserung der quantitativen Güterversorgung insbesondere in armen Ländern nach wie vor Priorität genießt und auch in reichen Ländern der materielle Wohlstand einen hohen Stellenwert hat.

Die Grenzen des Wachstums

Eine Gruppe von Wissenschaftlern des Massachusetts Institute for Technology unter Leitung von Dennis Meadows führte in den 1960er-Jahren eine Studie im Auftrag des Club of Rome durch, einer internationalen Vereinigung von Politikern, Unternehmern und Wissenschaftlern unterschiedlicher Disziplinen. Die Forschungsarbeit erschien 1972 unter dem Titel „Die Grenzen des Wachstums“ und wurde in 29 Sprachen übersetzt.

In der Studie wurden Ursachen und Folgen des ständigen Wachstums der Weltbevölkerung, der Industrieproduktion, der Erschöpfung von Rohstoffvorkommen und der Umweltverschmutzung untersucht. Meadows und seine Mitarbeiter kamen dabei zu überaus Besorgnis erregenden Erkenntnisse. Die Prognosen erregten große Aufmerksamkeit und bewirkten, dass die Folgen eines ungezügelten Wachstums auch in der Politik seitdem stärker in Betracht gezogen werden, insbesondere beim Konzept einer nachhaltigen Entwicklung. Der Club of Rome empfahl eine freiwillige Begrenzung des quantitativen industriellen Wachstums und eine Umorientierung zu einem qualitativen Wachstum (Wissenschaft, Kunst, Bildung) mit mehr Lebensqualität.

1.2.5 Konjunkturverlauf und Konjunkturindikatoren

Das Bruttoinlandsprodukt verändert sich Jahr für Jahr. Verbindet man die einzelnen Säulen der Veränderung des realen BIP miteinander, entsteht ein Konjunkturverlauf.[1]

[1] Ein solcher Konjunkturverlauf ist auch in der Grafik auf S. 130 zu sehen.

Konjunktur

Als Konjunktur bezeichnet man die wirtschaftliche Gesamtsituation, die sich aus der gleichzeitigen Betrachtung verschiedener ökonomischer Größen (z. B. BIP, Produktion, Beschäftigung, Preise) ergibt.

Die einzelnen Zyklen sind verschieden lang und umfassen die Phasen Aufschwung, Hochkonjunktur, Abschwung und Tiefstand.

Die Abfolge der einzelnen Phasen der Konjunktur einer Volkswirtschaft (Aufschwung, Hochkonjunktur, Abschwung und Tiefstand) wird als Konjunkturzyklus bezeichnet.

Konjunkturverlauf

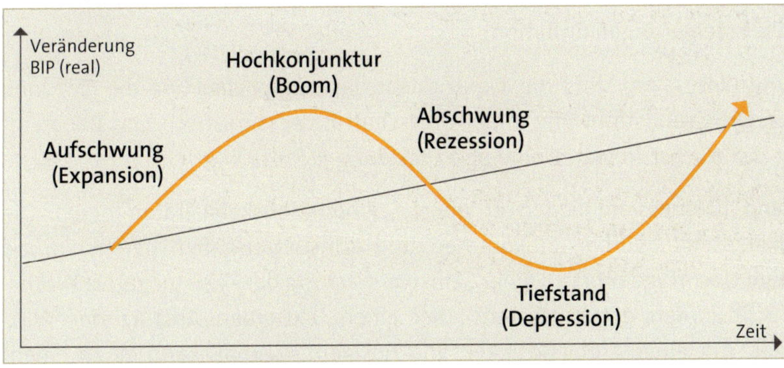

Aufschwung:
- Nachfrage ist größer als Angebot
- Produktion nimmt zu
- Beschäftigung nimmt zu
- Einkommen und Gewinne wachsen
- Steuereinnahmen steigen

Abschwung:
- Nachfrage ist geringer als Angebot
- Produktion nimmt ab
- Beschäftigung nimmt ab
- Einkommen und Gewinne sinken
- Steuereinnahmen sinken

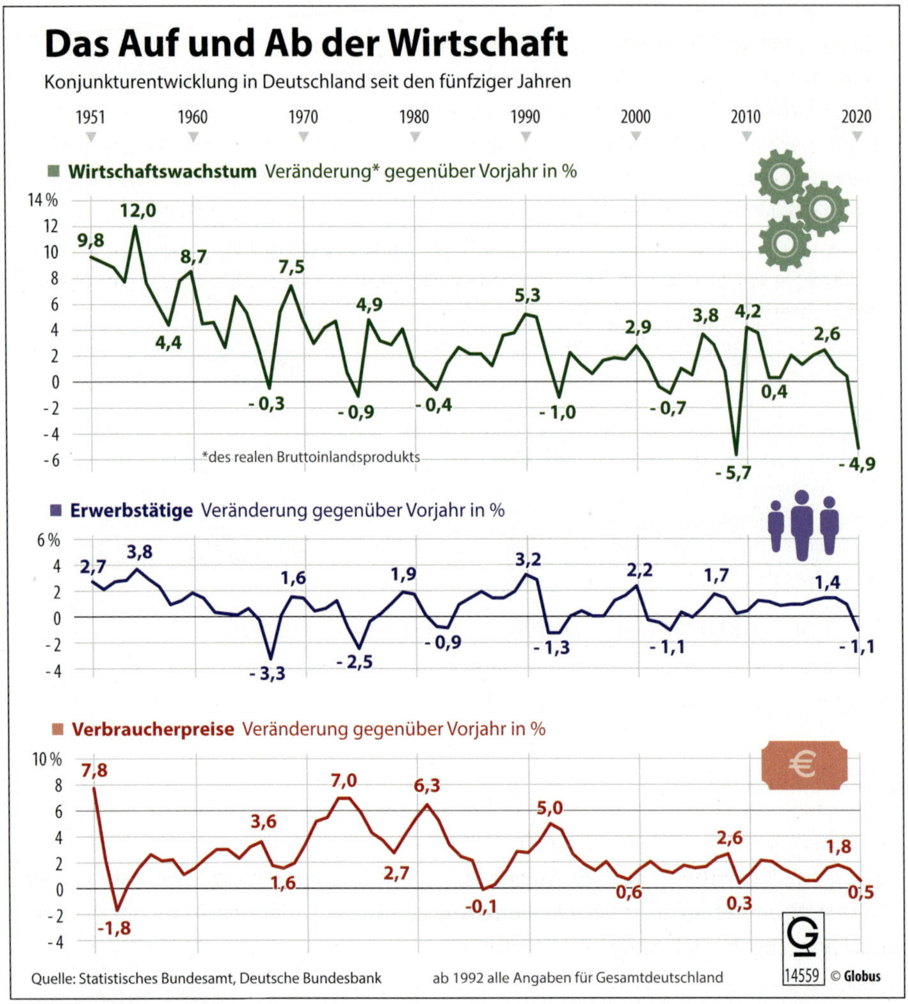

Im **Aufschwung** (Expansion) werden die Produktionskapazitäten aufgrund der steigenden Nachfrage weitgehend ausgeschöpft. Die Beschäftigung nimmt zu und die Arbeitslosigkeit geht zurück. In einzelnen Wirtschaftsbereichen kann es zu „Engpässen" und damit zu Preiserhöhungen kommen.

In der **Hochkonjunktur** (Boom) werden die Produktionskapazitäten voll ausgeschöpft. Die steigende Nachfrage führt zu keiner Ausdehnung der Produktion mehr, sondern lediglich zu Preissteigerungen (Inflation).

Im **Abschwung** (Rezession) sinkt die Kapazitätsauslastung wieder und die Gewinne gehen zurück. Die Grundstimmung in der Wirtschaft ist pessimistisch. Das BIP steigt nur langsam, die Wachstumsraten sind also rückläufig.

Beim **Tiefstand** (Depression) liegen erhebliche Produktionskapazitäten brach. Die Arbeitslosigkeit steigt spürbar, Einkommen und Konsumausgaben gehen zurück. Die rückläufige Nachfrage führt zu einer Selbstverstärkung der Krise (negative Wachstumsraten, Schrumpfen der Wirtschaft). Bei einem extremen Absturz der Wirtschaftstätigkeit mit einer Arbeitslosigkeit von riesigem Ausmaß kann es zu einem Preisverfall (Deflation) kommen.

i

Rezessionen in der neuen deutschen Wirtschaftsgeschichte

Deutschland erlebte nach dem Zweiten Weltkrieg mehrere Rezessionsphasen. Nach den Wirtschaftswunderjahren nach 1949 ging erstmals 1967 die Wirtschaftsleistung im Vergleich zum Vorjahr zurück. 1975 und 1982, nach den damaligen internationalen Ölkrisen mit gestiegenen Rohstoffpreisen, schrumpfte die Wirtschaft erneut. Das nächste Rezessionsjahr 1993 folgte mit dem Ende des ökonomischen Booms nach der deutschen Wiedervereinigung. In den Jahren 2001/2002 schließlich bekam die stark exportorientierte deutsche Wirtschaft, verschärft von den Anschlägen vom 11.09.2001, erneut die Folgen eines internationalen Konjunktureinbruchs zu spüren. Die Rezession von 2008/2009 war dann Folge einer von den USA ausgehenden Immobilienkrise. Die Konjunktur in Deutschland stürzte 2020 erneut ab. Die Coronapandemie zwang die Wirtschaft in die Knie, das BIP schrumpfte preisbereinigt um 4,9 % gegenüber dem Vorjahr.

Es gibt viele Erklärungen, wodurch konjunkturelle Schwankungen ausgelöst werden:

- **Exogene Konjunkturtheorien** sehen die Ursache für konjunkturelle Schwankungen in Ereignissen, die außerhalb des Wirtschaftskreislaufs liegen. Das können Naturkatastrophen, Kriege oder technische Erfindungen sein. Auch Wahlergebnisse, die ein Umlenken in der Wirtschaftspolitik erwarten lassen, können die Ursache für konjunkturelle Schwankungen sein.
- **Endogene Konjunkturtheorien** machen ökonomische Wirkungszusammenhänge für die Wachstumsschwankungen verantwortlich. Sie lassen sich in monetäre und güterwirtschaftliche Theorien unterteilen.
- **Monetäre Konjunkturtheorien** gehen davon aus, dass eine Erhöhung der Geldmenge und die damit verbundene Ausweitung des Kreditvolumens zu einem Aufschwung führen. In der Hochkonjunktur bekämpften die Zentralbanken die Inflation durch eine Begrenzung oder Rückführung der Geldmenge, was den Abschwung einleite.
- **Güterwirtschaftliche Konjunkturtheorien** nehmen an, dass zeitweilig zu wenig konsumiert werde **(Unterkonsumptionstheorie),** was zu einem Ungleichgewicht von Angebot und Nachfrage führte. Die Nachfrage nach Konsumgütern bleibt hinter der Produktion zurück, die im Aufschwung ausgedehnt wurde. Löhne und Gehälter steigen aber nicht so stark wie Preise und Gewinne, sodass den privaten Haushalten die Kaufkraft fehle und die zu geringe Nachfrage den Abschwung einleite.
- Nach der **Überproduktionstheorie** werden im Aufschwung Kapazitäten aufgebaut, die eine höhere Produktion ermöglichen, als zur Befriedigung der steigenden Konsumgüternachfrage nötig wäre. Der Abbau dieser Überkapazitäten verursache den Abschwung.
- **Psychologische Konjunkturtheorien** sind davon überzeugt, dass eine optimistische bzw. pessimistische Stimmung oder Zukunftserwartung das Wirtschaftsgeschehen entscheidend beeinflussen.

Konjunkturindikatoren

Konjunkturindikatoren sind wirtschaftliche Kennzahlen, die man heranzieht, um Aussagen über die konjunkturelle Entwicklung zu treffen. Beispiele sind die Gewinnerwartung von Unternehmen, das Bruttoinlandsprodukt und die Zahl der Arbeitslosen.

Sie ermöglichen Beschreibungen des aktuellen Wirtschaftsgeschehens, Prognosen über die Weiterentwicklung und eine nachträgliche Beurteilung der wirtschaftlichen Entwicklung. Damit liefern sie Parlament und Regierung die nötigen Grundlagen für die Gestaltung ihrer Konjunkturpolitik. Auch Unternehmen, vor allem des sekundären Sektors (produzierendes Gewerbe) und tertiären Sektors (Dienstleistungen), machen langfristige Planungen unter anderem von der Konjunktur abhängig. Das gilt besonders im Hinblick auf den Aufbau von Produktion und Entwicklung. Man unterscheidet Früh-, Gegenwarts- und Spätindikatoren.

Frühindikatoren: Bei Frühindikatoren handelt es sich um in die Zukunft gerichtete Meinungen und Einschätzungen. Sie geben Hinweise, wie sich die Wirtschaftslage in Zukunft entwickeln kann. Deshalb bilden sie die Grundlage für Konjunkturprognosen. Auftragseingänge in Industrie und Baugewerbe gehören zu den wichtigsten Frühindikatoren. Denn volle Auftragsbücher führen in absehbarer Zeit zu höherer Produktion. Der ifo-Geschäftsklimaindex des Münchner ifo-Institutes ist der wohl bekannteste Frühindikator. Jeden Monat befragt das Institut 7 000 deutsche Unternehmen, wie sie ihre aktuelle Lage und die Erwartungen für die kommenden Monate einschätzen.

Gegenwartsindikatoren: Ihre Aufgabe ist eine Beschreibung und Analyse des gegenwärtigen Wirtschaftsgeschehens. Der klassische Gegenwartsindikator ist das BIP, ein weiterer ist der Produktionsindex. Dieser Gesamt-Index zum produzierenden Gewerbe speist sich aus den Einzelindizes „Industrieproduktion", „Bauhauptgewerbe" und „Energie". Diese Daten werden jeden Monat bundesweit bei rund 15 000 Unternehmen erhoben und vom Statistischen Bundesamt veröffentlicht.

Spätindikatoren: Ihre Aufgabe liegt in der Reflexion der Konjunkturentwicklung. Ein wichtiger Indikator für die nachträgliche Beurteilung der Konjunktur ist der Arbeitsmarkt. Die Entwicklung am Arbeitsmarkt hinkt der allgemeinen Wirtschaftsentwicklung in der Regel um einige Monate hinterher. Das Ausscheiden von Unternehmen aus dem Markt **(Insolvenzen)** gibt ebenfalls Hinweise auf die vorangegangene Konjunkturentwicklung.

Konjunkturindikatoren

Frühindikatoren
- Auftragseingänge
- Konsumbereitschaft
- Gewinnerwartungen
- Geschäftsklimaindex
- Lagerbestände

Gegenwartsindikatoren
- reales BIP
- Kapazitätsauslastung
- Umsätze im Handel
- Kreditnachfrage
- Steuereinnahmen

Spätindikatoren
- Arbeitslosenquote
- Höhe der Arbeitsentgelte
- Zahl der Insolvenzen
- Höhe der Investitionen

Der wichtigste Konjunkturindikator ist das reale BIP, das den Wert aller in einem bestimmten Zeitraum produzierten Waren und Dienstleistungen in Marktpreisen ausdrückt, die der Endverbraucher zahlen muss.

1.2.6 Konjunkturpolitik

Konjunkturpolitik ist Teil der Wirtschaftspolitik. Sie ist in erster Linie Aufgabe des Staates (Bund, Länder und Gemeinden), wird aber von der Europäischen Zentralbank unterstützt.

Antizyklische Wirtschaftspolitik

Die antizyklische Wirtschaftspolitik verfolgt das Ziel, die konjunkturellen Ausschläge durch rechtzeitiges Gegensteuern zu glätten, um die wirtschaftliche Entwicklung gleichmäßiger zu gestalten.

In einer überhitzt wachsenden Wirtschaft **(Boom)** sind die Produktionskapazitäten ausgelastet und es herrscht Vollbeschäftigung. Wegen der großen Nachfrage steigen die Preise. Hier muss der Staat rechtzeitig **konjunkturdämpfende Maßnahmen** ergreifen. Dies können sein:

- Kürzung staatlicher Aufträge, z. B. von Bauaufträgen für Straßen und Schulen oder Rüstungsausgaben
- Steuererhöhungen für Unternehmen und private Haushalte
- Erhöhung von Sozialversicherungsbeiträgen

In einer Phase der **Rezession** dagegen sollte der Staat **konjunkturbelebende Maßnahmen** einleiten. Dies könnten sein:

- Erhöhung staatlicher Investitionen, z. B. von Bauaufträgen
- Subventionen, z. B. bei Wohnungsbau, Digitalisierung und Mobilität
- Erhöhung staatlicher sozialer Leistungen, um Einkommen und damit den Konsum zu erhöhen
- Senkung von Beitragssätzen zu den Sozialversicherungen
- Senkung von Steuern (u. a. Einkommensteuer, Mehrwertsteuer) für private Haushalte und Unternehmen
- Schaffung günstiger Produktionsbedingungen, z. B. durch flexiblere Arbeitszeiten
- Ausweitung von Abschreibungsmöglichkeiten
- Abbau oder Vereinfachung von gesetzlichen Bestimmungen, die den Handlungsspielraum von Unternehmen einschränken und die Investitionsbereitschaft mindern (z. B. lange Genehmigungsverfahren bei Baumaßnahmen)

Nachfrage- und angebotsorientierte Wirtschaftspolitik

Bei einer **nachfrageorientierten** Wirtschaftspolitik muss der Staat durch Steuerungsmaßnahmen und wirtschaftspolitisches Eingreifen die Nachfragesituation verbessern. Die Nachfragesteigerung kann durch zusätzliche Staatsausgaben, Beschäftigungsprogramme oder staatliche Investitionszulagen erfolgen.

Der Gegensatz dazu ist die **angebotsorientierte** Wirtschaftspolitik, bei der optimale Produktionsbedingungen für Unternehmen geschaffen werden sollen. Dabei sollen Investitionen von Unternehmen wirtschaftliche Entwicklung bewirken. Ziel ist die Steigerung der Rentabilität von Unternehmen. Die Grundannahme ist, dass mit steigenden Renditeerwartungen auch die privaten Investitionen steigen. Infolge der gestiegenen Investitionen werden neue Arbeitsplätze geschaffen und Wirtschaftswachstum wird erzeugt. Unternehmen stellen demnach so lange neue Mitarbeiter ein, bis die Personalkosten für diesen zusätzlichen Mitarbeiter den Gewinn erreichen, den dieser erwirtschaften kann.

Nachfrageorientiert

- Einkommenserhöhungen
- Senkung der Beiträge zur Sozialversicherung
- Senkung der Lohn- und Einkommensteuer

→ Nachfrage der Konsumenten steigt → Produktion nimmt zu → Zusätzliche Arbeitsplätze → Zusätzliche Investitionen

Angebotsorientiert

- Höhere Gewinne
- Senkung der Unternehmenssteuern
- Senkung der Lohnnebenkosten, z. B. der Sozialversicherungsbeiträge

→ Investitionsbereitschaft der Anbieter steigt → Produktion nimmt zu → Zusätzliche Investitionen → Zusätzliche Arbeitsplätze → Nachfrage der Konsumenten steigt

2020 beschloss der Bundestag Konjunkturprogramme zur Belebung der Wirtschaft während der Coronapandemie. Die „Innovationsprämie" (Einstiegssituation auf S. 120) war Teil einer **nachfrageorientierten Wirtschaftspolitik.**

Daneben gab es auch **angebotsorientierte Eingriffe:** Um Investitionsanreize zu schaffen, erhielten Unternehmen für die Jahre 2020 und 2021 verbesserte Abschreibungsmöglichkeiten für bewegliche Wirtschaftsgüter wie Produktionsanlagen und Maschinen. Durch eine degressive Abschreibung[1] konnten Unternehmen Investitionsausgaben zu einem größeren Teil sofort steuerlich geltend machen („von der Steuer absetzen") und so den zu versteuernden Gewinn deutlich verringern.

[1] Degressive Abschreibung: Abschreibungen sind Aufwendungen, die die Gewinne verringern und damit die darauf entfallenden Steuern. Bei der degressiven Abschreibung sind die Abschreibungsbeträge in den ersten Jahren der Nutzungsdauer höher.

Eine kurze Geschichte der Konjunkturpolitik

Ein Blick in die Wirtschaftsgeschichte zeigt, dass staatliche Eingriffe in das Wirtschaftsgeschehen unabdingbar sind: Nach der Weltwirtschaftskrise 1929 mit ihrer verheerenden Massenarbeitslosigkeit erwies sich der klassische Wirtschaftsliberalismus ► als Trugschluss. Sinkende Einkommen führten zu einer geringeren Kaufkraft der privaten Haushalte mit der Folge, dass die Nachfrage nach Konsumgütern noch weiter zurückging. Auch die Unternehmen konnten nicht zu Investitionen angeregt werden.

Der britische Nationalökonom **John Maynard Keynes** (1883–1946) forderte deshalb ein Umdenken. Keynes' Grundgedanke war, dass Wirtschaftskrisen nur zu überwinden seien, wenn der Staat zusätzliche Nachfrage schaffe. Die Regierungen sollten sich von den Banken Geld leihen und damit Staatsaufträge für die Industrie finanzieren **(Keynesianismus).** Für staatliche Ausgabenprogramme sei eine Kreditaufnahme (Deficit-Spending) nötig, da während der Rezession die Steuereinnahmen rückläufig seien. In der folgenden Hochkonjunktur sollten die Regierungen ihre Schulden bei steigenden Steuereinnahmen dann wieder tilgen **(antizyklische Wirtschaftspolitik).**

Die Angebotstheoretiker bzw. Monetaristen, z. B. **Milton Friedman** (1912–2006), kritisieren den Keynesianismus. Sie argumentieren, der Staat solle in einer Depression lediglich die Rahmenbedingungen anpassen. Nötig seien die Senkung von Löhnen, Lohnnebenkosten und Steuern sowie der Abbau staatlicher Vorschriften („Deregulierung"). Damit solle eine höhere Arbeitsproduktivität erzielt und die internationale Wettbewerbsfähig erhöht werden. Friedman war der Meinung, dass wesentliche Änderungen der Geldmenge die Entwicklung des Bruttoinlandsprodukts (BIP) bestimmten, diese also monetär gesteuert sei (daher die Bezeichnung **Monetarismus).**

Liberalismus
► Teil VI, Kap. 1.1, S. 91

Antizyklische Wirtschaftspolitik zu Konjunkturbelebung

Nachfrageorientiert (Keynesianismus)	Angebotsorientiert (Monetarismus)
• Nachfragesteigerung durch Erhöhung der Staatsausgaben • Steuersenkungen für Verbraucher (Lohnsteuer, Mehrwertsteuer) • höhere Transferzahlungen (BAföG, Kindergeld, Wohngeld, Arbeitslosengeld) • Bau von Kindertagesstätten, Ganztagsbetreuung in den Schulen • Erhöhung der „Pendlerpauschale"	• Löhne dürfen nicht schneller steigen als die Produktivität. • Qualifizierung von Arbeitskräften • Abbau von Bürokratie (Deregulierung) • Flexibilisierung des Arbeitsmarkts (z. B. kürzere Kündigungsfristen, mehr Zeitarbeit) • geringere steuerliche Belastung der Unternehmen • verbesserte Abschreibungsmöglichkeiten für Industrieanlagen • Förderung von Forschung und Entwicklung

1.3 Hoher Beschäftigungsstand

Im Stabilitätsgesetz wird ein „hoher Beschäftigungsstand" gefordert. Das bedeutet, dass die Zahl der Arbeitslosen möglichst gering sein soll. Kennzahl für das Ziel „hoher Beschäftigungsstand" ist die **Arbeitslosenquote.** Sie wird von der Bundesagentur für Arbeit ermittelt.

$$\text{Arbeitslosenquote} = \frac{\text{Anzahl der Arbeitslosen}}{\text{Anzahl der Arbeitslosen} + \text{Anzahl der Erwerbstätigen}} \cdot 100\,\%$$

Ein hoher Beschäftigungsstand gilt bereits als erreicht, wenn die Arbeitslosenquote bei etwa 2 % liegt.

Das Ziel ist wohlgemerkt nicht „Vollbeschäftigung", was bedeuten würde, dass es keine Arbeitslosen gibt. Das liegt daran, dass in einem marktwirtschaftlichen System immer ein gewisses Maß an friktioneller Arbeitslosigkeit zu finden ist, Arbeitslosigkeit also, die durch Arbeitsplatzwechsel entsteht. Dies gilt besonders in Zeiten des **Strukturwandels:** Der digitale und der ökologische Umbau der Wirtschaft wirken sich erheblich auf den Arbeitsmarkt aus. In vielen Bereichen fallen Arbeitsplätze weg, neue entstehen, unter anderem bei der Transformation in der Automobilindustrie.

1.3.1 Angebot und Nachfrage auf dem Arbeitsmarkt

Auf dem Arbeitsmarkt treffen das Arbeitsangebot von Haushalten und die Nachfrage nach Arbeitskraft von Unternehmen aufeinander. Will der Staat den Anforderungen des Stabilitätsgesetzes erfüllen, muss er versuchen, Angebot und Nachfrage auf dem Arbeitsmarkt in Übereinstimmung zu bringen.

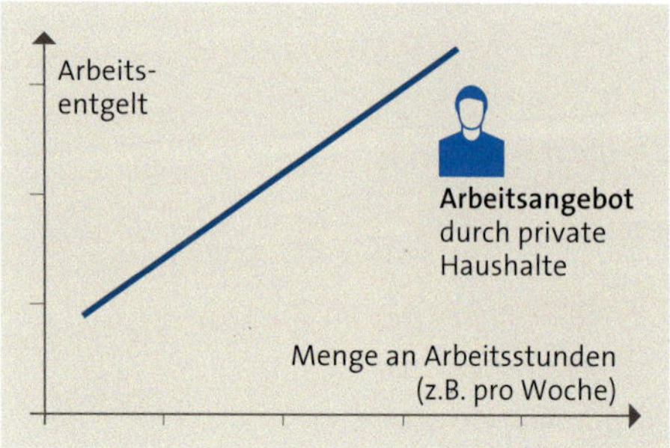

Das **Angebot an Arbeitsleistung** durch Arbeitsuchende für eine bestimmte Tätigkeit hängt von der Bevölkerungsentwicklung, dem zu erwartenden Arbeitsentgelt und der Art der Tätigkeit ab. Die Zahl der Erwerbspersonen insgesamt kann z. B. durch den Eintritt geburtenstarker Jahrgänge ins Erwerbsleben, durch Zuwanderung oder durch die Bereitschaft von Beschäftigten, nach dem Erreichen des Rentenalters noch berufstätig zu bleiben, abhängen. Dort, wo es genügend Kindertagesstätten und Ganztagesschulen gibt, fällt es Eltern leichter, in Vollzeit erwerbstätig zu sein.

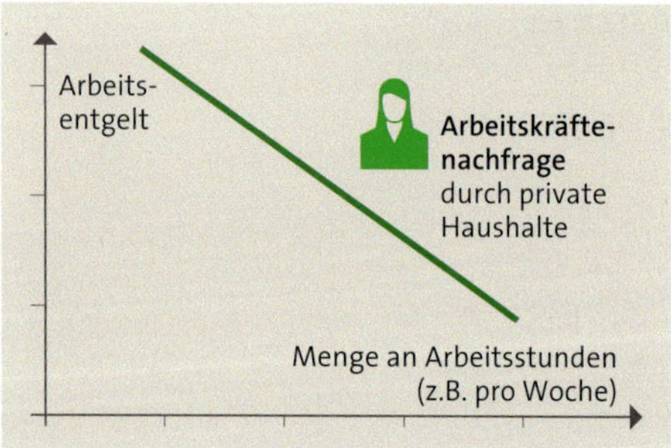

Die **Nachfrage nach Arbeitsleistung** für bestimmte Tätigkeiten hängt vom Auftragsvolumen der Unternehmen und ebenfalls vom Arbeitsentgelt ab. Sind die geforderten Entgelte zu hoch, versuchen die Unternehmen, durch Rationalisierung und Automatisierung ihrer Produktionsanlagen die Zahl der Arbeitskräfte zu verringern, oder sie verlagern arbeitsintensive Tätigkeiten in Länder mit geringeren Entgeltkosten.

Die Preisbildung erfolgt auf dem Arbeitsmarkt anders als auf Märkten für Sachgüter. Die **Höhe des Entgelts für die Arbeitsleistung** bildet sich in den meisten Berufen nicht frei nach Angebot und Nachfrage, sondern wird von Tarifvertragsparteien (Gewerkschaften und Arbeitgeber oder

Arbeitgebervereinigungen) in Verhandlungen festgesetzt.► Allerdings sind tarifliche Entgelte für Tätigkeiten, für die Arbeitnehmer gesucht werden, meist höher als für Tätigkeiten mit vielen Bewerbern. In solchen Fällen werden auch häufig übertarifliche Zuschläge bezahlt. Nach unten sind alle Entgelte durch den gesetzlich festgelegten Mindestlohn begrenzt.

Tarifrecht
► Teil VI, Kap. 1.3.1, S. 96

1.3.2 Beschäftigungspolitik

Beschäftigungspolitik umfasst alle staatlichen Maßnahmen zur Beeinflussung der Beschäftigung mit dem Ziel, ein möglichst **hohes Beschäftigungsniveau** zu erreichen.

Man unterscheidet aktive und passive Beschäftigungspolitik.

- **Aktive Beschäftigungspolitik** hat das Ziel der Wiedereingliederung von Arbeitslosen in den Arbeitsmarkt, z. B. aus den schwerer zu vermittelnden Gruppen „Langzeitarbeitslose" und „ältere Arbeitnehmer".
- **Passive Beschäftigungspolitik** hat insbesondere die Linderung der wirtschaftlichen Folgen von Arbeitslosigkeit durch Entgeltersatzleistungen wie Arbeitslosengeld I oder Arbeitslosengeld II, Kurzarbeitergeld oder Insolvenzgeld im Blick.

Beschäftigungspolitik ist **nicht nur auf die Bekämpfung oder Linderung von Arbeitslosigkeit** ausgerichtet, sondern verfolgt durch die Förderung des Wirtschaftswachstums, die Verbesserung der Wettbewerbsfähigkeit auf internationalen Märkten und den Abbau staatlicher Regulierungsmaßnahmen auf dem Arbeitsmarkt das Ziel, die Voraussetzungen für die Schaffung von Arbeitsplätzen durch die Unternehmen zu verbessern. Außerdem wird zunehmend mehr auf die **Eigenverantwortung** der von Arbeitslosigkeit betroffenen Personen, sich um Arbeit zu bemühen, gesetzt. Das Prinzip „Fördern und Fordern", wie es in den Sozialgesetzbüchern heißt, wird angewandt.

§ 1 SGB III[1], Ziele der Arbeitsförderung

(1) [1]Die Arbeitsförderung soll dem Entstehen von Arbeitslosigkeit entgegenwirken, die Dauer der Arbeitslosigkeit verkürzen und den Ausgleich von Angebot und Nachfrage auf dem Ausbildungs- und Arbeitsmarkt unterstützen. [2]Dabei ist insbesondere durch die Verbesserung der individuellen Beschäftigungsfähigkeit Langzeitarbeitslosigkeit zu vermeiden. [3]Die Gleichstellung von Frauen und Männern ist als durchgängiges Prinzip der Arbeitsförderung zu verfolgen. [4]Die Arbeitsförderung soll dazu beitragen, dass ein hoher Beschäftigungsstand erreicht und die Beschäftigungsstruktur ständig verbessert wird. [5]Sie ist so auszurichten, dass sie der beschäftigungspolitischen Zielsetzung der Sozial-, Wirtschafts- und Finanzpolitik der Bundesregierung entspricht.

(2) Die Leistungen der Arbeitsförderung sollen insbesondere

1. die Transparenz auf dem Ausbildungs- und Arbeitsmarkt erhöhen, die berufliche und regionale Mobilität unterstützen und die zügige Besetzung offener Stellen ermöglichen,
2. die individuelle Beschäftigungsfähigkeit durch Erhalt und Ausbau von Fertigkeiten, Kenntnissen und Fähigkeiten fördern,
3. unterwertiger Beschäftigung entgegenwirken und

[1] Sozialgesetzbuch, Drittes Buch

4. die berufliche Situation von Frauen verbessern, indem sie auf die Beseitigung bestehender Nachteile sowie auf die Überwindung eines geschlechtsspezifisch geprägten Ausbildungs- und Arbeitsmarktes hinwirken und Frauen mindestens entsprechend ihrem Anteil an den Arbeitslosen und ihrer relativen Betroffenheit von Arbeitslosigkeit gefördert werden.

§ 4 SGB III, Vorrang der Vermittlung
(1) Die Vermittlung in Ausbildung und Arbeit hat Vorrang vor den Leistungen zum Ersatz des Arbeitsentgelts bei Arbeitslosigkeit.

Träger der Beschäftigungspolitik ist neben dem **Gesetzgeber** die **Bundesagentur für Arbeit.** Aber auch die **Tarifpartner** (Arbeitgeberverbände und Gewerkschaften) tragen Verantwortung.

1.4 Preisniveaustabilität

Das Preisniveau ist der Durchschnitt aller Preise in einer Volkswirtschaft.

Der Tauschwert des Geldes wird als **Kaufkraft** bezeichnet. Das Preisniveau und die Kaufkraft des Geldes stehen in einem umgekehrten Verhältnis. Der in Geldeinheiten ausgedrückte Wert eines Produktes ist der **Preis.** Erhöht sich dieser Wert, liegt eine **Preissteigerung** vor.

Die Nachfrager in einer kleinen Volkswirtschaft verfügen über eine Geldmenge von 1.000 GE (Geldeinheiten), die sie in einer bestimmten Wirtschaftsperiode für den Kauf von Gütern ausgeben. Die in der Periode umgesetzten Güter haben einen Tauschwert von ebenfalls 1.000 GE. In der folgenden Wirtschaftsperiode erhöht sich das Geldvolumen auf 1.200 GE, das angebotene Gütervolumen bleibt aber konstant. Der Tauschwert des Geldes steigt. Wenn die Nachfrager wieder die ganze vorhandene Geldmenge ausgeben wollen, erhöhen die Anbieter die Preise.

Damit die Wirtschaft sich positiv entwickeln kann, ist ein **stabiles Preisniveau** wichtig.

Preisniveaustabilität ist vorhanden, wenn die Kaufkraft des Geldes erhalten bleibt. Bei einem länger anhaltenden Anstieg des Preisniveaus spricht man von Inflation, bei einem anhaltenden Rückgang von Deflation.

i

Verkehrsgleichung
Das Verhältnis zwischen Geldmenge und Gütermenge lässt sich in der sogenannten „Verkehrsgleichung" des US-amerikanischen Ökonoms Irving Fisher (1867–1947) ausdrücken:

$G \cdot U = P \cdot H$

- G (Geldmenge): Geldmenge, die zum Tausch zur Verfügung steht

- U (Umlaufgeschwindigkeit): Häufigkeit, in der die Geldmenge in einer Wirtschaftsperiode im Durchschnitt umgeschlagen wird. Während der Hyperinflation von 1923 wechselten Geldscheine oftmals mehrfach an einem Tag den Besitzer. Wer Arbeitsentgelt bekam, gab es sofort wieder aus, um einer weiteren Entwertung zu entgehen. Der Händler gab das Geld ebenfalls unverzüglich weiter.
- P (Preisniveau): Durchschnitt der Güterpreise
- H (Handelsvolumen): Wert aller Güter, die in einer Periode umgesetzt werden. Es entspricht dem BIP.

Wenn Handelsvolumen, Geldmenge und Umlaufgeschwindigkeit als gegebene Größen (unabhängige Variablen) angenommen werden, ergibt sich das Preisniveau:

$$P = \frac{G \cdot U}{H}$$

Die Kaufkraft des Geldes drückt die Gütermenge aus, die für eine bestimmte Geldmenge gekauft werden kann. Kaufkraft (K) und Preisniveau (P) stehen in einem reziproken Verhältnis zueinander: Steigt das Preisniveau, sinkt die Kaufkraft.

$$K = \frac{1}{P} = \frac{H}{G \cdot U}$$

Bei der Messung der Kaufkraft geht das Statistische Bundesamt von einem **Warenkorb** aus, der sämtliche von einem durchschnittlichen Vier-Personen-Haushalt in Deutschland gekauften Waren und Dienstleistungen enthält. Dazu gehören unter anderem Miete, Bekleidung, Lebensmittel, Taxifahrten, Friseurbesuche und Kinobesuche. Alle Güter sind in rund 650 Güterarten eingeteilt. Dieser Warenkorb wird entsprechend den Ausgabeanteilen der privaten Haushalte gewichtet. Seine Zusammensetzung wird alle fünf Jahre aktualisiert. Dann wird der Wert des gewichteten Warenkorbs ermittelt. Dazu werden monatlich mehr als 300 000 Einzelpreise in Handels- und Dienstleistungsunternehmen erhoben. Diese **Preiserhebung** umfasst einerseits die dezentrale Preiserhebung durch Personen in Geschäften in ganz Deutschland und andererseits die zentrale Preiserhebung, die hauptsächlich als Erhebung im Internet erfolgt.

Das Ergebnis der Berechnung des Statistischen Bundesamtes ist der **Verbraucherpreisindex.** Er dient insbesondere zur Messung der Geldwertstabilität. Auch in manchen Verträgen werden Verbraucherpreisindizes verwendet, um langfristig laufende Zahlungen wie Mieten oder Unterhaltszahlungen anzupassen.

Die Inflationsrate (Teuerungsrate) zeigt den prozentualen Anstieg des allgemeinen Preisniveaus innerhalb einer bestimmten Wirtschaftsperiode (meistens ein Jahr), gemessen an den Veränderungen eines Preisindex.

Zur Ermittlung der Inflationsrate werden die Veränderungen von Preisen der in einem Warenkorb enthaltenen Güter (Sachgüter und Dienstleistungen) **mit einem festgelegten Basisjahr oder mit dem Vorjahr** verglichen. Die Inflationsrate als Prozentzahl ist dabei von der absoluten Veränderung des Preisindex zu unterscheiden: Steigt der Preisindex z. B. um zehn Indexpunkte von 200 auf 210, so errechnet sich eine Inflationsrate von 5 %.

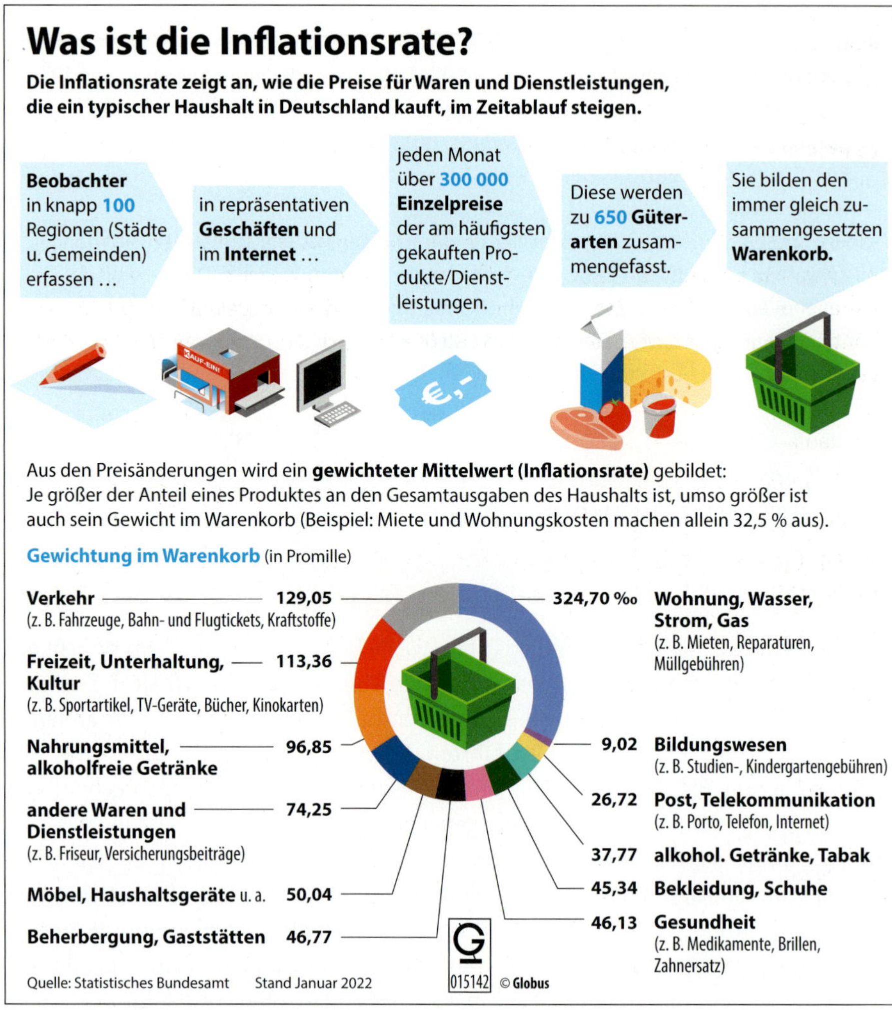

Bekämpfung von Inflation durch die Europäische Zentralbank

Die Bekämpfung einer Inflation gemäß den Forderungen des Stabilitätsgesetzes in der Eurozone ist Aufgabe der Europäischen Zentralbank (EZB). Zentralbanken gelten als „Hüter der Währung". Die Steuerung der Inflationsrate geschieht vor allem durch eine Veränderung des Leitzinses.

Leitzinsen sind die von einer Zentralbank festgelegten Zinssätze, zu denen sich Banken und Sparkassen bei der Zentralbank Geld beschaffen oder Geld anlegen können. In der Eurozone ist die EZB zuständig für die Festlegung des Leitzinses.

Münzen und Banknoten machen im Euroraum weniger als 10 % der Geldmenge aus. Der Rest ist fiktives Geld, das Banken und Sparkassen z. B. durch Kreditvergabe schaffen oder das die Zentralbank schöpft. Es existiert nur als sogenanntes **Buchgeld (auch: Giralgeld).** Sowohl die Zentralbanken als auch Kreditinstitute können Giralgeld schöpfen. Es existiert nur auf Konten, nicht in Form von Münzen oder Banknoten.

Beispiel für Geldschöpfung durch Kreditinstitute

Herr X hat im Lotto gewonnen und zahlt 10.000,00 € Bargeld auf sein Bankkonto ein. Die Bank muss einen kleinen Teil des Geldes, den sogenannten „Mindestreservesatz“, bei der Zentralbank hinterlegen. Der Mindestreservesatz beträgt seit 2012 1%, in diesem Fall müssen also 100,00 € hinterlegt werden.

Die Bank gewährt einer Kundin, Frau Y, einen Kredit in Höhe von 9.900,00 €. Frau Y hebt nun das Geld ab, kauft für 9.900,00 € Schmuck bei einem Juwelier Z. Dieser zahlt die erhaltenen 9.900,00 € bei seiner Bank ein. Damit hat sich das Buchgeld um 9.900,00 € erhöht. Die Bank muss davon wieder 1% (also 99,00 €) bei der Zentralbank als Mindestreserve hinterlegen. Es besteht nun Buchgeld von 10.000,00 € (Herr X) und von 9.801,00 € (Juwelier Z), zusammen also 19.801,00 €, während zu Beginn nur 10.000,00 € Bargeld vorhanden war. Es ist neues Buchgeld entstanden, es wurde „geschöpft“.

Bei der Geldschöpfung durch die Zentralbank entsteht dann neues Geld, wenn diese Gold, Devisen und Wertpapiere erwirbt oder Kredite an Geschäftsbanken vergibt. Dazu „schöpft“ sie jeweils Buchgeld, sogenanntes Zentralbankgeld. Die EZB kauft in großem Umfang Staats- und Unternehmensanleihen.

Der Leitzins im Euroraum liegt seit 2016 bei einem Rekordtief von 0 %. Das bedeutet, dass auch Kreditinstitute Geld zu günstigen Konditionen verleihen können, andererseits aber Sparer kaum Zinsen für ihre Geldeinlagen bekommen. Durch günstige Kredite soll die Investitionsbereitschaft der Unternehmen gestärkt werden. Im April 2022 entschied die EZB, den Leitzins trotz der hohen Inflationsrate bei 0 % zu belassen, aber den Kauf von Wertpapieren, vor allem von Industrie- und Staatsanleihen, mithilfe von selbst geschöpftem Geld und der damit verbundenen Erhöhung der umlaufenden Geldmenge Mitte des Jahres einzustellen.

1.5 Außenwirtschaftliches Gleichgewicht

Das Ziel „außenwirtschaftliches Gleichgewicht“ erklärt sich aus dem Wunsch, Instabilitäten im Inland zu vermeiden: Exportüberschüsse können eine Angebotslücke im Inland auslösen. Importüberschüsse können eine Nachfragelücke bewirken.

Außenwirtschaftliches Gleichgewicht liegt vor, wenn die vom Ausland empfangenen Zahlungseingänge den im gleichen Zeitraum ins Ausland geflossenen Zahlungsausgängen entsprechen.

Kennzahl für das Ziel „außenwirtschaftliches Gleichgewicht“ ist die **Außenbeitragsquote.** Sie zeigt den Anteil des Außenbeitrags (Exporte – Importe) am BIP.

$$\text{Außenbeitragsquote} = \frac{\text{Exporte} - \text{Importe}}{\text{BIP}} \cdot 100\,\%$$

Deutschland hat eine sehr hohe Außenbeitragsquote. Die Quote lag 2021 bei 5,5 % (Exporte 1.375 Mrd. €, Importe 1.203 Mrd. €, demnach 172 Mrd. € Exportüberschüsse).

Zahlungsbilanz

Die Transaktionen zwischen dem Inland und dem Ausland sind in der **Zahlungsbilanz** sichtbar. Dort werden alle wirtschaftlichen Vorgänge zwischen Inländern und Ausländern innerhalb einer Wirtschaftsperiode aufgezeichnet. Bei der Zahlungsbilanz handelt es sich nicht um eine Bilanz, sondern um eine Kontendarstellung. In das Konto werden die Zahlungsströme zwischen In- und Ausland eingetragen. Die Devisenzuflüsse und Devisenabflüsse werden dazu entsprechend dem jeweils geltenden Wechselkurs in Inlandswährung umrechnet. Mithilfe der Zahlungsbilanz lässt sich ein Überblick über die Leistungen und Zahlungen innerhalb eines Zeitraums, z. B. während eines Jahres, gewinnen.

Die Zahlungsbilanz setzt sich aus mehreren Teilbilanzen zusammen. Hauptbestandteile sind die **Leistungsbilanz,** die **Kapitalbilanz** und die **Devisenbilanz.**

i

Kapitalbilanz und Devisenbilanz
Die in der Leistungsbilanz abgebildeten realwirtschaftlichen Transaktionen (Güterströme der Exporte und Importe) haben einen Geldstrom zur Folge, der durch Gegenbuchung in der **Kapitalbilanz** abgebildet wird. Die Kapitalbilanz erfasst als Gegenstück zur Leistungsbilanz die Kapitalströme eines Landes. Der Kapitalexport bezeichnet die Zunahme an Forderungen und der Kapitalimport die Zunahme an Verbindlichkeiten. Der Saldo der Kapitalbilanz entspricht also im Wesentlichen dem Saldo der Leistungsbilanz mit entgegengesetztem Vorzeichen.
Eventuelle Unterschiede werden durch die **Devisenbilanz** ausgeglichen. Diese erfasst die Zunahme und Abnahme der nationalen Währungsreserven. Nehmen die Devisen- und Goldbestände in dem Zeitraum zu, liegt ein Überschuss vor. Nehmen sie hingegen ab, handelt es sich um ein Defizit.

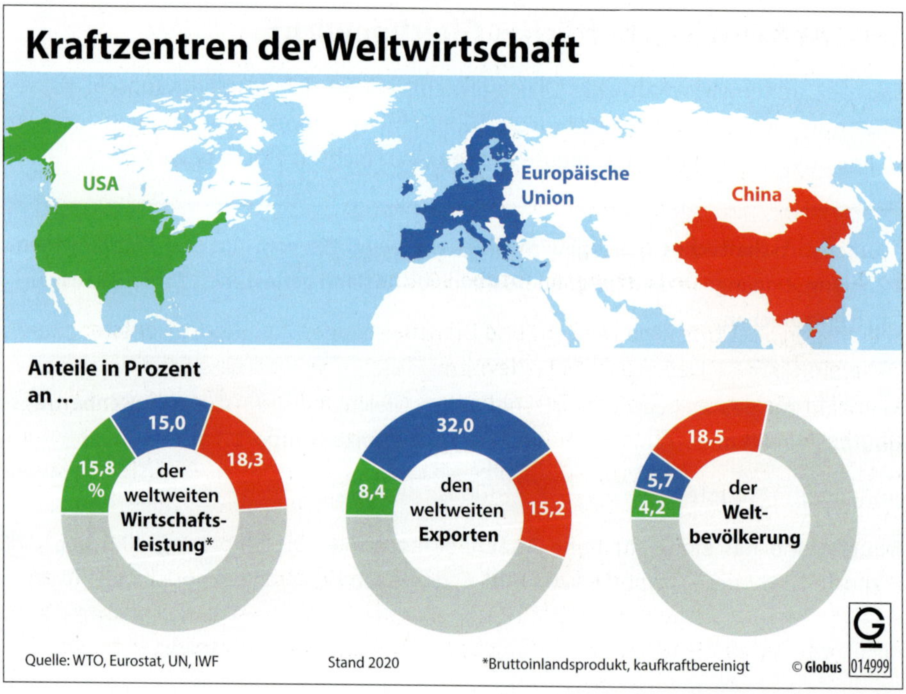

1.5.1 Leistungsbilanz

Die **Leistungsbilanz** setzt sich aus vier Teilbilanzen zusammen:

- **Handelsbilanz:** Sie enthält die Exporte von inländischen Waren und Dienstleistungen ins Ausland und die Importe von ausländischen Waren und Dienstleistungen ins Inland.
- **Dienstleistungsbilanz:** Sie enthält die Einnahmen und Ausgaben für Handel mit Dienstleistungen mit dem Ausland, vor allem im Reiseverkehr.
- **Bilanz der Erwerbs- und Vermögenseinkommen:** Sie enthält die Erwerbs- und Vermögenseinkommen aus dem Ausland, z. B. Erträge aus Kapitalanlagen im Ausland.
- **Bilanz der laufenden Übertragungen[1]:** Sie erfasst wirtschaftliche Transaktionen ohne ökonomische Gegenleistung, z. B. die Überweisungen von Gastarbeitern in ihre Heimatländer, staatliche Entwicklungshilfe sowie Beiträge an internationale Organisationen.

[1] auch: Schenkungsbilanz, Übertragungsbilanz

		S	Zahlungsbilanz H
Leistungsbilanz	Handelsbilanz	Warenexport	Warenimport
Leistungsbilanz	Dienstleistungsbilanz	Dienstleistungsexport	Dienstleistungsimport
Leistungsbilanz	Vermögensbilanz	Kapitalerträge empfangen	Kapitalerträge geleistet
Leistungsbilanz	Übertragungsbilanz	Übertragungen empfangen	Übertragungen geleistet
	Kapitalbilanz	Kapitalimporte	Kapitalexporte
	Devisenbilanz	Abnahme von Gold- und Devisenreserven der Zentralbank	Zunahme von Gold- und Devisenreserven der Zentralbank

1.5.1.1 Leistungsbilanzüberschüsse

Die Gründe für Leistungsbilanzüberschüsse sind:

- Kostenvorteile bei Exporten (z. B. durch geringere Arbeitsentgelte) führen zu Exportsteigerungen.
- Durch erhöhte Kaufkraft der ausländischen Währung im Inland nehmen Ferienreisen von Ausländern nach Deutschland zu.
- Die Einkommen von Inländern steigen durch Auslandstätigkeit.

Auswirkungen von Leistungsbilanzüberschüssen

Übersteigen die Exporte von Gütern und Dienstleistungen die Importe, entsteht kurzfristig ein Devisenüberschuss. Nettodevisenzuflüsse bewirken eine Erhöhung der inländischen Geldmenge, weil die Zentralbank den Ankauf der Devisen mit Inlandswährung bezahlt und so die umlaufende Geldmenge erhöht. Die steigende Geldmenge wirkt beschäftigungsfördernd. Bei Vollbeschäftigung kann es zu Preissteigerungen kommen (importierte Inflation). Bei freien Wechselkursen wird der Leistungsbilanzausgleich automatisch herbeigeführt. Auf dem Devisenmarkt übersteigt das Angebot an ausländischer Währung die Nachfrage. Der Wechselkurs steigt. Durch den Anstieg des Außenwertes der heimischen Währung werden inländische Waren im Ausland teurer, die internationale Wettbewerbsfähigkeit verringert sich, Exporte gehen zurück.

Die Aufwertung einer Währung bedeutet die Erhöhung des Wechselkurses der eigenen Währung im Vergleich zu einer Fremdwährung.

Eine Aufwertung kann durch eine steigende Nachfrage auf dem Devisenmarkt erfolgen. Das bedeutet, dass eine Währung im Vergleich zur anderen teurer wird. Gleichzeitig wird die Vergleichswährung abgewertet.

Angenommen, der Kurs des Euro zum US-Dollar steigt von 1,00 Euro = 1,10 US-Dollar auf 1,00 Euro = 1,20 US-Dollar. Der Euro wurde aufgewertet, da Amerikaner für einen Euro mehr US-Dollar bezahlen müssen. Exporte werden teurer, Importe billiger.

Leistungsbilanzüberschüsse bergen Gefahren. Im Export verdiente Devisen führen im Inland zu einer Geldmengenerhöhung. Gleichzeitig besteht im Inland eine Güterlücke, da Teile des Inlandsprodukts exportiert werden. Beides fördert die Inflationsgefahr im Inland. Die deutsche Leistungsbilanz war in der Vergangenheit mit Ausnahme der Nachkriegszeit und der ersten Jahre nach der Wiedervereinigung durch Überschüsse (also durch Devisenzuflüsse) gekennzeichnet. Dies gilt jedoch nicht für alle Teilbilanzen: Ständige Überschüsse wurden seit den 1960er-Jahren innerhalb der Handelsbilanz erreicht. Zu Zahlungsbilanzdefiziten kam es dagegen z.B. wegen der Reiselust der Deutschen und zu Übertragungsbilanzdefiziten aufgrund der Überweisungen von „Gastarbeitern" an Familien in ihre Heimatländer.

1.5.1.2 Leistungsbilanzdefizite

Gründe für Leistungsbilanzdefizite:
- Hohe Importzuwächse führen zu niedrigen Einkaufspreisen für Importwaren.
- Hohe Kaufkraft der Inlandswährung im Ausland hat zunehmende Reisen ins Ausland zur Folge.
- Ausländer im Inland haben hohe Vermögenseinkünfte.

Auswirkungen von Leistungsbilanzdefiziten

Negative Salden im Außenhandel und in den Dienstleistungen führen zu einem Devisenabfluss. Es kommt möglicherweise zu einem Devisenmangel. Da aber Importe mit Fremdwährungen bezahlt werden müssen, steigt der Bedarf an Devisen. Und weil diese gegen Inlandswährung bei der Zentralbank getauscht werden, fehlt das Geld im Wirtschaftskreislauf. Damit reduziert sich die Geldmenge im Inland. Die sinkende Geldmenge bewirkt ein Sinken der gesamtwirtschaftlichen Nachfrage und führt zu einem Abbau von Arbeitsplätzen.

Vor allem die USA leiden unter einem riesigen Leistungsbilanzdefizit. Die Bekämpfung des Defizits durch Kohle-, Gas- und Erdölförderung im Inland soll Abhilfe schaffen. Auch die Einführung von Schutzzöllen und die Herabsetzung von Umweltstandards durch den früheren US-Präsidenten Donald Trump hatten kaum Erfolg. Der jetzige Präsident Joe Biden (Stand: 2022) versucht durch kreditfinanzierte Konjunkturprogramme die inländische Nachfrage zu steigern und damit den Arbeitsmarkt zu stärken. Das Herzstück des Konjunkturpakets liegt neben dem Ausbau der Infrastruktur und dem Klimaschutz im sozialen Bereich. Vorgesehen sind unter anderem ein Ausbau der Kinderbetreuung, der Altenpflege und der gesetzlichen Krankenversicherung.

Durch den Wechselkursmechanismus wird der Ausgleich der Leistungsbilanz herbeigeführt. Auf dem Devisenmarkt übersteigt die Nachfrage nach der ausländischen Währung das Angebot. Der Außenwert der inländischen Währung sinkt, da mehr Inlandswährung für eine bestimmte Menge Auslandswährung gezahlt werden muss. Das wird „Abwertung“ genannt.

Abwertung bedeutet den Wertverlust einer Währung (z. B. Euro) im Vergleich zu einer anderen Währung (z. B. US-Dollar). Als Folge werden die inländischen Güter für das Ausland billiger.

Angenommen, der Kurs des Euro zum US-Dollar sinkt von 1,00 Euro = 0,9 US-Dollar auf 1,00 Euro = 0,8 US-Dollar. Der Euro wurde abgewertet, da Amerikaner für einen Euro weniger US-Dollar bezahlen müssen. Exporte werden also billiger, Importe teurer.

Auswirkungen von Leistungsbilanzüberschüssen	Auswirkungen von Leistungsbilanzdefiziten
• Anstieg der inländischen Geldmenge • Anstieg der Beschäftigung • bei Vollbeschäftigung steigende Preise • Aufwertung der Inlandswährung	• Rückgang der inländischen Geldmenge • Rückgang der Beschäftigung • Rückgang des Preisanstiegs bzw. Preissenkungen • Abwertung der Inlandswährung

1.5.2 Politische Maßnahmen zur Verringerung von Leistungsbilanzüberschüssen

Die deutschen Leistungsbilanzüberschüsse werden von anderen Staaten, vor allem den USA, heftig kritisiert. Deutschland verursache, so wird argumentiert, mit seinen Exportüberschüssen Arbeitslosigkeit in Ländern, deren Produktionskapazitäten aufgrund der Einfuhren nicht ausgelastet seien. Entschiedene staatliche Eingriffe Deutschlands im Sinne des Stabilitätsgesetzes werden eingefordert. Wie sich die Leistungsbilanz allerdings aufgrund steigender Rohstoffpreise für deutsche Importe in Zukunft entwickeln wird, bleibt abzuwarten. Eine häufig genannte Maßnahme zur Steigerung der Binnennachfrage in Deutschland sind stärkere Lohnzuwächse zur Ankurbelung der Konsumnachfrage. Diese lassen sich jedoch nicht durch staatliche Maßnahmen erreichen, denn die Lohnfindung ist Aufgabe der Tarifparteien. Aber die Höhe von Transferleistungen, also vor allem gesetzlicher Renten, kann der Staat beeinflussen, ausnahmsweise 2022 auch die des gesetzlichen Mindestlohns. Ob sich die Konsumnachfrage wesentlich erhöhen lässt, ist ebenfalls fraglich. Die Lohnungleichheit zwischen wenig und viel verdienenden Beschäftigten wird immer größer. Einkommensstarke Haushalte erhöhen ihren Konsum kaum, dagegen ihre Ersparnisse. Ersparnisse fließen zumindest bei gut verdienenden Haushalten zu einem erheblichen Teil in eine private Altersvorsorge.

Eine weitere häufig genannte Maßnahme zur Erhöhung der Binnennachfrage ist die Erhöhung von auf die Zukunft gerichteten Investitionen im Inland. Notwendig sind Investitionen für erneuerbare Energien und für die Infrastruktur. Straßen, Brücken und Eisenbahnlinien sind in einem oft schlechten Zustand. Es besteht dringender Handlungsbedarf.

Aufgaben zu Kapitel 1

1. Nennen Sie wirtschaftspolitische Ziele, die Bund, Länder und Gemeinden gemäß dem Stabilitätsgesetz verfolgen.

2. Stellen Sie fest, inwieweit bei den im Folgenden dargestellten Beziehungen 1–6 Zielharmonien oder Zielkonflikte vorliegen.

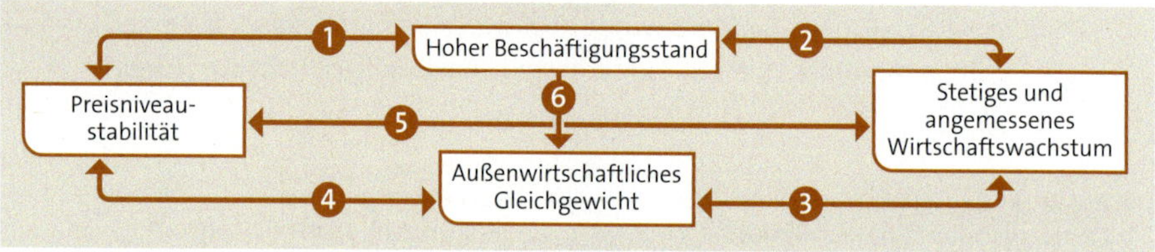

3. a) Unterscheiden Sie die Begriffe „nominales“ und „reales“ Bruttoinlandsprodukt.
   b) Unterscheiden Sie die Begriffe „Bruttoinlandsprodukt“ und „Nettoinlandsprodukt“.

4. Begründen Sie, warum das Bruttoinlandsprodukt kein geeigneter Maßstab für den Wohlstand eines Landes sein muss.

5. Beschreiben Sie die einzelnen Phasen eines Konjunkturzyklus.

6. Unternehmen informieren sich regelmäßig über konjunkturelle Frühindikatoren. Erörtern Sie, wie sie danach reagieren.

7. Nennen und beschreiben Sie Maßnahmen der staatlichen Beschäftigungspolitik.

8. Erklären Sie, wie der Verbraucherpreisindex ermittelt wird.

9. Beschreiben Sie die Zusammenhänge der Verkehrsgleichung von Irving Fisher.

10. Beschreiben Sie Grundzüge des Keynesianismus und des Monetarismus.

11. Suchen Sie im Internet oder in den Printmedien jeweils Beispiele für angebots- und nachfrageorientierte Konjunkturpolitik.

12. Erklären Sie, warum die deutschen Leistungsbilanzüberschüsse im Ausland für Verärgerung sorgen.

Weitere wirtschafts-politische Ziele

2

Im Januar 2022 erhob Tübingen eine Verpackungssteuer auf Einwegverpackungen. Sie musste von allen Verkaufsstellen bezahlt werden, die Speisen und Getränke für den sofortigen Verzehr oder zum Mitnehmen in Einwegverpackungen aus Plastik, Pappe oder Aluminium verkauften. Für Teller und Becher wurden 50 Cent fällig, für Besteck 20 Cent. Die Steuer sollte die Betriebe dazu bringen, Mehrweggeschirr anzubieten, damit die Müllberge kleiner und die Entsorgungskosten für die Stadt geringer werden. Nachdem die Steuer eingeführt worden war, musste in Tübingen weniger Müll eingesammelt werden.

Aus manchen Betrieben kam aber Kritik: Durch das häufiger genutzte Mehrweggeschirr habe die Gastronomie zusätzliche Arbeit bei der Rücknahme und Reinigung der Teller und Bestecke. Auch die Pächterin der Fast-Food-Kette McDonald's gehörte zu den Kritikern und klagte gegen die neue Steuer. Sie war der Auffassung, die Verbrauchssteuer auf Einwegverpackungen in Tübingen verstoße gegen das Abfallrecht des Bundes.

Die Klägerin bekam vom Verwaltungsgerichtshof Baden-Württemberg in Mannheim recht. Nun hofft man in Tübingen auf eine bundeseinheitliche Regelung. Die Parteien im Bundestag sind in dieser Frage noch uneins.

2.1 Erweiterung des Stabilitäts- und Wachstumsgesetzes – Magisches Sechseck

Magisches Viereck
► Kap. 1.1, S. 120

Das Magische Sechseck enthält die vier wirtschaftspolitischen Ziele des Magischen Vierecks► und zusätzlich ein gesellschaftliches und ein ökologisches Ziel.

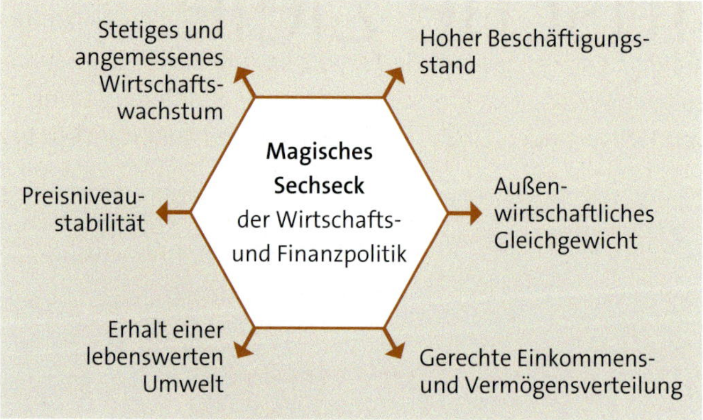

Im Sinne einer nachhaltigen Aufgabenstellung wurde der stabilitätspolitische Zielkatalog um folgende Ziele erweitert:

- **Erhalt einer lebenswerten Umwelt (ökologische Nachhaltigkeit)**
  Ökologische Nachhaltigkeit hat zum Ziel, natürliche Ressourcen für Konsum und Produktion so zu nutzen, dass diese in der Lage sind, sich auf natürliche Weise zu regenerieren, sodass deren Bestand erhalten bleibt oder sogar erweitert wird.
- **Gerechte Einkommens- und Vermögensverteilung (soziale Nachhaltigkeit)**
  Wird in einer Gesellschaft die Aufteilung der Einkommen und Vermögen auf deren Mitglieder als ungerecht und insbesondere der Unterschied zwischen Arm und Reich als zu groß empfunden, können soziale Spannungen ausgelöst werden. Dies zu verhindern oder zu unterbinden, erfordert wirtschaftspolitische Maßnahmen, die nachhaltig soziale Gerechtigkeit bewirken.

Zielkonflikte im Magischen Sechseck

- **Wirtschaftswachstum und lebenswerte Umwelt:** Wirtschaftswachstum bedeutet, dass das reale BIP einer Volkswirtschaft innerhalb eines Jahres zunimmt. Es ist die Voraussetzung dafür, dass sich der Lebensstandard in der Gesellschaft erhöht. Wachstum lässt sich dabei erzielen durch die Erhöhung der bisher produzierten Mengen oder die Entwicklung und Markteinführung neuer Produkte und Produktionsverfahren. Die Steigerung der Produktionsmengen führt dazu, dass Rohstoff- und Energiequellen ausgebeutet werden, Schadstoffbelastung und Rohstoffverbrauch zunehmen. Es besteht demnach ein Zielkonflikt. Wachstum kann aber auch in eine andere Richtung zielen. Es können Produkte und Produktionsverfahren entwickelt werden, die die Schadstoffemissionen vermindern, bestenfalls sogar beenden und den Rohstoffverbrauch einschränken.

- **Wirtschaftswachstum und gerechte Einkommens- und Vermögensverteilung:** Ziel der sozialen Marktwirtschaft ist es, dass Unternehmer selbstständig und effizient arbeiten, um so Unternehmen und Volkswirtschaft gleichermaßen zu begünstigen. Die Idee dabei ist, dass der Staat so wenig wie möglich in die Wirtschaft eingreift. Dadurch ist es jedoch auch schwerer, das Ziel der gerechten Einkommens- und Vermögensverteilung zu erreichen. Erfolgt keine Regulierung, so entwickeln sich erhebliche Einkommensunterschiede zwischen leitenden Mitarbeitern eines Unternehmens und wenig Qualifizierten, die Routinearbeiten ausführen. Daraus resultieren auch Vermögensunterschiede. Die Entgeltdifferenzierung erfolgt auch mithilfe von Tarifverträgen. Hochqualifizierte werden außertariflich bezahlt. Einige der wenigen Maßnahmen, die der Staat im System der sozialen Marktwirtschaft treffen kann, sind progressive Einkommensteuern und Erbschaftsteuern.
  Sie erlauben es, die Verteilung von Einkommen und Vermögen ein wenig gerechter zu gestalten.

2.2 Erhalt einer lebenswerten Umwelt

2.2.1 Externe (soziale) Kosten

Externe (soziale) Kosten sind Kosten, die nicht vom Verursacher der Kosten getragen werden.

Wer kommt dafür auf, wenn Menschen, die neben einer Diskothek wohnen, durch den nächtlichen Lärm krank werden? Lärm führt zu Schlafstörungen und ruft psychischen Stress hervor. Wer ist verantwortlich, wer zahlt die Arztkosten? Auch in manchen Industrie- und Handwerksbetrieben wird bei Produktionsprozessen Lärm erzeugt oder Schadstoffe werden in die Luft abgegeben. In solchen Fällen übernehmen nicht die Verursacher die Kosten für die Umweltschäden oder die Heilbehandlung der geschädigten Anwohner. Diese werden vielmehr aus Steuermitteln oder aus Mitteln der Krankenversicherung bezahlt.

Ähnliche Probleme verursacht die Nutzung von Kraftfahrzeugen.

Durchschnittliche Fahrtkosten pro km eines VW Golf 1,5 TSI bei einer jährlichen Fahrleistung von 15 000 km in Cent pro km

Fixkosten (Steuern, Versicherungen u. a.)	7,9 Cent
Werkstatt- und Reifenkosten	4,5 Cent
Betriebskosten (Benzin, Öl)	11,0 Cent
Wertverlust	26,5 Cent
Externe Kosten für Umweltschäden durch Feinstaub, CO_2-Emissionen, Lärm, Gewässerverschmutzung u. a.	6,2 Cent
Kosten pro km	56,1 Cent

Datenquelle: www.autokostencheck.de. Abgerufen 2021.

Mehr als 10 % der Kosten des Individualverkehrs muss die Allgemeinheit tragen, nicht die Verursacher. Das soll, so will es der Bundestag ebenso wie die Europäische Union, anders werden.

Den Smog der Fahrzeuge aus CO_2, Stickoxiden und Feinstaub müssen andere Menschen einatmen. Die CO_2-Emissionen („Treibhausgase") der Kraftfahrzeuge tragen außerdem zu einem erheblichen Teil zur Erderwärmung bei. Den Flächenverbrauch für Verkehrswege zahlen die Steuerzahler, die Umweltbelastung trifft jeden. Die Krankenhauskosten für Atemwegserkrankungen zahlen nicht die Autofahrer, sondern alle Beitragszahler der Krankenversicherungen. Die Kosten für Lärmschutzwände entlang der Autobahnen tragen vor allem die Steuerzahler, nicht die Autofahrer. Die unerwünschten Nebenwirkungen des Verkehrs werden also auf die Allgemeinheit abgewälzt.

Zur Ermittlung der Höhe dieser Kosten gibt es unterschiedliche Berechnungen, darunter die des Schweizer Forschungsinstituts INFRAS. Berücksichtigt werden dabei Umwelt- und Gesundheitskosten infolge von Luftverschmutzung, Klimaveränderungen, Flächenverbrauch und Lärm sowie die ungedeckten Verkehrsunfallkosten. Laut dieser Forschung verursacht ein Pkw pro tausend Personenkilometern externe Kosten von 61,60 €, das Flugzeug im Inland 51,80 €, der Bahnverkehr dagegen nur 21,20 €. Im Personenverkehr verursachen öffentliche Verkehrsmittel somit nur ein Drittel der Kosten eines Pkw. Im Güterverkehr verursachen die Bahnen auch nur ein Drittel der externen Kosten des Lkw-Verkehrs.

2.2.2 Politische Maßnahmen

Kostenübernahme nach dem Verursacherprinzip

Damit externe Kosten erst gar nicht entstehen, fordert der Staat von den Verursachern technische Standards, z. B. Katalysatoren für Dieselmotoren und Lärmschutzvorschriften für Diskotheken. Entscheidend ist aber die Übernahme der Kosten für die verbleibenden Umweltbelastungen nach dem Verursacherprinzip. So werden z. B. Kraftfahrzeuge, die viel CO_2 ausstoßen, höher besteuert als Fahrzeuge mit schadstoffarmen Motoren. Die Lkw-Maut auf Autobahnen belastet vor allem die Vielfahrer. Auch die Tabaksteuer wurde in den letzten Jahren mehrfach angehoben.

Energiesteuer

Die Einnahmen an Energiesteuern beliefen sich 2021 auf 7,7 % des gesamten Steueraufkommens. Der größte Teil von ca. 40 Mrd. € resultiert aus der Energiesteuer. Die Energiesteuer fällt an, wenn Rohstoffe wie Erdgas, Heizöl oder Flüssiggas nach der Förderung und Aufbereitung in den Verkehr kommen. Die Höhe der Energiesteuer hängt von den jeweiligen Rohstoffen und ihrer Verwendung ab. So liegt die Steuer auf Benzin bei 65,45 Cent je Liter, auf Diesel bei 47,04 Cent je Liter und auf leichtem Heizöl bei 61,45 Cent je Liter (Stand: April 2022).

CO_2-Bepreisung

Um den Energieverbrauch und die CO_2-Emissionen weiter zu senken, wird zusätzlich zur Energiesteuer auch eine CO_2-Bepreisung erhoben. Die Abgabe soll die Preise von Rohstoffen für den Verkehrs- und Gebäudebereich an den CO_2-Gehalt der Energieträger anpassen. Mit der Einführung der sogenannten **CO_2-Steuer** im Jahr 2021 kosteten jede Tonne CO_2 zunächst 10,00 €. Bis 2025 sollen diese Preise auf 35,00 € pro Tonne CO_2 steigen. Wer z. B. mit Erdgas heizt, muss ab 2025 etwa 0,9 Cent extra für jede Kilowattstunde ausgeben. Umweltfreundliche Verbraucher werden dagegen belohnt. Der Kaufpreis von Elektrofahrzeugen wird in erheblichem Umfang subventioniert. Ohne staatliche Eingriffe, die den Schadstoffausstoß bei der Preisgestaltung berücksichtigen, wären auch Windkraft- oder Solaranlagen oft nicht konkurrenzfähig. Deshalb werden „erneuerbare Energien“ mithilfe einer „Ökostromzulage“ gefördert, die alle Stromverbraucher bezahlen müssen.

Emissionshandel

Jeder Emittent von Treibhausgasen in der Europäischen Union darf nur die Menge an Schadstoffen in einer Periode freisetzen, für die er über **Emissionszertifikate** verfügt. Dem Emittenten steht es frei, ob er die höchstens zugelassene Menge an Schadstoffen freisetzt oder versucht, die Schadstoffmenge durch technische Innovationen oder Installation von Filtern usw. zu verringern. Erreicht er eine Reduktion der Emissionsmenge, verfügt er über überschüssige Emissionszertifikate. Diese kann er weiterverkaufen. Auf diese Weise bildet sich ein Markt für Emissionszertifikate. Verantwortliche haben die Wahl, entweder im Bereich der eigenen Anlage Emissionen zu reduzieren oder Berechtigungen von anderen Verantwortlichen zusätzlich zu erwerben.

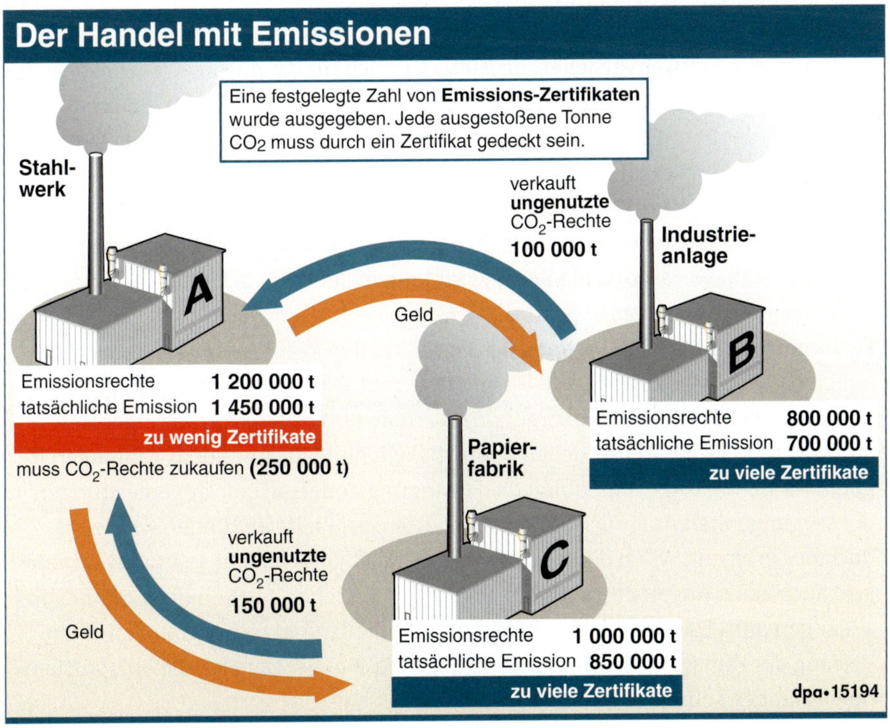

Alle großen Anlagen zur Erzeugung von Strom und Wärme sind zur Teilnahme am Emissionsmarkt verpflichtet. Außerdem müssen auch große Industrieanlagen wie Stahlwerke, Raffinerien und Zementwerke sowie Flugzeugbetreiber Zertifikate für ihre Emissionen vorweisen. Die Menge des insgesamt zulässigent CO_2-Ausstoßes wird, so ist es vorgesehen, jährlich verringert. Damit soll erreicht werden, dass der Marktpreis der Zertifikate steigt.

2.3 Gerechte Einkommens- und Vermögensverteilung

2.3.1 Verteilungsgerechtigkeit

Die Verteilung des Einkommens und Vermögens innerhalb einer Volkswirtschaft sollte idealtypisch gerecht sein. Auch Nichterwerbstätigen (z. B. Kranke, Arbeitslose, Rentner, Kinder) sollte es möglich sein, Güter zu konsumieren.

Prinzipien der sozialen Sicherung

Die Wirtschaftsordnung in Deutschland ist gemäß Grundgesetz eine „soziale Marktwirtschaft". Die sozialen Sicherungssysteme werden bestimmt von drei Kernprinzipien, die die Art der Risikovorsorge und der Finanzierung regeln:

- **Versicherungsprinzip:** Das Versicherungsprinzip bedeutet, dass soziale Risiken durch Beiträge zu den Sozialversicherungen abgedeckt werden müssen.
  - Die Leistungen sind im Falle der **Renten- und** der **Arbeitslosenversicherung** vor allem an die Beitragshöhe gekoppelt.
  - In der **Kranken- und** der **Pflegeversicherung** dagegen orientieren sich die Leistungen am medizinischen Bedarf bzw. am Pflegebedarf. Dies gilt sowohl für die gesetzliche Krankenversicherung (GKV) als auch für die private Krankenversicherung (PKV). In der PKV erwerben die Versicherten einen Anspruch auf Leistungen erst mit der Beitragszahlung. In der GKV besteht grundsätzlich bereits ein Anspruch auf Leistungen, wenn bestimmte Voraussetzungen (z. B. eine versicherungspflichtige Beschäftigung gegen Arbeitsentgelt) erfüllt sind. Während die notwendigen Mittel in der GKV nach dem Solidaritätsprinzip► aufgebracht werden, ist die Beitragszahlung in der PKV nach dem Äquivalenzprinzip► ausgestaltet.
- **Fürsorgeprinzip:** Das Fürsorgeprinzip begründet den Rechtsanspruch Bedürftiger auf Sozialhilfe, Arbeitslosengeld II und Wohngeld. Die Finanzierung erfolgt aus Steuermitteln. Nach dem Fürsorgeprinzip erhält der Sozialhilfeempfänger Hilfe allein aufgrund seiner individuellen Bedürftigkeit, ohne dass er durch Zahlungen irgendwelcher Beiträge oder durch die Erbringung andersartiger Gegenleistungen in der Vergangenheit Ansprüche erworben hätte. Sozialhilfeleistungen werden jedoch nur erbracht, wenn der einzelne Hilfsbedürftige sich nicht selbst helfen kann[1] und auch keine Ansprüche anderen gegenüber bestehen. Sozialhilfe wird nur subsidiär gewährt. Das heißt konkret, dass es innerhalb gesetzlicher Grenzen einen Vorrang der Familie gibt, sofern und solange diese in der Lage ist, die entsprechenden Aufgaben selbst wahrzunehmen.

Solidaritätsprinzip
► Eingangsklasse, Teil III, Kap. 3.2, S. 158

Äquivalenzprinzip
► Eingangsklasse, Teil III, Kap. 3.7, S. 175

[1] Der Gewährung von Leistungen nach dem Fürsorgeprinzip geht eine Prüfung der Bedürftigkeit des Hilfeempfängers voraus.

- **Versorgungsprinzip:** Das Versorgungsprinzip gilt für die Entschädigungen ebenfalls aus Steuermitteln in besonderen Fällen, z. B. Kriegs- oder Katastrophenfolgen. Der Rechtsanspruch des Einzelnen auf Versorgungsleistungen entsteht nicht dadurch, dass er Mitglied einer Versicherungsgemeinschaft ist. Er ist vielmehr Passivempfänger von Leistungen der Allgemeinheit. Diese Leistungen erhält er als Ausgleich für Nachteile bzw. Schäden oder Opfer, die er auf sich nehmen musste und die jeden Einzelnen der Gemeinschaft hätten treffen können. Es sind diese erbrachten Opfer oder erlittenen Nachteile, die den Rechtsanspruch auf Versorgung begründen. Im Unterschied zum Fürsorgeprinzip ist also nicht die Hilfsbedürftigkeit Ausgangspunkt der Leistungen. Zum Versorgungprinzip gehört auch die häufig diskutierte Idee des bedingungslosen Grundeinkommens, das aus den Erträgen vor allem von indirekten Steuern finanziert werden soll. Grundeinkommen bedeutet, dass alle Menschen eines Landes von Geburt an lebenslang jeden Monat vom Staat so viel Geld erhalten, wie sie zum Leben benötigen, ohne dass sie dafür etwas tun müssen.

i

Staatliche Leistungen für Familien

„Ehe und Familie stehen unter dem besonderen Schutz der staatlichen Ordnung", heißt es in Art. 6 des Grundgesetzes. Bundestag und Bundesrat nehmen diesen Auftrag sehr ernst. Sie haben in den letzten Jahrzehnten eine Vielzahl von Maßnahmen zur Förderung von Familien und deren Kinder beschlossen (Stand: Februar 2022):

Elterngeld: Anspruch darauf haben Eltern, die ihr Kind in den ersten 14 Lebensmonaten selbst betreuen wollen und deshalb nicht voll erwerbstätig sind. Die Höhe des Elterngeldes richtet sich nach dem Nettoeinkommen, das der betreuende Elternteil vor der Geburt des Kindes hatte. Das Elterngeld ersetzt das nach der Geburt des Kindes wegfallende Einkommen zwischen 1.000,00 € und 1.200,00 € zu 67 %, bei Voreinkommen von 1.220,00 € zu 66 % und bei Voreinkommen von 1.240,00 € und mehr zu 65 %. Bei Voreinkommen von weniger als 1.000,00 € steigt die Ersatzrate schrittweise auf bis zu 100 %. Je niedriger also das Einkommen, desto höher die Ersatzrate. Das Elterngeld beträgt mindestens 300,00 € und höchstens 1.800,00 € monatlich.

Kindergeld: Mit dem Kindergeld unterstützt die Bundesregierung Familien mit Kindern und trägt damit zu ihrer finanziellen Entlastung bei. Das Kindergeld wird einkommensunabhängig gezahlt. Es beträgt für das erste und zweites Kind jeweils 219,00 €, für das dritte Kind 225,00 €, für ein viertes und jedes weitere Kind 250,00 €. Kindergeld gibt es für alle Kinder bis zum 18. Lebensjahr, für Kinder in Ausbildung bis zum 25. Lebensjahr. Gutverdiener können anstelle des Kindergelds Kinderfreibeträge in Anspruch nehmen.

Ehegattensplitting bei der Einkommensteuer►**:** Das zu versteuernde Einkommen wird zusammengerechnet und dann halbiert. Für das halbierte Einkommen wird jeweils die Steuer ermittelt. Die Steuerersparnis ist besonders groß, wenn nur ein Ehegatte oder Lebenspartner Einkünfte hat oder wenn einer in Teilzeit arbeitet. Wenn beide gleich viel verdienen, bringt das Splitting keine Vorteile.

Berechnungsbeispiel zum Ehegattensplitting
► Eingangsklasse, Teil III, Kap. 1.2.4, S. 134

Ausbildungsförderung (BAföG): Die Chance auf Bildung und Ausbildung soll jeder wahrnehmen können. Das Bundesausbildungsförderungsgesetz ist dafür die Grundlage. Die gezahlte Ausbildungsförderung ist abhängig vom Einkommen und Vermögen der Studierenden sowie vom Einkommen ihrer Eltern. Studierende erhalten die Ausbildungsförderung je zur Hälfte als Zuschuss und als zinsloses Darlehen. Der Höchstsatz für Studierende, die nicht bei den Eltern wohnen, beträgt einschließlich Kranken- und Pflegeversicherungszuschlag monatlich 8.931,00 €. Das Darlehen muss fünf Jahre nach Ende der Förderungshöchstdauer in Mindestraten von vierteljährlich 390,00 € innerhalb von 20 Jahren zurückgezahlt werden.

Wohngeld: Das Wohngeld hilft Haushalten mit geringem Einkommen, die Wohnkosten zu tragen. Mieter erhalten das Wohngeld als Mietzuschuss. Die Höhe ist im Wohngeldgesetz (WoGG) geregelt. Ob und in welcher Höhe ein Anspruch besteht, hängt vom Gesamteinkommen des Haushalts, der Zahl der Kinder und der Höhe der Miete ab.

Gesetzliche Krankenversicherung: Kinder und nicht berufstätige Ehepartner sind kostenfrei mitversichert.

Gesetzliche Pflegeversicherung: Kinderlose Arbeitnehmer, die das 23. Lebensjahr vollendet haben, zahlen einen höheren Beitragssatz als Arbeitnehmer mit Kindern.

Arbeitslosenversicherung: Wer arbeitslos wird und keine Kinder hat, erhält 60 % des vorherigen Nettoentgelts als Arbeitslosengeld I, mit Kindern sind es 67 %.

2.3.2 Einkommensverteilung

Verteilungsprinzipien

Die **Verteilungsgerechtigkeit** gilt als wichtigstes Element der sozialen Gerechtigkeit innerhalb einer Volkswirtschaft. Es gibt unterschiedliche Prinzipien, die bei der Verteilung des Volkseinkommens eines Landes angewandt werden können:

- Einkommensverteilung nach dem **Leistungsprinzip** bedeutet, dass jeder Bürger eine Entlohnung gemessen an seinen erbrachten Leistungen erhält. Dabei wird die individuelle Bedarfssituation nicht berücksichtigt.
- Eine Einkommensverteilung nach dem **Bedarfsprinzip** ersetzt die individuelle Leistung jedes Bürgers durch dessen individuelle Bedürftigkeit. Berücksichtigt wird nicht die individuelle Leistung, sondern der benötigte Bedarf. Hier muss der Staat allerdings entscheiden und prüfen, was gerechtfertigt ist.
- Nach dem **Gleichheitsprinzip** hat jeder Mensch ein angeborenes Recht auf Gleichbehandlung und soll deshalb auch den gleichen Anteil erhalten wie alle anderen. Dieses Prinzip wird bei der Einkommensverteilung praktisch nicht angewendet. Es ist problematisch, wenn bei der Verteilung individuelle Leistungen und individuelle Bedürfnisse nicht berücksichtigt werden.

In Deutschland basiert die Einkommensverteilung größtenteils auf dem **Leistungsprinzip.** Um aber auch einkommensschwachen Bürgern ein menschenwürdiges Existenzminimum zu gewähren, wird das Bedarfsprinzip durch den Staat korrigierend eingesetzt (soziale Sicherung).

Primäre und sekundäre Einkommensverteilung

Die **primäre Einkommensverteilung** spiegelt die Entlohnung der Produktionsfaktoren Arbeit und Kapital wider. Unterschieden werden Bruttoeinkommen aus nichtselbstständiger Arbeit sowie aus Unternehmertätigkeit und Vermögen. Durch die staatliche Umverteilung des Einkommens über Steuern und Transfers wird aus der primären die **sekundäre Einkommensverteilung.** Der Staat verteilt dabei Teile der Einnahmen aus Steuern und Sozialabgaben als Transferleistungen nach sozialen Gesichtspunkten als Geldleistung (z. B. Kindergeld, Wohngeld, BAföG) oder als reale Leistung (z. B. in Form von Schul-, Studien- oder auch verbilligten Kitaplätzen).

Funktionelle und personelle Einkommensverteilung

Mit der **funktionellen Einkommensverteilung** wird das Volkseinkommen den Produktionsfaktoren Arbeit und Kapital zugeordnet. Die bekannteste Kennziffer für die funktionelle Einkommensverteilung ist die **Lohnquote.** Sie gibt den Anteil der Arbeitnehmerentgelte am gesamten Volkseinkommen[1] an.

$$\text{Lohnquote} = \frac{\text{Arbeitnehmererntgelt}}{\text{Volkseinkommen}} \cdot 100\,\%$$

Die Aussagefähigkeit der Lohnquote ist allerdings eingeschränkt, weil viele Haushalte neben dem Arbeitseinkommen auch Vermögenseinkommen beziehen, z. B. Einkommen aus Zinsen, Mieten und Pachten.[2] Besser geeignet ist die Betrachtung der **personellen Einkommensverteilung.** Sie gibt Auskunft darüber, in welchem Umfang verschiedene Personengruppen (z. B. Arbeitnehmer, Selbstständige, Rentner, Beamte, Landwirte) am Volkseinkommen beteiligt sind. Dabei werden alle Einkommensarten einer Person zusammengerechnet, z. B. Arbeits- und Zinseinkommen. Die **Lorenz-Kurve**[3] ist ein häufig verwendetes Verfahren zur Darstellung der personellen Einkommensverteilung. Dabei werden die Haushalte einer Volkswirtschaft nach ihrer Einkommenshöhe geordnet. Auf der y-Achse werden die Einkommen, auf der x-Achse die Einkommensbezieher aufgetragen. Als Hilfslinie wird eine 45-Grad-Linie verwendet. Sie stellt die Kurve der Gleichverteilung der Einkommen dar. Die Abweichung der Lorenz-Kurve von der Kurve der Gleichverteilung zeigt den Grad der Ungleichheit der Einkommensverteilung an. Je weiter sich in einer Volkswirtschaft die Lorenz-Kurve der Gleichverteilung nähert, um so gleichmäßiger ist das Volkseinkommen verteilt. Im nebenstehenden Schaubild entfallen auf 50 % der Haushalte nur 25 % des Volkseinkommens und auf 75 % der Haushalte nur 50 %.

Mit dem **Gini-Koeffizienten**[4] kann die Abweichung der tatsächlichen Verteilung von der Gleichverteilung in einer Kennziffer ausgedrückt werden kann. Dazu wird die Fläche zwischen Gleichgewichtskurve und Lorenzkurve ins Verhältnis zur gesamten Dreiecksfläche unterhalb der Gleichgewichtskurve gesetzt.

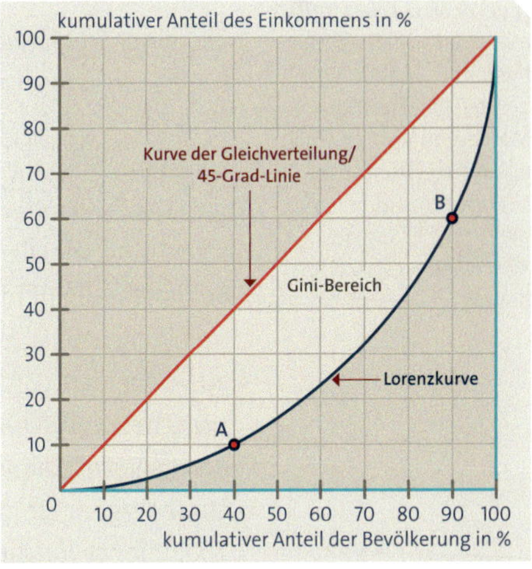

[1] **Volkseinkommen**
Es besteht aus den Einkommen aus unselbstständiger Arbeit und den Einkommen aus Unternehmertätigkeit und Vermögen.

[2] Nicht die Lohnquote selbst, sondern deren Veränderung gegenüber dem Vorjahr wird häufig bei Tarifauseinandersetzungen erörtert.

[3] Benannt nach ihrem Erfinder, dem amerikanischen Statistiker Max O. Lorenz (1876–1959).

[4] Er wurde von dem italienischen Statistiker Corrado Gini (1884–1965) entwickelt.

$$\text{Gini-Koeffizient} = \frac{\text{Fläche A}}{\text{Fläche B}}$$

Im Jahr 2020 erzielte Deutschland einen Gini-Koeffizienten von 34,4 Punkten, in der Europäischen Union lag er dagegen im Durchschnitt bei nur ca. 30,8 Punkten.

2.3.3 Grenzen des Wohlfahrtsstaats

Ein Wohlfahrtsstaat leistet eine soziale Sicherung und Förderung all seiner Bürgerinnen und Bürger, indem er z. B. Transferzahlungen, soziale Dienste und Infrastruktur zur Verfügung stellt. Es geht dabei um die klassische Vorsorge für Krankheit, Alter, Unfall, Arbeitslosigkeit, Pflege, Erziehung, Bildung, Familie, Armut, aktive Beschäftigungspolitik und Konsumentenschutz.

Es gibt aber wirtschaftliche Grenzen des Wohlfahrtsstaats: Seine Leistungen hängen von der Verfügbarkeit ökonomischer Ressourcen ab.

Die Sozialbeiträge von Arbeitgebern und Arbeitnehmern liegen bei rund 40 % der beitragspflichtigen Einkommen. Um einen weiteren Anstieg zu verhindern, sind immer höhere Mittel aus dem Steueraufkommen notwendig. Die eigentliche Finanzierung der gesetzlichen Sozialversicherungen erfolgt, mit Ausnahme der Unfallversicherung, als beitragsfinanziertes Umlagesystem: Die eingezahlten Beiträge werden als Leistungen direkt wieder an andere ausgezahlt. Für ihre Beiträge erwerben Beitragszahlerinnen und Beitragszahler einen Leistungsanspruch für das Alter bzw. für den Fall von Arbeitslosigkeit, Krankheit oder Pflegebedürftigkeit. Gründe für die Krise der sozialen Sicherungssysteme sind im Wesentlichen auf die demografische Entwicklung in Deutschland zurückzuführen. Zusätzlich treiben der medizinisch-technische Fortschritt und steigende Personalkosten die Ausgaben für Gesundheit und Pflege in die Höhe.

Wenn Beitragserhöhungen vermieden werden sollen, wird der Staat die Sozialversicherung Jahr für Jahr mit höheren Zuschüssen unterstützen müssen. Das Versicherungsprinzip wird dann zunehmend infrage gestellt. Insgesamt stellt die stetige Erhöhung der Bundeszuschüsse keine nachhaltige Lösung dar. Da Steuereinnahmen nur begrenzt verfügbar sind, verdrängen wachsende Sozialausgaben dauerhaft andere öffentliche Ausgaben, z. B. Investitionen. Insgesamt beliefen sich die Bundeszuschüsse zur Sozialversicherung in 2021 auf 134 Mrd. €. Das war mehr als ein Viertel des gesamten Bundeshaushalts.[1]

[1] Allerdings waren davon rund 19 Mrd. € Zuschüsse aufgrund von pandemiebedingten Mehrausgaben bei gleichzeitigen Mindereinnahmen vor allem für erhöhte Gesundheitsausgaben und die Finanzierung des Kurzarbeitergelds erforderlich.

Ziel einer tragfähigen Finanzierung der Sozialversicherung muss es sein, Einnahmen und Ausgaben langfristig einander anzugleichen. Wenn die Obergrenze für den Gesamtbeitrag zur Sozialversicherung 40 % nicht übersteigen soll, müssen auf andere Weise die Beitragseinnahmen erhöht werden. Diskutiert werden zusätzliche Beitragseinnahmen durch gezielte Zuwanderung, durch Anreize zum freiwilligen Weiterarbeiten über das Rentenalter hinaus, vor allem jedoch durch die Einbeziehung von Beamtinnen und Beamten sowie Selbstständigen in die gesetzliche Sozialversicherung. Die Aufnahme zusätzlicher Personen in die Versicherungen vergrößert aber auch den Kreis der Leistungsempfänger. Kaum zu vermeiden wird ein höheres Renteneintrittsalter sein. Dabei müssten Ungleichheiten zwischen Berufsprofilen berücksichtigt werden. Körperliche Anforderungen und auch das Berufseintrittsalter unterscheiden sich mitunter stark zwischen einzelnen Berufsgruppen. Unabdingbar ist, dass das umlagefinanzierte Rentensystem durch eine kapitalgedeckte Zusatzrente (private und betriebliche Altersvorsorge) ergänzt werden muss.

Aufgaben zu Kapitel 2

1. Erklären Sie Zielkonflikte des Magischen Sechsecks.
2. Beschreiben Sie staatliche Leistungen zugunsten von Familien. Erörtern Sie deren Notwendigkeit.
3. Ordnen Sie Elterngeld, Kindergeld, Ehegattensplitting, BAföG, Wohngeld, gesetzliche Krankenversicherung und Arbeitslosenversicherung jeweils dem Versicherungsprinzip bzw. dem Fürsorgeprinzip zu.
4. Nennen Sie Sozialleistungen, die einkommensunabhängig sind.
5. Skizzieren Sie mithilfe der Werte des folgenden Schaubilds eine der Lorenzkurve ähnelnde Kurve. Beschreiben Sie die Aussage Ihrer Darstellung.

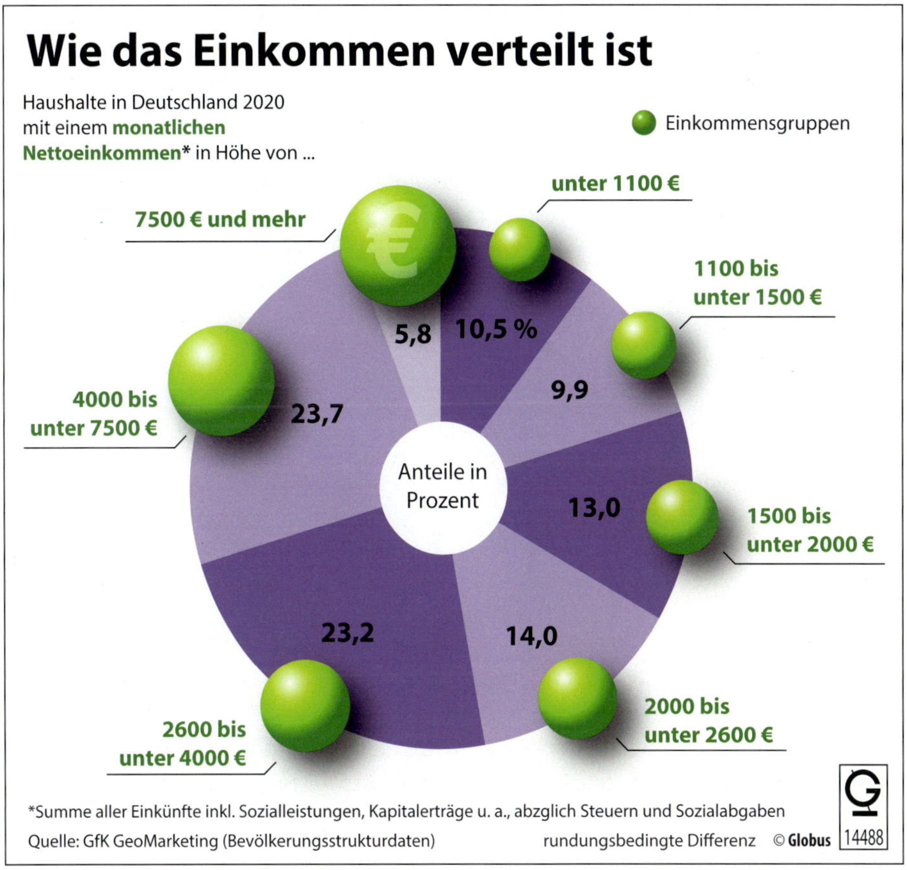

6. Beurteilen Sie die Aussagefähigkeit der Lohnquote.
7. Erörtern Sie Szenarien, die beschreiben, wie Ausgaben und Einnahmen der Sozialversicherungen ohne staatliche Zuschüsse in Übereinstimmung zu bringen sein könnten.

500
EURO
dollar
euro
500

Teil VIII

Aktuelle Entwicklungen im Zahlungsverkehr

Wer heute mit der Bahn fährt, zeigt dem Kontrolleur sein Handy-Ticket, das er vor der Abfahrt, bei Fernzügen sogar erst kurz nach dem Einsteigen geordert hat. Beim Bezahlen im Geschäft mit der girocard oder Kreditkarte fällt das Hantieren mit Scheinen und Münzen weg. Das geht schneller und ist hygienischer. Die Auswahl an Bezahlverfahren ist groß. Letzten Endes entscheidet der Kunde, welche er nutzt. Auch beim Onlineshopping können Internetnutzer auf verschiedene Arten des bargeldlosen Zahlens zurückgreifen. Die Digitalisierung im Zahlungsverkehr stellt eine Herausforderung für die Händler, aber auch für die Verbraucher dar, die sich mit den Zahlungssystemen auseinandersetzen müssen und dabei Sicherheitsaspekte nicht außer Acht lassen dürfen.

Im Folgenden werden gängige Formen des Zahlungsverkehrs unterschieden und situativ sinnvolle Zahlungsmöglichkeiten für unterschiedliche Anlässe gezeigt.

1 Bargeldzahlung

In einem Zeugenaufruf der Stuttgarter Polizei vom Februar 2022 heißt es: „Als die Bewohnerin nach Hause kam, bemerkte sie, dass das zur Terrasse liegende Küchenfenster aufgehebelt wurde. Aus der Wohnung waren Schmuck, ein Apple MacBook und mehrere Tausend Euro Bargeld entwendet worden. Im Hinterhof war der Frau zuvor ein unbekannter Mann entgegengekommen. Er wurde als etwa 1,75 bis 1,80 Meter groß beschrieben. Der Unbekannte soll einen dunklen Dreitagebart, dunkle Kleidung sowie eine Wollmütze getragen haben. Zeugen werden gebeten, sich unter der Telefonnummer 0711 XXX mit der Kriminalpolizei in Verbindung zu setzen."

Dass man größere Mengen Bargeld nicht zu Hause aufbewahren und auch Schmuck und Laptops vor unbefugtem Zugriff soweit wie möglich sichern sollte, weiß eigentlich jeder. Die Hausratversicherung ersetzt den Wert des Laptops und des Schmucks nur, wenn der Verlust nachgewiesen werden kann. Bargeld dagegen ersetzt die Versicherung nur in beschränktem Umfang, ein Nachweis des Verlusts ist ohnehin kaum möglich.

1.1 Banknoten: gesetzliches Zahlungsmittel

Jeder kann frei wählen, welche Bezahlform er nutzen möchte. Die meisten Menschen im Euroraum zahlen kleinere Beträge nach wie vor am liebsten bar.

Die auf Euro ausgegebene Banknote gilt als das einzige unbeschränkt **gesetzliche Zahlungsmittel.** Die Euro- und Cent-Münzen (die Bundesregierung besitzt für die Münzen das alleinige Recht zur Prägung und Ausgabe) sind ebenfalls ein gesetzliches Zahlungsmittel, allerdings nur im begrenzten Umfang. Ein Einzelhändler ist nicht verpflichtet, mehr als 50 Münzen pro Zahlungsvorgang von einem Kunden anzunehmen.

i

Die Geschichte des Bargelds in Deutschland

Seit den 1870er-Jahren bis zum Ersten Weltkrieg waren **Gold- und Silbermünzen** die wichtigsten gesetzlichen Zahlungsmittel im damaligen Deutschen Reich. **Ihr Wert entsprach dem Edelmetallwert.** Das Zwanzig-Mark-Stück bestand aus 7,1 Gramm Gold.

Erst 1909 wurden auch **Banknoten** gesetzliches Zahlungsmittel. Sie mussten von Kreditinstituten zum aufgedruckten Wert in Goldmünzen umgetauscht werden. Dieses System (Goldstandard) gab es in den meisten europäischen Staaten und in den USA bis zum Ersten Weltkrieg. Es war ideal für den Außenhandel, Gold diente als Recheneinheit.

Mit dem Ausbruch des Ersten Weltkriegs stellten die Reichsbank und ebenso fast alle anderen Zentralbanken den Umtausch ihrer ausgegebenen Banknoten in Gold ein.
Bis heute sind Banknoten und Münzen nicht mehr durch reale Goldwerte „gedeckt". Ein unmittelbarer Umtausch von Banknoten oder Münzen in Gold bei der Zentralbank ist nicht möglich – es sei denn, ein Anleger kauft Goldbarren oder Goldmünzen wie den Krügerrand, eine in hohen Auflagen in Südafrika geprägte Anlagemünze.

Auch die 5-Deutsche-Mark-Münze, die sechs Jahre nach Kriegsende 1951 erstmals ausgegeben wurde, war einige Jahre lang werthaltig. Sie bestand aus einer 625er Silberlegierung (62,5% Silber). Das Edelmetall des sogenannten Silberadlers sollte nach der Währungsreform Vertrauen schaffen. Bald zeigte sich, dass der Silberwert höher war als der Münzwert, die Münzen wurden gehortet. Die Bundesbank zog daraufhin 1974 die noch im Umlauf befindlichen Münzen ein und ließ sie einschmelzen. Auch bei den Euromünzen gibt es Silbermünzen, die meist über 10 Euro wert sind. Allerdings sind sie nur für den Sammlermarkt bestimmt. Ihr Preis ist wesentlich höher als der eigentliche Materialwert.

1.2 Die Ausgabe von Bargeld

Die Ausgabe von Banknoten und Münzen ist im Vertrag über die Arbeitsweise der Europäischen Union (AEUV) geregelt.

Für die Ausgabe der **Eurobanknoten** in Deutschland ist, mit Zustimmung der Europäischen Zentralbank (EZB), die Deutsche Bundesbank[1] zuständig.

Die Zuständigkeit für die **Euromünzen** liegt – anders als bei den Banknoten – bei den Regierungen der Euroländer. Dies ist ein Relikt aus der Vergangenheit, als es ausschließlich Münzen gab. Damals lag das Recht zur Regelung des Münzwesens beim jeweiligen Landesherrn (das sogenannte „Münzregal"). In Deutschland lässt das Bundesministerium der Finanzen die Euromünzen herstellen. Die Deutsche Bundesbank bringt sie dann in den Umlauf.

[1] **Deutsche Bundesbank** Zentralbank der Bundesrepublik Deutschland mit Hauptsitz in Frankfurt am Main

Art. 128 Vertrag über die Arbeitsweise der Europäischen Union (AEUV)
(1) [1]Die Europäische Zentralbank hat das ausschließliche Recht, die Ausgabe von Euro-Banknoten innerhalb der Union zu genehmigen. [2]Die Europäische Zentralbank und die nationalen Zentralbanken sind zur Ausgabe dieser Banknoten berechtigt. [3]Die von der Europäischen Zentralbank und den nationalen Zentralbanken ausgegebenen Banknoten sind die einzigen Banknoten, die in der Union als gesetzliches Zahlungsmittel gelten.

(2) [1]Die Mitgliedstaaten haben das Recht zur Ausgabe von Euro-Münzen, wobei der Umfang dieser Ausgabe der Genehmigung durch die Europäische Zentralbank bedarf. [...]

2 Bargeldlose Zahlung

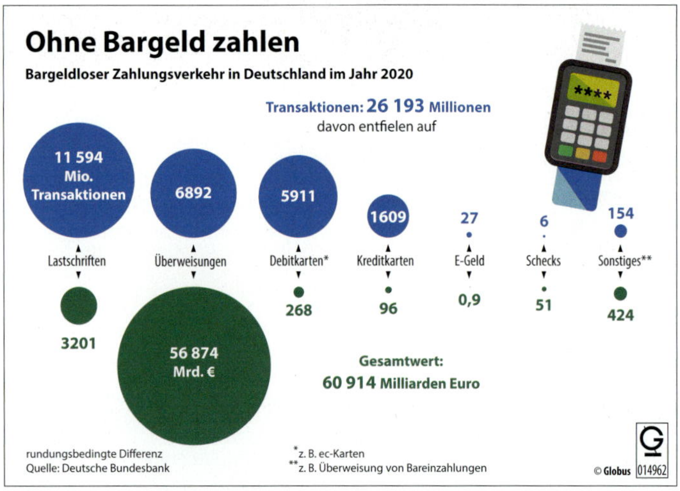

Bargeldlosen Zahlungen nehmen immer stärker zu. Am häufigsten werden kartengestützte Verfahren genutzt, z. B. kontaktlos mit einer physischen Karte oder als mobiles Bezahlen mit einer digitalen Karte in Smartphone oder Smartwatch. Bargeldloses Bezahlen ist nicht nur für Kunden attraktiv, sondern auch für den Einzelhandel. Zwar müssen Händler für die elektronische Abrechnung bezahlen, doch sie sparen Kosten und Aufwand für den Transport von Bargeld.

2.1 Kartengestützte Zahlungssysteme

Kunden sind zunehmend ohne Bargeld unterwegs und vertrauen darauf, im gesamten Handel mit ihrer Bankkarte bezahlen zu können. Vor allem die Coronapandemie hat das Bezahlverhalten von vielen Deutschen stark verändert. In Schweden oder in den Niederlanden bezahlt kaum noch jemand mit Banknoten und Münzen. Die Suche nach Kleingeld entfällt ebenso wie das Warten aufs Wechselgeld. Es ist auch hygienischer, weil kein Geld in die Hand genommen und ausgetauscht werden muss.

Eröffnet ein Kunde ein Girokonto bei einer Bank, wird ihm automatisch eine zugehörige **Debitkarte** (to debit = belasten) ausgegeben. Die Debitkarte der Deutschen Kreditwirtschaft ist die girocard. Überall dort, wo die girocard akzeptiert wird, können Kunden damit bezahlen. Nicht bei jeder Zahlung ist eine PIN-Eingabe nötig. Kontaktlose Zahlungen bis 50,00 € werden in der Regel ohne PIN-Eingabe durchgeführt. Mit der girocard sind im Normalfall an allen deutschen Geldautomaten Bargeldabhebungen möglich. Im Unterschied zu Kreditkarten führt der Kauf mit einer Debitkarte zur sofortigen Belastung des Girokontos. Das Logo ersetzt dabei alle bisherigen Logos für „Electronic Cash". Ziel der Einführung eines einheitlichen Logos für den SEPA-Raum ist es, die internationale Akzeptanz der deutschen Debitkarte zu erhöhen, sodass die Zahl der Akzeptanzstellen im Ausland steigt und damit die girocard zukünftig auch im Ausland mehr und mehr für Zahlungen eingesetzt werden kann.

Mit der Einführung eines einheitlichen Euro-Zahlungsverkehrsraums (SEPA) gab die EU-Kommission das Ziel vor, dass die Bürger Zahlungsverkehrsdienstleistungen im Euroraum zu den gleichen Konditionen ausführen können wie im Heimatland (EU-Preisverordnung 2001). Konkret dürfen dann bei Zahlungen mit girocard im SEPA-Raum in Euro im Ausland keine höheren Kosten als bei vergleichbaren Zahlungen im Inland anfallen.

Frau Weinheim verbringt mit ihrer Familie einen wunderschönen Urlaub in Spanien. Sie kauft im Supersol gerade für das gemeinsame Abendessen ein und möchte mit ihrer Debitkarte die eingekauften Lebensmittel in Höhe von 65,50 € bargeldlos bezahlen. Die Benutzung der Debitkarte wird sofort im Kassenterminal registriert und der Betrag von dem Verfügungsrahmen des Kontos von Frau Weinheim abgezogen. Frau Weinheim autorisiert die Zahlung durch Eingabe einer persönlichen PIN am Terminal.

PIN und TAN

- **PIN:** vierstellige **P**ersönliche **I**dentifikations**n**ummer, Nachweis als rechtmäßiger Karten- und Kontoinhaber
- **TAN:** einmal gültige **T**ran**s**aktions**n**ummer

Debitkarten mit Co-Branding

Für Zahlungen außerhalb des girocard-Akzeptanznetzes, wie z. B. in der Regel im Ausland, statten die kartenausgebenden Institute die girocard meist mit einem sogenannten Co-Branding eines internationalen Debitsystems, z. B. V Pay, aus. Für den Karteninhaber verläuft der Bezahlvorgang genauso wie im girocard-System. Gegebenenfalls wird ein Auslandsentgelt erhoben.

2.1.1 girocard[1]

Die Kundin Julia Lange kauft eine Uhr für 198,00 €. Da sie nicht genug Bargeld dabeihat, tätigt sie den Kauf bargeldlos mit ihrer Debitkarte. Sie wird gebeten, dazu ihre PIN in ein Kartenterminal einzugeben.

Bei dieser Zahlungsform erfolgt die Zahlung mit einer Debitkarte direkt am Ort des Verkaufes, also im Geschäft. Nach Eingabe der PIN wird über das zuständige Rechenzentrum der kontoführenden Bank (online) geprüft, ob Karte und PIN übereinstimmen, die Karte nicht gesperrt ist und eine ausreichende Kontodeckung vorliegt. Ist alles korrekt, wird die Zahlung innerhalb weniger Sekunden freigegeben und ausgeführt.

[1] Die girocard hieß früher EC-Karte („EC" für „Electronic Cash"). Der Name wird heute umgangssprachlich noch häufig verwendet.

Zahlungsablauf mit girocard

1. Der Verkäufer gibt den Zahlungsbetrag in die Kasse ein.
2. Der Kunde steckt dann seine Debitkarte in das Kartenlesegerät. Die Karte und das Kartenlesegerät sind miteinander verbunden, sodass der Geldbetrag im Lesegerät erscheint.
3. Der Kunde muss den Betrag durch „ok" bestätigen.
4. Der Kunde gibt seine PIN ein und bestätigt durch „ok".
5. Folgende Eingaben werden dann online beim zuständigen Rechenzentrum der kontoführenden Bank überprüft:
   - Stimmen Karte und PIN überein?
   - Ist die Karte gesperrt?
   - Ist genug Geld auf dem Konto?
6. Die Bestätigung der Zahlung wird durch den Hinweis „Zahlung erfolgt" angezeigt.
7. Der Kunde erhält einen Beleg als Zahlungsnachweis und seine Karte zurück.

2.1.2 SEPA-Lastschrift

Der Kunde Andreas Huesmann zahlt seine eingekaufte Ware in Höhe von 89,90 € mit seiner Debitkarte. Nach Einlesen der Debitkarte legt der Kassierer dem Kunden einen Zahlungsbeleg vor und Andreas Huesmann bestätigt mit seiner Unterschrift auf dem Zahlungsbeleg seinen Einkauf.

Für die SEPA-Lastschrift benötigt der Kunde eine Debitkarte. Anhand der Daten auf der Debitkarte des Kunden wird eine SEPA-Lastschrift (Einzugsermächtigung) eingeleitet. Der Kunde erhält an der Kasse einen Lastschriftbeleg und unterschreibt diesen. Mit seiner Unterschrift erteilt er dem Einzelhändler die Berechtigung, den Betrag von seinem Konto einzuziehen. Dazu reicht der Einzelhändler die Lastschrift bei seiner Bank ein, die den Betrag dann vom Konto des Kunden abbucht.

Die SEPA-Lastschrift wird von den Einzelhändlern immer weniger unterstützt, da hierbei eine Onlineprüfung der Kontodeckung bzw. der Sperrung des Kontos sowie eine Überprüfung der PIN nicht stattfindet. Den Einzelhändler trifft das Risiko, dass der fällige Betrag nicht eingelöst wird.

Zahlungsablauf mit SEPA-Lastschrift

1. Der Rechnungsbetrag wird in die Kasse eingegeben.
2. Der Kunde steckt dann seine Debitkarte in das Kartenlesegerät. Die Karte und das Kartenlesegerät sind miteinander verbunden, sodass der Geldbetrag im Lesegerät erscheint.
3. Es werden zwei Zahlungsbelege (Lastschriften) ausgedruckt. Ein Zahlungsbeleg wird vom Kunden unterschrieben.
4. Der Einzelhändler vergleicht die Unterschrift des Kunden auf dem Beleg mit der Unterschrift auf der Karte und überprüft möglichst die Identität des Kunden mithilfe eines Ausweises. Er behält dann den unterschriebenen Beleg ein.
5. Der Kunde erhält einen Zahlungsbeleg, die Karte und gegebenenfalls seinen Ausweis zurück.
6. Der Einzelhändler reicht den Beleg bei seiner Bank ein und erhält die Gutschrift.

2.1.3 Kreditkarte

Anton Seewald holt sein Auto nach einer größeren Reparatur aus der Autowerkstatt ab. Da die Autowerkstatt alle gängigen Kreditkarten akzeptiert, kann er mit seiner VISA-Karte die Rechnung über 1.589,90 € zahlen.

Kreditkarten sind daran zu erkennen, dass auf der Vorderseite die 12- bis maximal 16-stellige Kreditkartennummer geprägt ist.

Kreditkarten (z. B. American Express, Visa, Diners Club, MasterCard) werden bei der entsprechenden Kreditkartenorganisation beantragt, die die Kreditwürdigkeit prüft und dann über die Vergabe entscheidet. Der Kreditkarteninhaber muss der Kreditkartenorganisation eine Einzugsermächtigung für sein Konto erteilen, damit die Beträge, die er mit der Kreditkarte bezahlt, abgebucht werden können. Inhaber einer Kreditkarte können überall dort, wo im In- und Ausland die entsprechende Kreditkarte akzeptiert wird, Waren oder Dienstleistungen bargeldlos bezahlen. Im Ausland werden Kreditkarten häufiger akzeptiert als Debitkarten.

Kreditkarten haben eine PIN. Mit ihr können Nutzer Geld am Automaten abheben und in Geschäften bezahlen. Auch kontaktloses Zahlen ist möglich, wenn auf der Kreditkarte das Kontaktlos-Symbol vorhanden ist. Auch online ist die Kreditkarte beliebt, z. B., wenn kostenpflichtige Downloads genutzt werden. Seit 2021 müssen Kunden bei der Kreditkartenzahlung auf zwei voneinander unabhängigen Wegen nachweisen, dass sie die rechtmäßigen Inhaber der Bezahlkarte sind. Wer per Karte bezahlen will, muss, je nach Kartenanbieter, ein Passwort oder eine Transaktionsnummer (TAN) für den jeweiligen Auftrag eingeben. Bei Kreditkarten wurden die neuen Vorgaben notwendig, da Nummer und Prüfziffer dieser Karten immer wieder ausgespäht wurden. Am Ende des Monats erhalten Kreditkartennutzer eine Abrechnung, deren Summe automatisch vom Konto abgebucht wird.

Durch die zeitverzögerte Bezahlung, oft am Monatsende, gewährt das Kreditkartenunternehmen seinen Kunden und Kundinnen für einige Zeit einen zinslosen Kredit. Wird der ausstehende Betrag zum Abrechnungszeitpunkt nicht oder nicht vollständig beglichen, muss der Kunde für den offenen Betrag Zinsen zahlen.

PrePaid-Kreditkarten

Die PrePaid-Kreditkarte gewährt Kunden alle Freiheiten einer normalen Kreditkarte, sie muss aber vor der Nutzung mit einem Guthaben aufgeladen werden. Dies ist entweder per Dauerauftrag oder Überweisung möglich. Mit dieser Karte kann der Kunde Onlineeinkäufe tätigen oder im Supermarkt einkaufen gehen. Besonders geeignet ist sie für Personen, die über kein regelmäßiges Einkommen verfügen oder negative Schufa-Eintragungen haben. Der Vorteil für den Kunden: Die aufladbare Kreditkarte kann nicht überzogen werden, denn sie wird nur im Plus geführt. Nachteilig ist, dass der Kunde immer dafür Sorge tragen muss, dass seine Karte ausreichend gedeckt ist. Die Kartennutzung ist meist auch mit Gebühren behaftet.

i

Vor- und Nachteile von Kreditkarten

Vorteile:

- Mit einer Kreditkarte können Kunden bargeldlos Einkäufe und Rechnungen bezahlen. Geschäfte weltweit akzeptieren Kreditkarten, auch Dienstleistungsunternehmen wie Hotels, Restaurants oder Autovermieter.
- Kreditkarteninhaber autorisieren Zahlungen mittels PIN-Eingabe am Terminal von Händlern oder Dienstleistern. Immer häufiger wird auch das kontaktlose Bezahlen genutzt. Dazu muss die Karte vor ein Lesegerät gehalten werden.
- Im Gegensatz zu einer Debitkarte werden Kreditkartenzahlungen nicht sofort dem Konto belastet. Die Umsätze werden gesammelt und meist einmal im Monat vom Konto eingezogen.
- Kreditkartendienstleister gewähren den Kunden einen kurzfristigen kostenlosen Kredit, dessen Höhe von den regelmäßigen Einkünften des Karteninhabers abhängt.

Nachteile:

- Die finanzielle Freiheit von Kreditkartennutzern kann sich ins Gegenteil verkehren, wenn sie ihre Umsätze nicht im Blick behalten. Überziehen Kreditkartennutzer ihr Konto über ihren Kreditrahmen hinaus, werden hohe Zinsen fällig.
- Während Überweisungen im Inland in der Regel kostenlos sind, berechnen die Banken im Ausland für bargeldlose Zahlungen häufig Gebühren.
- Kreditkarten locken Betrüger an. Über manipulierte Terminals oder Geldautomaten können z. B. in Restaurants Kartendaten ausgelesen und missbräuchlich verwendet werden.

2.2 Kontaktlose Zahlungssysteme

Endverbraucher können in vielen deutschen Geschäften inzwischen kontaktlos bezahlen. Möglich ist dies entweder mit einer Kredit- oder einer Debitkarte. Diese Karten müssen allerdings das „Kontaktlos-Symbol“ (Wellensymbol) tragen. Kontaktloses Bezahlen ist auch mit NFC-fähigen[1] Smartphones und sogar mit Apps möglich, die

[1] Die NFC-Technologie (**N**ear **F**ield **C**ommunication) ist ein internationaler Standard für den drahtlosen Datenaustausch im Nahbereich bis etwa zehn Zentimeter Entfernung.

Unternehmen ihren Kunden für deren Smartphone anbieten. Ob das mobile Bezahlen im Handel möglich ist, lässt sich am Wellensymbol erkennen. Es sieht wie ein auf der Seite liegendes WLAN-Symbol aus und zeigt an, dass die Kasse NFC-fähig ist.

Bei kleinen Beträgen genügt es, die Debitkarte oder das Smartphone an das Bezahlterminal zu halten. Es ist keine weitere Bestätigung der Zahlung nötig. Höhere Summen müssen per PIN freigegeben werden. Das erhöht die Sicherheit.

2.2.1 Kontaktloses Bezahlen mit Karte

In den meisten Geschäften, in denen bargeldlose Zahlung mit Debit- oder Kreditkarte möglich ist, funktioniert das inzwischen auch kontaktlos. Mit welchen Karten man bezahlen kann, erkennt man häufig an den Logos an der Kasse.

Zum kontaktlosen Bezahlen hält der Kunde die Karte nah an das Kassenterminal und die auf der Karte integrierten Daten werden per NFC (Near Field Communication) an die Kasse übertragen. Bei Zahlungen bis 50,00 € erfolgt in der Regel keine PIN-Abfrage. Aus Sicherheitsgründen wird die Geheimzahl allerdings auch bei kleineren Beträgen in bestimmten Abständen abgefragt. Möglich ist, dass die Anzahl der aufeinanderfolgenden kontaktlosen Transaktionen ohne PIN beschränkt wird (maximal fünf) oder dass der Gesamtbetrag der kontaktlosen Transaktionen begrenzt wird (maximal 150,00 €).

Die girocard ist die am weitesten verbreitete Bezahlkarte mit Kontaktlos-Funktion in Deutschland.

2.2.2 Kontaktloses Bezahlen mit dem Smartphone

Wer das Handy ohnehin schon den ganzen Tag in der Hand hält, z. B. beim Warten an der Kasse, freut sich bestimmt, auch damit zahlen zu können. Deshalb bieten schon zahlreiche Unternehmen das Bezahlen mit dem Smartphone an. Auf dem Smartphone wird dann eine digitale Debitkarte, beispielsweise die digitale girocard, oder eine digitale Kreditkarte hinterlegt. Dies geschieht meist entweder in einer Wallet des Smartphoneherstellers oder in der App des kartenausgebenden Kreditinstituts.

- **Nutzung des Smartphones über Wallet-App**

Abhängig von der Art des Smartphones ist darauf eine Wallet-App installiert. Die gängigsten sind Apple Pay, Google Pay und Samsung Pay.

- **Nutzung des Smartphones als Kreditkarte über Händler-Bezahl-Apps**

Zusätzlich zu den Wallet-Apps bieten Unternehmen auch eigene Apps zum Bezahlen an. Der Kunde lädt sich zunächst die Bezahl-App des Unternehmens auf sein Smartphone. Danach legt sich der Kunde einen Benutzer-Account an: Name, E-Mail- Adresse, Passwort. Viele Anbieter setzen auf den **QR-Code,** der ähnlich funktioniert wie ein Barcode. Wenn der Kunde dann an der Supermarktkasse mit seinem Smartphone und der runtergeladenen Händler-App bezahlen will, scannt er mit dem Smartphone den QR-Code ein. Das Geld wird dann von einem vom Kunden vorher hinterlegten Guthaben abgebucht.

Die **Haftung beim mobilen Bezahlen** unterliegt einer klaren Regelung. Der Kunde muss nur für solche Transaktionen geradestehen, die er auch selbst veranlasst hat. Sollte das Smartphone des Kunden verloren gegangen sein und mit dem Handy wurden Zahlungen getätigt, kann der Kunde vom Zahlungsdienstleister die Abbuchung zurückverlangen. Allerdings muss der Kunde möglichst schnell seinen Zahlungsdienstleister (SIM-Karten- und Kreditkartensperrung) über den Verlust seines Bezahlsystems (Karte oder Smartphone) informieren. Sollten bis zur Verlustmeldung bereits Transaktionen von Dritten durchgeführt worden sein, haftet der Kontoinhaber hierfür bis zu einem Betrag von 150,00 €. Unbegrenzt haftet der Kunde sogar, wenn er grob fahrlässig oder vorsätzlich seine Sorgfaltspflicht missachtet hat.

2.3 Online-Bezahlverfahren

In den letzten Jahren haben sich neben den klassischen Bezahlsystemen verschiedene Online-Bezahlverfahren etabliert. Dabei gibt es zum einen zusätzliche Funktionen zum altbekannten Girokonto, z. B. giropay, und zum anderen die Bezahlsysteme von speziellen Finanzdienstleistern, z. B. PayPal.

2.3.1 PayPal

PayPal

Der bekannteste Anbieter von Online-Bezahlverfahren ist PayPal. PayPal-Nutzer müssen mindestens 18 Jahre alt sein. Die meisten deutschen E-Commerce-Händler bieten inzwischen eine Zahlung über PayPal an. Mit PayPal können Kunden weltweit bezahlen, Geld senden und Geld empfangen. Die Zahlungsmethode bietet sich als Alternative zur Zahlung mit Kreditkarte oder per Bankeinzug an.

Wer sich bei PayPal anmeldet, erhält ein Kundenkonto. Zum Konto muss ein Bankkonto oder eine Kreditkarte hinterlegt werden. PayPal bucht dann beim Bezahlen direkt davon ab. Kunden können auf ihr PayPal-Konto auch Guthaben überweisen.

i

Zahlungsablauf mit PayPal

1. Wer beim Onlineshop den PayPal-Button sieht, kann über PayPal bezahlen. Nach Auswahl von PayPal als Zahlungsart wird der Kunde zu PayPal weitergeleitet.
2. Dort muss er sich einloggen und die Zahlung bestätigen.

Der Händler sieht beim Bezahlen mit PayPal keine Bankdaten. Das überwiesene Geld geht sofort an den Empfänger, Wartezeiten wie bei Banküberweisungen gibt es nicht. Das Bezahlen ist für Kunden kostenlos, Händler, die PayPal als Bezahlmethode anbieten, bezahlen jedoch eine Gebühr.

2.3.2 giropay

Giropay ist das Online-Bezahlverfahren der deutschen Kreditwirtschaft und wird von der paydirekt GmbH betrieben. Um giropay zu nutzen, benötigt jeder Kunde ein für das Onlinebanking freigeschaltetes Girokonto. Zusätzlich muss das Kreditinstitut des Kunden an giropay teilnehmen.

Zahlungsablauf mit giropay

1. Die Bezahlung erfolgt über das persönliche Girokonto. Der Kunde wählt beim Einkauf in einem Onlineshop die Zahlungsform giropay aus und gibt die Bankleitzahl oder BIC seines Kreditinstituts an.
2. Klickt der Kunde dann auf den Button „Bezahlen“, wird er automatisch zum Onlinebanking seiner Hausbank weitergeleitet.
3. Hier loggt er sich dann mit seinen Daten (Kontonummer, Benutzername, PIN) ein.
4. Nach erfolgreichem Einloggen zeigt sich ihm eine mit allen Daten ausgefüllte Online-Überweisung, die er bei Zahlungsbeträgen über 30,00 € mittels TAN-Eingabe autorisiert. Im Anschluss findet die Zahlung statt.

Der Kunde hat den Vorteil, dass diese Bezahlung für ihn grundsätzlich kostenlos ist. Des Weiteren muss der Kunde keine persönlichen und sicherheitsrelevanten Daten (PIN, TAN) an Dritte weitergeben. Es wird lediglich die Bankleitzahl oder die BIC weitergegeben.

Der Händler hat den Vorteil, dass er sofort nach erfolgreicher giropay-Überweisung eine unwiderrufliche Zahlungsgarantie von der Bank des Kunden erhält. Der Zahlungseingang ist außerdem schneller als bei Lastschriften, Kreditkartenzahlungen oder dem SEPA-Lastschriftverfahren. Durch die Zahlungsgarantie kann der Händler zur Zufriedenheit des Kunden den sofortigen Versand der Ware ohne Risiko anweisen.

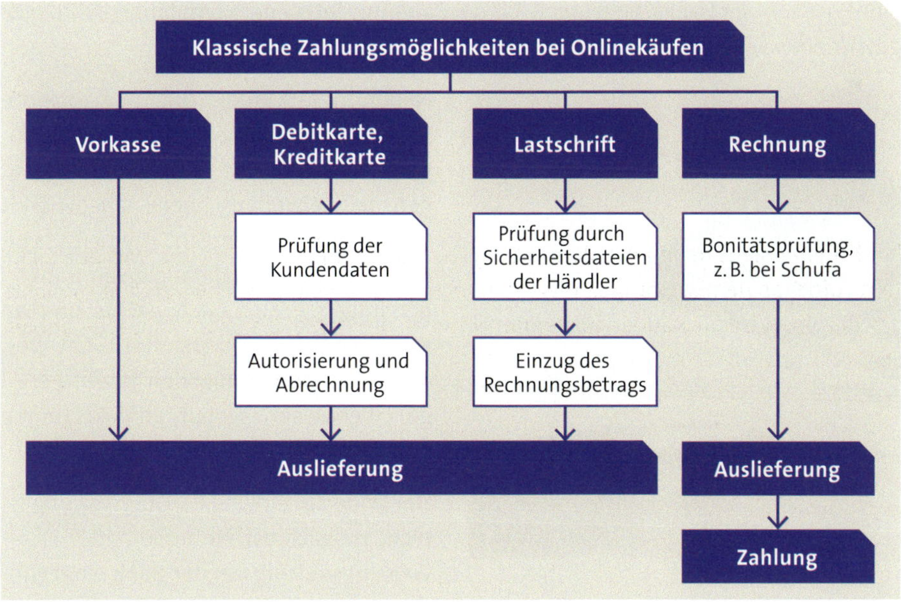

2.4 Weitere Zahlungsmöglichkeiten

2.4.1 Überweisung, Lastschrift und Dauerauftrag

Überweisung

Die Überweisung ist in Deutschland eines der häufigsten bargeldlosen Zahlungsmittel. Eine Überweisung ist die Anweisung eines Kontoinhabers an sein Kreditinstitut, einen bestimmten Betrag von seinem Konto auf das Konto des Zahlungsempfängers zu übertragen.

Euro-Überweisungen werden seit 2014 über das europaweit bestehende bargeldlose SEPA-Verfahren abgewickelt. Neben den EU-Staaten gehören auch Island, Norwegen, Liechtenstein und die Schweiz zum SEPA-Zahlungsraum.

Durch das SEPA-Verfahren wird garantiert, dass nicht nur Inlands-, sondern auch Auslandsüberweisungen innerhalb der EU nach einheitlichem Standard vorgenommen werden können. Dazu muss ein Auftraggeber folgende Daten auf einer SEPA-Überweisung angeben:

- IBAN des Kontoinhabers
- Name des Empfängers (Begünstigten)
- IBAN des Empfängers (Begünstigten)
- BIC des Empfängers (nur bei Auslandsüberweisungen)
- Überweisungsbetrag in Euro und Cent
- Verwendungszweck

Die Banken sind verpflichtet, Überweisungen **innerhalb gesetzlicher Fristen** zu tätigen. Die Frist für eine SEPA-Online-Überweisung national und international beträgt einen Bankarbeitstag, für eine Belegüberweisung zwei Bankarbeitstage. Für Zahlungsempfänger außerhalb des europäischen Raums oder Überweisungen in Fremdwährung gilt eine Frist von vier Bankarbeitstagen, bis der Zahlungsbetrag dem Empfängerkonto gutgeschrieben sein muss.[1]

[1] **SEPA-Clearer** Zahlungssystem der Deutschen Bundesbank. Hier werden nationale und grenzüberschreitende Interbankenzahlungen im SEPA-Format abgewickelt.

Neuerdings werden auch sogenannte SEPA Instant Payments (Echtzeitzahlungen) angeboten, mit denen Euro-Zahlungen in Sekundenschnelle abgewickelt werden. Bei SEPA Instant Payments werden Zahlungen unabhängig von Bankarbeitstagen – also auch nachts und an Wochenenden – durchgeführt. Oft werden dabei dem Zahlenden (meist geringe) Überweisungsgebühren in Rechnung gestellt.

Der Widerruf einer SEPA-Überweisung ist nicht möglich. Ist ein fehlerhafter Überweisungsauftrag bei der Bank eingegangen, ist der Zahlende auf die Unterstützung der Bank angewiesen.

IBAN

Um den Zahlungsverkehr innerhalb Europas zu erleichtern, gibt es die internationalen Kontonummern IBAN (= International Banking Account) und es wird eine internationale Bankleitzahl verwendet, die BIC (= Business Identifier Code). Die meisten Inhaber eines Girokontos kennen ihre zehnstellige Kontonummer auswendig. Sie steht am Ende der 22-stelligen IBAN, die mit einem Ländercode (DE für Deutschland) beginnt:

IBAN: DE99 1235 4678 1234 5678 90

DE99	1235 4678	1234 5678 90
Ländercode und Prüfziffer	Bankleitzahl	Kontonummer

Über die Prüfnummer kann das Kreditinstitut Zahlendreher bei der Eingabe der IBAN erkennen und eine Fehlermeldung ausgeben. Bei Überweisungen im Inland ist die Angabe des BIC nicht notwendig.

Lastschrift

Das Verfahren einer **SEPA-Lastschrift** bietet sich für regelmäßige Zahlungen an, z.B. monatliche Mitgliedsbeiträge. Mit der Schaffung des einheitlichen SEPA-Raums werden Lastschriften in einem einheitlichen Verfahren eingezogen. Für den Einzug von SEPA-Lastschriften wird ein SEPA-Lastschriftmandat benötigt. Es umfasst sowohl die Zustimmung des Zahlers gegenüber dem Zahlungsempfänger zum Einzug der Zahlung als auch den Auftrag an die eigene Bank zur Ausführung der Zahlung.

Dauerauftrag

Eine besondere Form der Überweisung ist der Dauerauftrag. Mit einem Dauerauftrag können Geldbeträge **regelmäßig und in gleicher Höhe** von einem Konto auf das Konto eines bestimmten Zahlungsempfängers übertragen werden. Die Überweisung erfolgt immer zu einem festgelegten Termin – und zwar automatisch. Der Dauerauftrag muss dafür lediglich einmal eingerichtet werden. Das geht auch online. Daueraufträge eignen sich für die Überweisung von Zahlungen, die in einem festen Rhythmus und stets in gleicher Höhe erfolgen. Dazu zählen z.B. Mieten, Rundfunkgebühren oder Versicherungsbeiträge. Sie können jederzeit durch Widerruf beim beauftragten Kreditinstitut gelöscht werden.

2.4.2 Kryptowährungen

Zahlungen mit Kryptowährungen sind im Kommen. Die bekannteste Kryptowährung ist der Bitcoin. Im Zuge des großen Erfolgs des Bitcoins sind viele weitere Kryptowährungen entstanden. Ripple und Ether zählen zu den bekanntesten.

Die meisten Käufer von Kryptowährungen sind Spekulanten, die auf Kursgewinne hoffen. Kryptowährungen unterliegen hohen Kursschwankungen. Ein Totalverlust ist deshalb nicht auszuschließen. Sie sind keine gesetzlichen Zahlungsmittel, sondern private Ersatzwährungen, vergleichbar mit der „Zigarettenwährung" nach dem Zweiten Weltkrieg, allerdings ohne materiellen Gegenwert.

Bei Kryptowährungen handelt es sich um digitales Geld, das ausschließlich virtuell existiert. Die zugrunde liegende Kryptografie befasst sich mit der Verschlüsselung der dazu notwendigen Informationen.

Kryptowährungen werden nicht von einem autorisierten Dritten, wie z. B. einer Bank oder einer Regierung, unterstützt oder verwaltet. Ihr Wert hängt ausschließlich von Angebot und Nachfrage ab. Im Vergleich zu klassischen Währungen sind Kryptowährungen wesentlich volatiler (schwankender).

Die meisten Kryptowährungen basieren auf der **Blockchain-Technologie.** Der Einsatz dieser Technologie ermöglicht es erst, Transaktionen dezentral auszuführen. Die Transaktionen werden in Blöcken in einer Kette (der Blockchain) abgelegt. Was einmal in die Blockchain eingetragen wurde, kann nicht mehr gelöscht werden. Dieses Vorgehen macht einen Diebstahl von Kryptowährungen oder eine Manipulation der Transaktionshistorie besonders schwierig.

Kryptowährungen werden in einer „digitalen Brieftasche“ aufbewahrt und können verwendet werden, um damit für Waren und Dienstleistungen zu bezahlen. Kryptowährungen werden von den meisten Händlern noch nicht akzeptiert. Eine Ausnahme ist der mittelamerikanische Staat El Salvador, der als erstes Land der Welt die Digitalwährung Bitcoin als gesetzliches Zahlungsmittel anerkannt hat.

Das Hauptziel von Kryptowährungen ist es, Geldtransfers ohne Wechselkursschwankungen zu erleichtern, besonders im internationalen Raum und in Ländern mit mangelhaften Finanzsystemen und hohen Inflationsraten. Transaktionen sollen dadurch schneller, günstiger und sicherer durchgeführt werden. Die Nutzung von Kryptowährungen bietet auch eine Anonymität, wie sie mit traditionellen Banksystemen nicht möglich ist. Dies macht sie aber auch für Kriminelle sehr attraktiv, die sie für Geldwäsche und andere illegale Aktivitäten nutzen.

Der Kauf und Verkauf von Kryptowährungen geschehen an einer digitalen Börse. Dort definiert man, für wie viele Euro man beispielsweise Bitcoins kaufen möchte, und bezahlt mit der Kreditkarte. Die bekannteste Börse ist Coinbase. Sie stammt aus den USA und wird von 32 Ländern unterstützt. Wer eine europäische Börse vorzieht, kann sich bei bitcoin.de registrieren.

Nach dem Kauf von Kryptowährungen an einer Börse wird das jeweilige Guthaben von dieser Börse verwaltet. Die Kryptowährungen gehören zwar den Käufern, befinden sich aber auf dem Konto der Börse, dem sogenannten Wallet. In der Vergangenheit wurden vor allem Börsenwallets Opfer von Angriffen. Deshalb empfiehlt es sich, die Bitcoins in eine persönliche Wallet zu übertragen. Dabei erhält man den eindeutigen Code seiner Coins. Verliert jemand den Code, ist allerdings auch das Geld unwiederbringlich verloren. Zwar ist die Blockchain weitgehend sicher, der persönliche Computer allerdings nicht immer. Schutzprogramme sind notwendig.

Aufgaben zu Kapitel **1–2**

1. Viele Bundesbürger zahlen nach wie vor im Supermarkt am liebsten mit Bargeld. Beschreiben Sie mögliche Gründe.

2. Entscheiden Sie sich in den folgenden Fällen für einen Zahlungsweg (Überweisung, Dauerauftrag oder Lastschrift) und begründen Sie Ihre Entscheidung.
   a) Petra hat ein T-Shirt bei einem Onlinehändler bestellt.
   b) Hans muss einmal pro Jahr den Mitgliedsbeitrag für seinen Sportverein bezahlen.
   c) Herr Mayer zahlt monatlich die Gebühren für seinen Telefonanschluss.

3. Fassen Sie zusammen, wie und wofür Sie eine Debitkarte nutzen können.

4. Unterscheiden Sie das Bezahlen mit Debitkarte von dem mit Kreditkarte.

5. Die Eltern von Adrian Sommer laden nach seinem bestandenen Abitur Freunde und Verwandte zum Essen in ein Restaurant ein und bezahlen mit Kreditkarte. Nennen Sie die Vor- und Nachteile dieser Zahlungsart für die Eltern von Adrian.

6. Bitcoins und andere Kryptowährungen werden häufig nicht zur Geldüberweisung verwendet, sondern als Spekulationsobjekt. Diskutieren Sie, ob es sinnvoll ist, in Zeiten einer hohen Inflation sein Geld in einer Kryptowährung anzulegen.

Teil IX

Geldanlage und Altersvorsorge

Das Geldvermögen der deutschen Haushalte wird immer größer. 2021 überschritt es erstmals die Schwelle von 7 Billionen € aus Bargeld, Wertpapieren, Bankeinlagen sowie Ansprüchen gegenüber Versicherungen. Vielen Sparern fällt es aber immer schwerer, ihre Rücklagen zu vermehren. Weil sie oft hohe Summen auf dem Girokonto oder auf gering verzinsten Sparkonten anlegen, verliert ihr Vermögen stattdessen stetig an Wert. Trotz der andauernden Niedrigzinspolitik der Europäischen Zentralbank (EZB) hoffen immer noch manche Verbraucher auf hohe Renditen und lassen sich dabei auch von unseriösen Anbietern, z. B. in den sozialen Netzwerken, einfangen. Die Versprechungen bleiben unerfüllt, das angelegte Geld ist im schlimmsten Fall verloren.

Dieser Teil des Buches unterscheidet unterschiedliche Geldanlagen. Es beschreibt außerdem staatlich geförderte Möglichkeiten der Altersvorsorge. Bei einer Umfrage deutscher Bausparkassen von 2021 gaben 55 % der Befragten an, dass die Altersvorsorge zu ihren wichtigsten Sparzielen gehört. Die Bundesregierung strebt umfangreiche Reformen, vor allem der betrieblichen und der privaten Altersvorsorge, an. Schwachstellen sollen beseitigt werden. Wer in das Berufsleben einsteigt, muss sich darüber umfassend informieren.

1 Geldanlage

Niklas Luick verdient sein erstes Geld als Informatiker. Er macht sich Gedanken über seine finanzielle Zukunft und überlegt, wie er sinnvoll und langfristig sparen kann und wofür er sein Gespartes verwenden will.

1.1 Bedeutung des Sparens

Entscheidet sich jemand fürs Sparen, entscheidet er sich für Konsumverzicht bzw. Konsumaufschub, denn Sparen bedeutet, das zur Verfügung stehende Geld nicht für Konsum auszugeben, sondern beiseitezulegen – also weniger Geld auszugeben, als im gleichen Zeitraum eingenommen wird.

Anstatt Geld nur zurückzulegen, kann man es auch investieren. Dabei wird Geld nicht auf einem Sparkonto oder Sparbuch „geparkt“, sondern z. B. in Aktien oder Fonds angelegt.

Die Deutschen sparten 2020 ca. 16 % ihres verfügbaren Einkommens[1]. Allerdings bedeutet das nicht, dass jeder Haushalt so viel spart. Die Sparquote ist nicht gleichmäßig verteilt. Viele Menschen haben überhaupt keine Ersparnisse, andere verfügen über große Vermögen, z. B. in Form von Aktien, Immobilien oder Investmentfonds.

[1] **Verfügbares Einkommen** (auch: Sparquote) Bruttoeinkommen abzüglich Steuern und Sozialversicherungsbeiträgen

Bedeutung des Sparens

Für den Sparer
- Vorsorge für Notfälle
- Zwecksparen für größere Anschaffungen, z. B. Pkw
- Kauf von Wohneigentum
- Altersvorsorge

Für Kreditinstitute (Banken oder Sparkassen)
- Gesammelte Gelder werden als Kredite ausgeliehen, die von Unternehmen und vom Staat (Bund, Länder, Gemeinden) investiert werden

Für die Wirtschaft
- Investitionen sichern Wirtschaftswachstum und Arbeitsplätze
- Privatpersonen erwerben Vermögen, z. B. Aktien

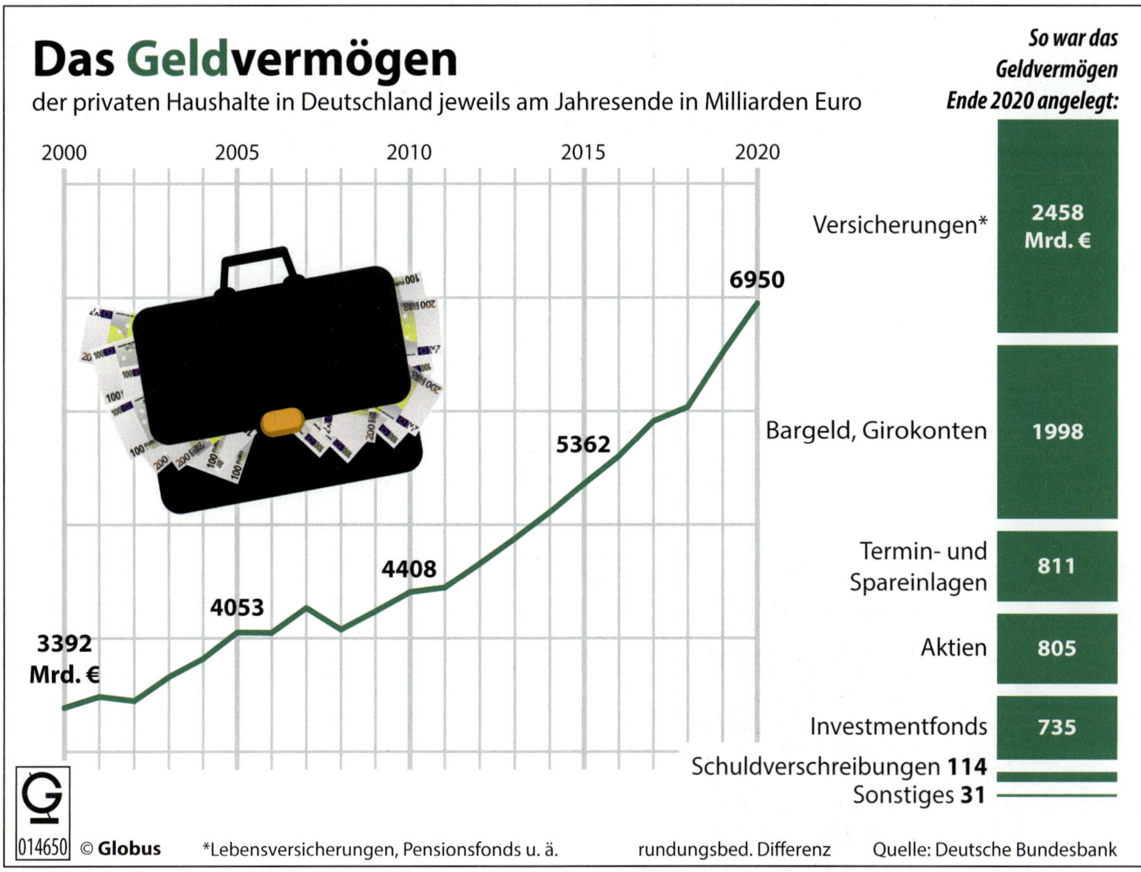

Niedrige Zinsen

Auf einem Kapitalmarkt müsste es eigentlich zugehen wie auf einem Wochenmarkt: Wenn Unternehmen und Privatpersonen viel Geld auf die Banken bringen, das Angebot an Geld also steigt, müssten die Zinsen sinken. Wenn Haushalte, Unternehmen und der Staat sich viel Geld leihen, die Nachfrage also groß ist, müssten die Zinsen steigen.

Dieses Gleichgewicht gerät aber aus den Fugen, weil die Europäische Zentralbank (EZB) in diesen Markt eingreift und Geld zu sehr niedrigen Zinsen an die Kreditinstitute verleiht. Dadurch sinken auch die Bankzinsen. Unternehmen und Privatpersonen können sich für geringe Zinsen Geld leihen, um z. B. Immobilien oder Einrichtungsgegenstände zu erwerben. Dadurch steigt theoretisch die Nachfrage nach Gütern, die Betriebe sind gut ausgelastet, die Arbeitslosigkeit sinkt.

Wenn für Kredite nur wenig Zinsen bezahlt werden müssen, sinken aber auch die Zinsen für die Spareinlagen. Jeder Geldanleger wünscht sich für seine Ersparnisse aber eine möglichst hohe Rendite[1]. Die Zinsen der Spareinlage sollen auf jeden Fall zumindest die Inflationsrate ausgleichen.

[1] **Rendite**
Gesamtertrag eines gesparten oder investierten Geldbetrags. Sie wird meist in Prozent des Geldbetrags für den Zeitraum von einem Jahr berechnet.

1.2 Ausgewählte Anlageformen

Niklas Luick (Einstiegssituation auf S. 176) hat sich im Freundeskreis umgehört und vielerlei Unterschiedliches über eine sinnvolle Geldanlage gehört. Im Internet findet er auf den Seiten seines Kreditinstituts weitere Hinweise.

Tagesgeldkonto

Das Tagesgeldkonto ist ein gering (oder auch gar nicht) verzinstes Konto. Kontoinhaber können täglich in beliebiger Höhe über ihr Guthaben verfügen. Ein Tagesgeldkonto ohne festgelegte Laufzeit dient im Gegensatz zum Girokonto ausschließlich dem Zweck, momentan nicht benötigtes Geld zu parken und Tagesgeldzinsen dafür zu erhalten. Es ist somit eine Form des Sparens. Tagesgeldzinsen sind derzeit sehr gering.

Sparkonto und Sparbuch

Als **Sparkonto** bezeichnet man ein Konto bei einem Kreditinstitut, auf dem Einlagen eines Sparers verbucht werden. Eine Variante eines solchen Sparkontos ist das **Sparbuch** in Papierform. Es stellt eine Sparurkunde dar, in der alle Ein- und Auszahlungen sowie die Zinserträge des Sparers vermerkt werden. Das Sparbuch wird immer mehr von der papierlosen SparCard verdrängt, bei der alle Ein- und Auszahlungen sowie Zinserträge auf einer der girocard ähnlichen Karte vermerkt werden.

Beim Sparkonto bzw. Sparbuch können bis zu 2.000,00 € sofort abgehoben werden. Bei größeren Beträgen gilt eine dreimonatige Kündigungsfrist. Wer während der Kündigungsfrist Geld abhebt, muss „Vorschusszinsen" zahlen.

Festgeldkonto

Bei einem Festgeldkonto (auch: Termingeldkonto) legen Sparer eine bestimmte Summe einmalig für einen vereinbarten Zeitraum, meist zwischen einem und vier Jahren, an. Für diese Zeit garantieren ihnen Kreditinstitute einen festen Zinssatz. Das angelegte Geld ist unabhängig von Zinsschwankungen.

Bausparen

Ein Teil der Summe für den geplanten Kauf einer Immobilie wird bei einer Bausparkasse angespart, für den Restbetrag garantiert die Bausparkasse einen zinsgünstigen Kredit. Bausparverträge werden staatlich gefördert, auch für Schülerinnen und Schüler ab dem 16. Lebensjahr. Der Staat unterstützt Bausparer mit 10 % Wohnungsbauprämie als staatliche Förderung. Das heißt, dass 10 % der jährlich eingezahlten Summe als Prämie hinzugefügt werden, maximal 70,00 € für Alleinstehende und 140,00 € für Verheiratete. Voraussetzungen für die Prämie ist, dass das jährliche zu versteuernde Einkommen unter 35.000,00 € bei Singles und unter 70.000,00 € bei Verheirateten liegt.

Aktien

Aktien sind Wertpapiere, die einen Bruchteil des Grundkapitals einer Aktiengesellschaft (AG) verbriefen. Sie sind ein Finanzierungsinstrument der Aktiengesellschaften zur Beschaffung von Eigenkapital.

Zu den Rechten des Aktionärs gehören das Recht auf einen Gewinnanteil (Dividende), das Recht zur Teilnahme an und Stimmrecht bei der Hauptversammlung sowie das Bezugsrecht auf junge Aktien bei Kapitalerhöhungen.

Dividenden unterliegen, soweit sie bei Alleinstehenden jährlich 801,00 € übersteigen, der 25%igen Abgeltungsteuer. Zur Inanspruchnahme des Freibetrags muss ein Freistellungsauftrag beim zuständigen Kreditinstitut eingereicht werden.

Immobilien

Wer eine Immobilie erwerben möchte, muss Ersparnisse bilden. Das Eigentum an einer Wohnung oder einem Haus in verkehrsgünstiger Lage garantieren eine regelmäßige Rendite in Form von Mieteinnahmen oder bei Eigennutzung die Mieterspamis. Ein Wertzuwachs der Immobilie ist nicht garantiert. Er wird nur in Wachstumsregionen erzielt. In manchen ländlichen Regionen und strukturschwachen Gebieten gehen die Preise wegen der schrumpfenden Bevölkerung sogar eher zurück. Manche Geldanleger befürchten sogar eine „Immobilienblase“, bei der die zurzeit sehr hohen Immobilienpreise, ähnlich wie in den USA 2008, abstürzen könnten.

Investmentfonds

Kapitalverwaltungsgesellschaften für Investmentfonds sind rechtlich selbstständige Gesellschaften, die bei Anlegern Finanzierungsmittel einsammeln, in Investmentfonds investieren und diese anschließend verwalten. Die Gesellschaften investieren das von den Anlegern eingezahlte Geld, diese erhalten im Gegenzug Fondsanteile.

Das Fondsmanagement bündelt das Kapital und investiert das Fondsvermögen z. B. in Aktien, Anleihen, Rohstoffe oder Immobilien. Fondsmanager analysieren die Märkte und suchen nach den besten Chancen. Erwarten sie einen Kursrückgang, könnten sie beispielsweise den Kassenbestand (Bargeldquote) im Fonds erhöhen. Die Kapitalverwaltungsgesellschaften verlangen jährliche Gebühren für die Verwaltung und oft auch Ausgabeaufschläge beim Kauf. Eine Rendite kommt zustande, wenn sich die Kurse des Fonds positiv entwickeln. Das geschieht durch gezielte Auswahl von besonders Erfolg versprechenden Wertpapieren und Kauf bzw. Verkauf zum besten Zeitpunkt. Auch wenn gemanagte Fonds häufig (aber nicht immer) etwas höhere Renditen ausweisen als nicht gemanagte Fonds, werden diese Renditen durch die Gebühren oft abgeschöpft.

Welcher Fonds für wen infrage kommt, hängt von der **Risikobereitschaft** der einzelnen Anleger ab. Wer überdurchschnittliche Renditen erwartet, muss Abstriche in puncto Sicherheit machen, da der Wert eines risikoreichen Fonds stark schwanken kann. Wer lieber auf Nummer sicher gehen will, sollte in Fonds investieren, die weniger stark schwanken, aber dafür auch geringere Gewinne erwarten lassen.

Relativ risikoarm sind z. B. Rentenfonds, da sie in festverzinsliche Wertpapiere investieren. Hochspekulativ sind dagegen auf einen sehr engen Markt orientierte Aktienfonds mit dem Anlageschwerpunkt „Entwicklung neuer Technologien" oder „Medikamente".

Einige der wichtigsten Investmentfonds sind Aktienfonds und Immobilienfonds:

Aktienfonds: Ein Aktienfonds beinhaltet mehrere einzelne Aktien von verschiedenen Unternehmen. Aktienfonds haben ein niedrigeres Risiko als Einzelaktien, weil sie breiter gestreut sind. Bei einem Aktienfonds können Anleger von den Wertsteigerungen der Aktien und von Dividendenzahlungen profitieren. Das investierte Kapital in Aktienfonds ist außerdem gesetzlich vor der Insolvenz der Investmentgesellschaft geschützt. Trotzdem unterliegen Aktienfonds an den Finanzmärkten ständigen Schwankungen und Anlegern sollten die Chancen und Risiken bewusst sein.

Immobilienfonds: Immobilienfonds investieren vor allem in Gewerbeimmobilien (seltener in Wohnimmobilien). So können Privatanleger, entsprechend ihrem Anteil am Fonds, von der Wertentwicklung und den Mieteinnahmen der Immobilien profitieren. Risiken gibt es auch bei dieser Geldanlage, etwa wenn Fondsmanager beim Erwerb von Immobilien bei deren Lage und Qualität Fehlentscheidungen getroffen haben.

Exchange Traded Funds (ETFs)

Kostengünstiger als gemanagte Fonds sind ETFs, da sie ohne ein aktives Fondsmanagement auskommen. ETFs sind börsengehandelte Indexfonds. Diese Art Fonds bildet lediglich einen Index, z. B. die 40 Werte des deutschen Leitindex DAX, eins zu eins ab. Der Fonds entwickelt sich so wie der DAX. Beliebt sind auch Indexfonds, die weltweit mehrere Tausend Aktiengesellschaften abbilden.

Schuldverschreibungen

Schuldverschreibungen[1] sind ein gängiges Finanzierungsinstrument für Staaten, Banken und Großunternehmen, sie dienen der Beschaffung von Fremdkapital. Hinter jeder Schuldverschreibung steht ein Kredit, den Anlegerinnen und Anleger dem Emittenten[2] gewährt. Der Käufer wird Gläubiger des Emittenten, Schuldverschreibungen gewähren also, anders als Aktien, keine Mitgliedsrechte. Am Ende der Laufzeit erfolgt die Rückzahlung (Tilgung) in der Höhe des Nennwerts. Anlegerinnen und Anleger können von steigenden Kursen profitieren und erhalten zusätzlich Zinsen.

Eine typische Form der Anleihe sind **festverzinslicher Wertpapiere.** Sie bieten einen konstanten Zinssatz über die Laufzeit. Feste Verzinsung und hundertprozentige Rückzahlung sorgen für eine sichere Kalkulation. Anleihen können jederzeit an der Börse (Rentenmarkt) erworben oder verkauft werden. Die Kursbildung wird durch die Restlaufzeit und das Verhältnis der Verzinsung zum Marktzinsniveau beeinflusst. Je nach der Marktzinsentwicklung schwanken die Kurse, allerdings nicht so stark wie bei Aktien.

[1] Sie werden auch als „Anleihen", „Rentenpapiere" oder „Obligationen" bezeichnet.

[2] **Emittent**
Person oder Institution, die Wertpapiere ausstellt und ausgibt

Eine Sonderform sind **Wandelanleihen.** Der Wandelanleihen-Inhaber ist während der Wandlungsfrist berechtigt, Anleihen in Aktien des Emittenten in einem zuvor festgelegten Verhältnis umzutauschen. Dies ist bei steigenden Kursen interessant. Macht der Anleiheinhaber vom Wandlungsrecht keinen Gebrauch, wird der Nennwert zum Laufzeitende ausgezahlt.

Gold

Zu den umstrittensten Geldanlagen zählt Gold, das als besonders sichere Sachanlage empfunden wird. Zum einen lässt sich die Entwicklung des Goldpreises kaum vorhersagen, zum anderen bringt eine Anlage in Gold keine Rendite in Form von Dividenden, Zinszahlungen oder Mieteinnahmen. Noch spekulativer als Gold ist das Sammeln von Kunstwerken oder Oldtimern als Geldanlage.

1.3 Anlagemotive: Sicherheit, Rendite und Liquidität

Bei der Auswahl der passenden Geldanlage orientieren sich Anleger vor allem an ihrem jeweiligen Motiv: Wollen sie mit einer sicheren Geldanlage oder dem Kauf einer Immobilie für ihr Alter vorsorgen, Geld kurzfristig anlegen, damit sie in Notfällen liquide sind, oder risikoreiche Aktien junger Unternehmen erwerben, in der Hoffnung, eine hohe Rendite zu erzielen? Bei der Entscheidung für die richtige Anlageform spielen drei Kriterien eine wichtige Rolle: Sicherheit, Rendite und Liquidität.

„Magisches Dreieck“ der Anlagemotive

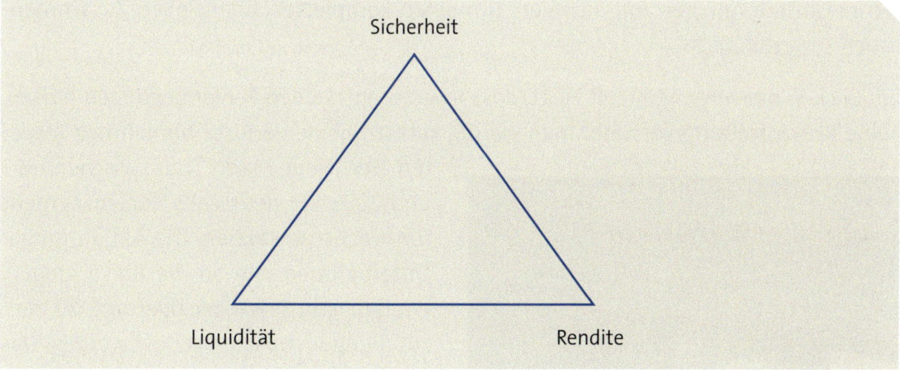

- **Sicherheit** bedeutet, dass der Sparer das angelegte Geld in vollem Umfang zurückbekommt.
- **Rendite** meint den Ertrag, den eine Geldanlage erbringt.
- **Liquidität** heißt, dass Teile des Vermögens jederzeit ohne Verlust „flüssiggemacht" werden können, also kurzfristig verfügbar sind.

Bei genauer Betrachtung dieser drei Kriterien offenbart sich ein **Zielkonflikt:** Keiner der drei Eckwerte des „magischen Dreiecks“ lässt sich verbessern, ohne damit die beiden anderen negativ zu beeinflussen, deshalb die Bezeichnung „magisch“.

Je höher die Renditeerwartung, desto geringer ist die Sicherheit.

i

Wer auf absolute Sicherheit setzt, muss damit rechnen, dass sein Vermögen real schrumpft. Das gilt insbesondere für das klassische **Sparbuch.**

Trotz sehr geringer oder gar keiner Zinsen bevorzugen viele Sparer Anlageformen wie das **Tagesgeldkonto** oder das **Sparkonto.** So sind ihre Gelder sicher angelegt und kurzfristig verfügbar.

Aktien erwirtschaften langfristig im Durchschnitt Renditen, die über der Inflationsrate liegen. Bei Aktien kann die Dividende ausfallen oder der Kurs kann abstürzen. Lediglich 18 % der Deutschen über 14 Jahren bevorzugen Aktien und Aktienfonds als Geldanlage.

Kaum besser kommen **staatliche Schuldverschreibungen** weg. Bei hochsicheren Schuldnern wie der Bundesrepublik Deutschland gleicht die niedrige Rendite gerade mal die Geldentwertung aus, und auch das nicht immer. Unternehmensanleihen bringen meist höhere Renditen. Aber auch hier gilt: Je höher die Rendite, desto größer ist das Risiko einer Insolvenz des Emittenten.

Risikostreuung (Diversifikation)

Die Risikostreuung hat das Ziel, das Gesamtrisiko eines gewinnorientierten Portfolios[1] zu minimieren. Dies gelingt durch eine bewusste Verteilung auf unterschiedliche Anlageformen. Dadurch lassen sich Verluste, die bei einer Kapitalanlage entstehen, durch Gewinne an anderer Stelle ausgleichen. Das bedeutet, dass Anleger in verschiedene Branchen, Wertpapiere und andere Vermögenswerte investieren sollten. Sie kombinieren riskantere Anlagen mit sicheren, um einen kompletten finanziellen Zusammenbruch zu verhindern.

[1] **Portfolio** Gesamtbestand aller Wertpapiere eines Anlegers

Ein Blick in die Vergangenheit zeigt, dass Investoren, die den Fehler begangen hatten, keine Risikostreuung vorzunehmen, häufig katastrophale Verluste hinnehmen mussten. Der „Neue Markt" war zwischen 1997 und 2003 ein deutsches Börsensegment für Wachstumsaktien. Die Aktien junger Unternehmen, die an die Börse gingen, wurden stürmisch nachgefragt, Aktienzuteilungen mussten verlost werden. Das Segment sollte innovativen Unternehmen auf einfache Weise zu Risikokapital verhelfen. Es erlebte seinen Höhepunkt mit der Hochphase des Technologiebooms zur Jahrtausendwende. Viele der jungen Unternehmen konnten allerdings die hochgesteckten Erwartungen in sie nicht erfüllen. Die Kurse stürzten ab. Viele Anleger verloren dabei ihre gesamten Ersparnisse. Das Börsensegment wurde 2003 endgültig geschlossen.

Altersvorsorge

2

Der Informatiker Niklas Luick erfährt von seinem Arbeitgeber, dass er die Möglichkeit hat, einen betrieblichen Altersvorsorgevertrag abzuschließen. Er fragt sich, was eine betriebliche Altersvorsorge genau ist und ob er sie benötigt.

Das Drei-Säulen-Modell der Altersvorsorge

Gesetzliche Säule	Betriebliche Säule	Private Säule
• Gesetzliche Rentenversicherung • Berufsständische Versorgungswerke	• Direktversicherung • Pensionskasse • Pensionsfonds • Unterstützungskasse • Direktzusage	• Riester-Rentenversicherung

2.1 Probleme der gesetzlichen Rentenversicherung

Gesetzliche Rentenversicherung
▸ Eingangsklasse, Teil III, Kap. 3.4, S. 161 ff.

Über kaum ein Thema wird so leidenschaftlich diskutiert wie darüber, wie das gesetzliche Rentensystem und die zusätzliche private Vorsorge in Zukunft aussehen sollen. Bundestag und Bundesregierung streben umfangreiche Reformen der betrieblichen und der privaten Altersvorsorge an. Schwachstellen wie die Doppelbesteuerung[1] sollen beseitigt werden. Das Problem: Die gesetzliche Rente wird über das sogenannte **„Umlageverfahren“** finanziert. Das bedeutet, dass das Geld der Beitragszahler direkt für die Zahlung der laufenden Renten verwendet wird. Der Rückgang der Geburtenrate, der spätere Eintritt ins Berufsleben aufgrund längerer Ausbildungszeiten, Möglichkeiten der Frühverrentung und die steigende Lebenserwartung führen dazu, dass **immer weniger Beitragszahler für immer mehr Rentenempfänger aufkommen.** Waren es im Jahr 1957 noch drei Arbeitnehmer, die einen Rentner finanzieren mussten, ist es im Jahr 2035 ein Arbeitnehmer, der einen Rentner finanzieren muss. Dieser **demografische Wandel** stellt die gesetzliche Rentenversicherung vor große Herausforderungen.

[1] **Doppelbesteuerung** Sie liegt dann vor, wenn der steuerfreie Anteil der Rente über die voraussichtliche Lebensdauer bei Rentenbeginn niedriger ist als die aus versteuertem Einkommen eingezahlten Beträge.

Lösungsansätze

In der Vergangenheit hat die Politik versucht, die genannten Probleme für das Rentensystem durch **Kürzungen der gesetzlichen Renten** und durch die **Erhöhung des Renteneintrittsalters** abzumindern. Eine **Erhöhung der gesetzlichen Rentenbeiträge** wurde hingegen nur selten genutzt. Das liegt daran, dass eine Erhöhung der Lohnnebenkosten unerwünscht ist, da sie die Konkurrenzfähigkeit der Unternehmen einschränken würde.

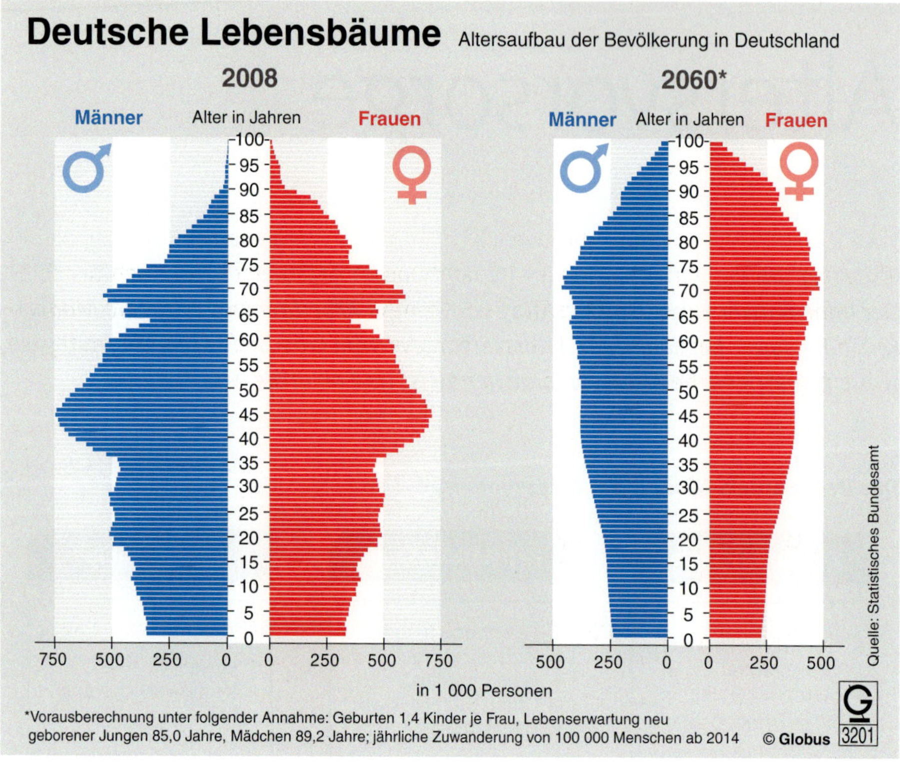

2.2 Altersvermögensgesetz (AVmG)

Das Altersvermögensgesetz (AVmG) aus dem Jahr 2002 hatte das Ziel, die Rentenversicherung neu zu strukturieren, um dem sinkenden Rentenniveau vorzubeugen und dabei die Rente für jüngere Generationen bezahlbar zu halten. Dazu wurde die im Umlageverfahren organisierte gesetzliche Rente durch eine kapitalgedeckte private und betriebliche Altersvorsorge ergänzt.[1] Beide werden vom Staat gefördert.

Damit ein Arbeitnehmer im Alter seinen Lebensstandard halten kann, ist es notwendig, dass seine Rentenzahlungen in etwa seinem Nettolohn entsprechen. Die drei Bausteine der Altersvorsorge sollten daher so gestaltet werden, dass die sogenannte „Rentenlücke[2]" möglichst gering ausfällt.

[1] Im Unterschied zum Umlageverfahren der gesetzlichen Rentenversicherung wird bei der privaten und betrieblichen Altersvorsorge in der Regel ein Kapitalstock zur Finanzierung der Leistungen gebildet (Kapitaldeckungsverfahren). ► Kap. 2.2.2, S. 186

[2] Auch: „Versorgungslücke"

Die drei Bausteine der Altersvorsorge

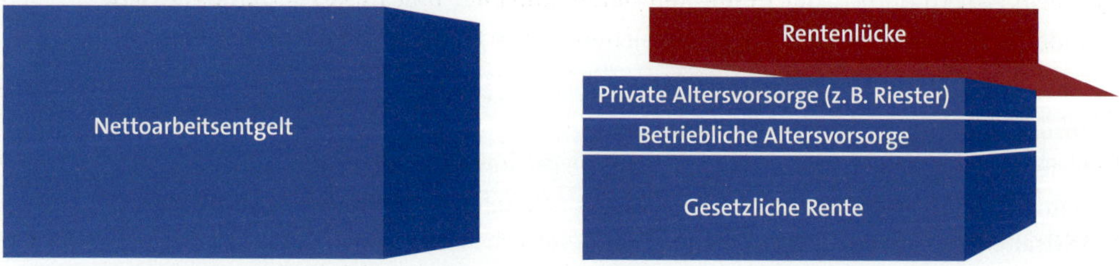

Pflichtversicherungen zur Altersvorsorge wie die gesetzliche Rentenversicherung, die Beamtenversorgung, die Alterssicherung der Landwirte und die berufsständischen Versorgungswerke[1] für freie Berufe sind Kernstück der Alterssicherung in Deutschland. Sie werden auch künftig die weitaus wichtigste Einnahmequelle im Alter sein.

[1] **Berufsständische Versorgung**
Altersvorsorge mit Pflichtmitgliedschaft für freie Berufe (Ärzte, Apotheker, Notare, Rechtsanwälte, Steuerberater, Architekten u. a.), die nach dem Kapitaldeckungsverfahren organisiert ist. Die Versorgungseinrichtungen sind rechtlich selbstständig. Die berufsständischen Versorgungseinrichtungen erhalten keine Zuschüsse vom Staat, sondern finanzieren sich ausschließlich aus den Mitgliedsbeiträgen.

2.2.1 Betriebliche Altersvorsorge

Die Alterssicherung über die Betriebe hat in Deutschland eine lange Tradition. Bereits zu Beginn der Industrialisierung im 19. Jahrhundert boten erste Unternehmer ihren Arbeiterinnen und Arbeitern eine Alterssicherung durch Hilfs- und Unterstützungskassen an. Die Arbeitgeber nutzten diese Form der betrieblichen Sozialleistung häufig, um in ihrem Betriebsumfeld soziale Verantwortung zu demonstrieren.

Heute muss die Betriebsrente jeweils arbeitsvertraglich vereinbart werden. Der Anspruch von Beschäftigten auf eine Betriebsrente kann im Arbeitsvertrag geregelt sein, aber auch in einem Tarifvertrag oder einer Betriebsvereinbarung. In den meisten Branchen bestehen Tarifverträge zur Betriebsrente.

Eine **betriebliche Altersvorsorge** nach dem Gesetz zur Verbesserung der betrieblichen Altersversorgung (Betriebsrentengesetz – BetrAVG) liegt vor, wenn der Arbeitgeber dem Arbeitnehmer aufgrund eines Arbeitsverhältnisses Versorgungsleistungen zusagt.

Im Fall des Erreichens einer Altersgrenze, der Invalidität und/oder des Todes wird eine vereinbarte Rentenzahlung bzw. eine Versorgung der Hinterbliebenen fällig.

● Entgeltumwandlung ▸

Beispielaufgabe zur Entgeltumwandlung
▸ Eingangsklasse, Teil III, Kap. 3.4, S. 165

Die Beiträge zur betrieblichen Altersvorsorge können vom Arbeitgeber allein in Form einer Vorsorgezusage oder vom Arbeitnehmer in Form einer sogenannten Entgeltumwandlung erfolgen. Bei der Entgeltumwandlung verzichtet der Arbeitnehmer auf einen Teil seines Gehalts zugunsten einer Altersvorsorge. Bis zu einer Obergrenze von 4 % der Beitragsbemessungsgrenze der gesetzlichen Rentenversicherung sind diese Einzahlungen **von der Steuer und den gesetzlichen Sozialabgaben befreit.** Grundsätzlich hat jeder Arbeitnehmer Anspruch auf die Möglichkeit der Entgeltumwandlung, jedoch kann durch geltende Tarifverträge davon abgewichen werden. Viele Arbeitgeber bieten die Entgeltumwandlung über die Einrichtung einer **Pensionskasse oder eines Pensionsfonds** an. Das sind versicherungsähnliche Versorgungseinrichtungen, die das eingezahlte Vermögen zur Alterssicherung verwalten und nach Eintritt des Rentenalters, wie vereinbart, auszahlen. Andernfalls kann der Arbeitnehmer die Durchführung der Entgeltumwandlung über eine **Direktversicherung** verlangen. Der Arbeitgeber schließt dann mit einer Versicherungsgesellschaft einen Versicherungsvertrag ab. Der Arbeitnehmer als versicherte Person hat Anspruch auf die Versicherungsleistung. Auf den umgewandelten Entgeltanteil werden **keine Lohnsteuer und Sozialversicherungsabgaben erhoben,** was den Beitrag des Arbeitnehmers in der Einzahlungsphase sogar noch vermindert. Bei Auszahlung müssen allerdings Steuern und Beiträge zur Kranken- und Pflegeversicherung gezahlt werden.

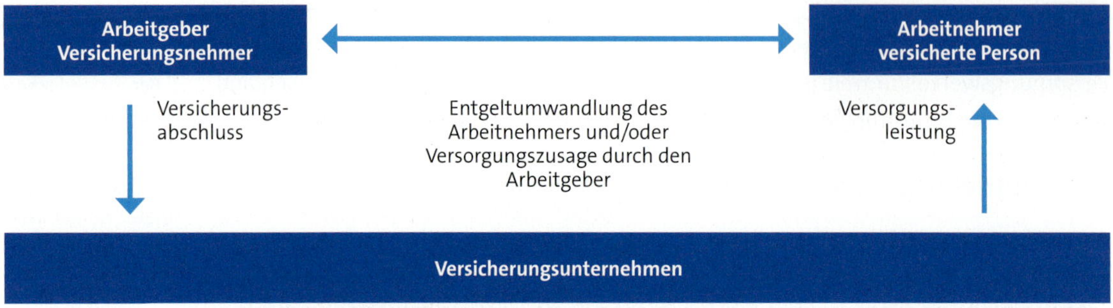

Alle Beschäftigte haben das Recht, einen Teil ihres Arbeitsentgelts umzuwandeln. Arbeitgeber sind gesetzlich verpflichtet, das umgewandelte Entgelt um 15% aufzustocken. Beide sparen durch die Entgeltumwandlung Sozialversicherungsbeiträge. In Tarifverträgen können höhere Arbeitgeberzuschüsse vereinbart sein. Wenn die Entgeltumwandlung über einen externen Träger[1] erfolgt, hat der Arbeitnehmer das Recht, die einmal im Unternehmen begonnene Alterssicherung mit eigenen Beiträgen als private Altersvorsorge fortzuführen, wenn er aus dem Unternehmen ausscheidet.

[1] Das können z. B. sein: Pensionskasse, Pensionsfonds, Direktversicherung

Unverfallbarkeit und Portabilität

Wird das Arbeitsverhältnis beendet, verfällt der bis zu diesem Zeitpunkt erworbene Anspruch auf betriebliche Altersvorsorge nicht (Unverfallbarkeit). Tritt der Arbeitnehmer ein neues Arbeitsverhältnis an, so kann der neue Arbeitgeber den bestehenden Vertrag übernehmen (Portabilität). Ist das nicht möglich, so kann der Arbeitnehmer den Versicherungsvertrag privat fortführen oder ruhen lassen. Die angesparten Beiträge und der Anspruch auf Leistung bleiben ihm erhalten.

Vorteile der betrieblichen Altersvorsorge

Für **Arbeitgeber** ist die Betriebsrente ein wichtiges personalwirtschaftliches Instrument: Mit attraktiven Altersvorsorgemodellen können sie leichter qualifizierte Mitarbeiter gewinnen und langfristig an sich binden.

Für **Beschäftigte** sind Betriebsrenten eine wirkungsvolle Möglichkeit, im Alter ein Zusatzeinkommen zu erzielen, vor allem, wenn der Arbeitgeber die Beiträge um mehr als 15% aufstockt. Die Verträge sind für die Beschäftigten einfach zu handhaben, weil sie sich nicht um die Auswahl des Anbieters kümmern müssen. Abschluss- und Verwaltungskosten der Geldanlage verteilen sich auf eine größere Personengruppe. Dadurch erzielen die Tarifpartner Mengenrabatte.

Der Staat fördert den Aufbau von Betriebsrenten mit Steuervorteilen und Beitragsersparnissen. Auf die Beiträge, die während des Arbeitslebens eingezahlt werden, müssen weder Steuern noch Beiträge zur gesetzlichen Renten-, Kranken-, Pflege- und Arbeitslosenversicherung abgeführt werden. Alle Betriebsrenten-Leistungen werden, soweit sie in der Erwerbsphase steuerfrei waren, erst in der Auszahlungsphase besteuert („nachgelagerte Besteuerung“). Da der Steuersatz im Alter meist niedriger ausfällt als im Erwerbsleben, ist das vorteilhaft. Auf die ausgezahlte Betriebsrente sind außerdem Beiträge zur gesetzlichen Kranken- und Pflegeversicherung zu zahlen. Bei den Krankenversicherungsbeiträgen gibt es für Pflichtversicherte Freibeträge.

Ein erheblicher **Nachteil** der Betriebsrente für die Beschäftigten besteht darin, dass vom Entgeltumwandlungsbetrag bis zur Beitragsbemessungsgrenze keine Beiträge in die gesetzliche Rentenversicherung fließen. Dadurch fällt die gesetzliche Rente geringer aus. Auch Einkommensersatzleistungen wie z.B. das Elterngeld können sich mindern, da sie sich nach dem steuerpflichtigen Bruttoarbeitsentgelt richten.

i

Formen der betrieblichen Altersvorsorge
Grundsätzlich entscheidet der Arbeitgeber darüber, wie er die Betriebsrente in seinem Unternehmen organisiert. Dafür gibt es verschiedene Möglichkeiten: So kann er die Durchführung selbst in die Hand nehmen und seinen Beschäftigten am Ende des Erwerbslebens eine Betriebsrente unmittelbar auszahlen (Direktzusage). Er kann aber auch Dritte mit der Organisation beauftragen. Der Arbeitgeber muss auch dann für die Betriebsrente einstehen, wenn sie über solche Einrichtungen organisiert wird.

Direktversicherung: Dabei schließt der Arbeitgeber eine Rentenversicherung auf das Leben seines Arbeitnehmers ab. Auch Berufsunfähigkeits- und Hinterbliebenenleistungen können abgesichert werden. Bezugsberechtigt für die Leistungen sind Arbeitnehmer oder ihre Hinterbliebenen.

Pensionskasse: Der Arbeitgeber schließt eine Rentenversicherung auf das Leben seines Arbeitnehmers ab. Auch Berufsunfähigkeits- und Hinterbliebenenleistungen können abgesichert werden. Die Pensionskasse ist eine rechtlich selbstständige Versorgungseinrichtung, die von einem oder mehreren Unternehmen getragen wird und dem Arbeitnehmer oder seinen Hinterbliebenen einen Rechtsanspruch auf ihre Leistungen gewährt.

Pensionsfonds: Er ist eine vom Unternehmen unabhängige und selbstständige Versorgungseinrichtung, die Altersvorsorgeleistungen erbringt und der staatlichen Versicherungsaufsicht unterliegt. Die Altersvorsorgeleistungen des Pensionsfonds werden für die Arbeitnehmer eines oder mehrerer Arbeitgeber durch Pensionspläne geregelt. Die Beiträge werden vom Arbeitgeber an den Pensionsfonds überwiesen. Die eingebrachten Mittel können, anders als Direktversicherungen und Pensionskassen, freier am Kapitalmarkt angelegt werden. Chancen und Risiken sind dadurch höher.

Unterstützungskasse: Sie ist eine rechtlich selbstständige Versorgungseinrichtung mehrerer Trägerunternehmen. Mit fast unbegrenzten Leistungshöhen können auch große Versorgungslücken geschlossen werden. Damit ist sie ideal zur Versorgung von Fach- und Führungskräften sowie für Gesellschafter-Geschäftsführer geeignet. Je nach Leistungsplan ist eine einmalige Kapitalzahlung oder eine laufende Rentenzahlung möglich. Auch Berufsunfähigkeits- und Hinterbliebenenleistungen können abgesichert werden.

Direktzusage: Mit ihr verpflichtet sich das Unternehmen, seinen Arbeitnehmern oder deren Angehörigen ab Eintritt des Versorgungsfalles (Ruhestand, Invalidität, Tod) aus betrieblichen Mitteln eine Versorgung zu zahlen. Für die Direktzusage muss das Unternehmen Pensionsrückstellungen in der Bilanz bilden, deren Zuführungen den steuerpflichtigen Gewinn reduzieren. Das mit der Erteilung der Direktzusage verbundene finanziellen Risiko des Versorgungsfalls kann durch den Abschluss einer Rückdeckungsversicherung abgesichert werden. Der Arbeitgeber schließt als Versicherungsnehmer eine Lebensversicherung auf das Leben des Arbeitnehmers ab. Bezugsberechtigt ist der Arbeitgeber. Er erhält dann im Leistungsfall das Kapital, das er benötigt, um sein Leistungsversprechen gegenüber dem Mitarbeiter zu erfüllen.

2.2.2 Private Altersvorsorge

Die private Altersvorsorge ist nach dem Prinzip der **Kapitaldeckung** aufgebaut. Der laufend eingezahlte Versicherungsbeitrag wird verzinst und am Ende der Laufzeit ab einem im Vertrag vereinbarten Zeitpunkt an den Versicherungsnehmer als monatliche Rente bis zum Lebensende ausgezahlt.

Zur privaten Altersvorsorge gehört die Möglichkeit der **Riester-Rente.** Die Bezeichnung „Riester-Rente" geht auf den ehemaligen Bundesminister für Arbeit und Sozialordnung Walter Riester zurück, der zur Förderung der freiwilligen Altersvorsorge eine Zulage durch den Staat vorschlug.

Riester-Verträge werden unter anderem durch Versicherungsunternehmen, Banken und Sparkassen angeboten. Die Verträge sind insbesondere aufgrund einer staatlichen Zulage und der Möglichkeit, die Beiträge bei der Einkommensteuererklärung steuermindernd anzusetzen, sinnvoll. Am Ende der Sparphase, also zu Beginn des Renteneintrittsalters, wird der Wert der eingezahlten Beiträge einschließlich der staatlichen Zulagen garantiert. In der Regel wird der Betrag als lebenslange monatliche Rente ausgezahlt und/oder man lässt sich einen Anteil in einem Betrag auszahlen.

Wer 4 % seines Bruttoarbeitsentgelts in einen Riester-Vertrag einzahlt, bekommt eine **Grundzulage** von 175,00 € pro Jahr, zusätzlich für jedes Kind 300,00 €. Die Zulagen werden direkt auf den bei einer Versicherung oder einem Kreditinstitut abgeschlossenen Altersvorsorgevertrag überwiesen. Zusätzlich erhalten junge Riester-Sparerinnen und -Sparer unter 25 Jahren einen **Berufseinsteiger-Bonus** in Höhe von einmalig 200,00 €. Neben der Zulagenförderung haben Sparer die Möglichkeit, die Altersvorsorgebeiträge als **Sonderausgaben abzuziehen.** Im Rahmen der Einkommensteuererklärung können Alleinstehende bis zu 2.100,00 € jährlich, Verheiratete bis zu 4.200,00 € als zusätzliche Altersvorsorgeaufwendungen steuermindernd geltend machen. Die Finanzämter prüfen, ob die Steuerentlastung höher ist als die Zulagenförderung (Günstigerprüfung). Ist die Steuerentlastung höher, berücksichtigt das Finanzamt im Rahmen der Einkommensteuerfestsetzung den Teil der Steuerentlastung, der die Zulagen übersteigt. Allerdings werden die Leistungen aus dem Riester-Vertrag in der **Auszahlungsphase** voll besteuert **(nachgelagerte Besteuerung).**

Die Rentenleistung darf nicht vor dem 62. Lebensjahr ausgezahlt werden. Der Vertrag muss lebenslange Leistungen vorsehen. Er muss mindestens die eingezahlten Beträge einschließlich der staatlichen Zulage berücksichtigen. Förderfähige Altersvorsorgeverträge und das darin angesparte Kapital sind vor jedem Zugriff Dritter geschützt, also auch vor der Verwertung bei Bezug von Arbeitslosengeld II und Sozialhilfe.

Ob sich der Abschluss eines Riester-Vertrags lohnt, hängt von den persönlichen Voraussetzungen ab. Die Förderung für Familien mit Kindern besteht in den meisten Fällen aus Zulagen, auf die unabhängig von Einkommen Anspruch besteht. Bei einer Familie mit zwei Kindern, bei denen ein Elternteil einen Riester-Vertrag abschließt, liegt der Anspruch bei 775,00 € (2 · 300,00 € + 175,00 €).

Für Geringverdiener ohne Kinder kann die Riester-Rente interessant sein, weil auch bei geringem Mindesteigenbeitrag die jährliche Zulage 175,00 € beträgt. Für Gutverdienende ist die Höhe der Zulage mit 175,00 € nicht entscheidend. Ihre Förderung besteht in erster Linie aus dem Abzug von Sonderausgaben bis maximal 2.100,00 € bei Alleinstehenden.

Wesentlich dafür, ob sich eine Riester-Rente lohnt oder nicht, sind auch die Vertragsgebühren und die Höhe der Zinsen. Der Garantiezins ist 2022 jährlich auf 0,25 % p.a. gesunken. Bei einer Inflationsrate von rund 5 % (Stand: 2022) ist das sehr wenig. Bundestag und Bundesregierung streben deshalb nach Reformen. Über das „Wie" sind sich die Parteien aber noch uneins.

Aufgaben zu Kapitel **1–2**

1. Recherchieren Sie im Internet, welche Geldanlagen Ihre Hausbank anbietet. Bringen Sie auch den Zinssatz für ein Sparkonto in Erfahrung.
2. Suchen Sie je eine Aktie aus den Bereichen „Maschinenbau", „Banken" und „Chemie" aus den 40 Werten des DAX aus und vergleichen Sie die Wertentwicklungen im Verlauf von mehreren Wochen.
3. Begründen Sie, warum Anleger ihr Risiko durch die Investition in unterschiedliche Geldanlagen streuen sollten.
4. Beschreiben Sie Vorteile und Nachteile der betrieblichen Altersvorsorge mithilfe der Entgeltumwandlung.
5. Nennen Sie Haushalte, für die der Abschluss von Riester-Verträgen unbedingt zu empfehlen ist.

Teil X

Wirtschaftsethik

Kauf von Aktien eines Herstellers von Pestiziden oder eines Braunkohlekraftwerks? Kaum jemand möchte das. Nachhaltigkeitsaspekte gehören zu den berechtigten Erwägungen bei Geldanlagen. Immer mehr Bankkunden fragen nach nachhaltigen Investments. Sie wollen ihr Geld bei solchen Unternehmen anlegen, die ethische Werte berücksichtigen. Verbraucher schauen nicht nur bei Geldanlagen genau hin. Sie wollen auch wissen, unter welchen Arbeitsbedingungen ihre T-Shirts genäht wurden oder auch, wie hoch der Treibstoff- oder Stromverbrauch ihres Pkw ist. Konsumentensouveränität machte es möglich, Produktion und Lieferketten zu beeinflussen.

In diesem Teil des Buches wird das Spannungsfeld zwischen Ökonomie und Ethik beschrieben. Dabei werden Produzenten-, Konsumenten- und Investorenethik definiert und Fragen der sozialen Gerechtigkeit aufgeworfen. Einen weiteren Schwerpunkt bildet die Notwendigkeit von nachhaltigem Handeln durch Unternehmer und Verbraucher.

1 Ethische Aspekte von Produktion, Konsum und Investition

Die Mercedes-Benz Group AG (ehemals Daimler AG) kündigte 2020 an, den Verbrauch der zur Herstellung ihrer Produkte nötigen natürlichen Ressourcen von 6,5 Mio. Tonnen pro Jahr drastisch zu reduzieren. Beispielsweise will Daimler vermehrt Aluminiumschrott recyceln, um den Werkstoff über den Materialkreislauf in neue Fahrzeuge zurückzuführen. Das schont nicht nur Ressourcen, sondern senkt auch die CO_2-Emissionen, da zur Aluminiumverhüttung sehr viel Energie benötigt wird. Wo immer es möglich ist, sollen nachwachsende Rohstoffe zum Einsatz kommen. Mit dem Ausbau der emissionsfreien, ressourcenschonenden Elektromobilität werden für Batterien Lithium, Kobalt oder Nickel benötigt. Auch diese Werkstoffe sollen recycelt und zusätzlich der Materialverbrauch durch konstruktive Veränderungen der Batterien reduziert werden. Die Lieferketten sollen transparent werden und die Ausbeutung von Arbeitskräften und Kinderarbeit soll ausgeschlossen sein.

Um mündig-bewusst ethisch handeln zu können, brauchen Menschen Orientierung. Niemand kann vorgeben, wie man sich in jeder Situation konkret verhalten muss. Aber erforderlich ist das Wissen und Anerkennen von Maßgaben, die bei einer Entscheidung zu berücksichtigen sind. Dazu gehört es, sich mit Werten und Normen auseinanderzusetzen. Der Mensch ist fähig, Verantwortung zu übernehmen und dafür einzustehen.

Ethik befasst sich mit der Frage, wie Menschen aus moralischer Sicht handeln sollen bzw. welche moralischen Regeln sie in ihrem Verhalten zu respektieren haben.

Die **Wirtschaftsethik** hinterfragt wirtschaftliches Handeln von Unternehmern und Verbrauchern aus der ethischen Perspektive, präsentiert ethisch sinnvolle Lösungsvorschläge und verwirft Entscheidungen, die nicht ethisch sind.

Dabei kommt es häufig zu Fragestellungen, zu denen sich das menschliche Gewissen meldet. Die Wirtschaftsethik hinterfragt, ob wirtschaftliche Handlungen und Entscheidungen einer Prüfung durch das menschliche Gewissen und anhand von gesellschaftlichen Werten standhalten können. Dabei geht es auch um die Frage, wie moralische Grundsätze und Werte die Nachhaltigkeit von Produktion und Konsum beeinflussen können.

1.1 Unternehmensethik

Die Unternehmensethik ist ein Teilbereich der Wirtschaftsethik. Sie befasst sich mit den moralischen Wertvorstellungen von Unternehmen.

Einerseits steht ein Unternehmen im wirtschaftlichen **Konkurrenzkampf** und muss sich tagtäglich behaupten, um im Wettbewerb bestehen zu können. Andererseits ist ein Unternehmen auch eine **gesellschaftliche Institution,** deren Handeln viele Menschen – nicht nur die Mitarbeiter, Kunden, Kapitalgeber und Lieferanten – in vielfältiger Form betrifft. Unternehmerisches Handeln hat also immer auch den Anspruch der gesellschaftlichen Verantwortung.

Ziel jeder unternehmerischen Tätigkeit ist zwar eine hohe **Wertschöpfung.** Doch welche Werte sollen geschaffen werden und für wen? Soll sich die unternehmerische Tätigkeit auf die reine Gewinnmaximierung beschränken oder sollen Werte wie eine intakte Umwelt, sozialer Frieden und die Herstellung sinnvoller Produkte auch in die Überlegungen miteinbezogen werden?

Angesichts **wachsender globaler Probleme,** z. B. die demografische Entwicklung►, der Klimawandel►, Flüchtlingsströme und endliche Ressourcen, wächst das Nachhaltigkeitsbewusstsein der Konsumenten, aber auch die Bereitschaft von Unternehmen, ihre Verantwortung im Zusammenwirken der gesellschaftlichen Kräfte zu übernehmen. Unternehmen sind zunehmend Konflikten zwischen gewinnorientierten Zielen und dem ethischen Druck der Gesellschaft ausgesetzt. Bei Letzterem geht es um die Frage, ob die Erzeugnisse und Produktionsmethoden dem Gemeinwohl dienen oder ihm widersprechen. Das gilt auch für die Lieferketten, z. B. von Rohstoffen und Halbzeugen.

Demografische Entwicklung
► Teil IX, Kap. 2.1, S. 183

Klimawandel
► Kap. 3.2, S. 204

Jedes Unternehmen unterliegt **gesetzlichen Schranken.** Beispielsweise ist Kinderarbeit hierzulande verboten. Solche rechtlichen Regeln bilden eine klare Orientierungslinie. Darüber hinaus gibt es aber Ansprüche verschiedener gesellschaftlicher Gruppen, welche nicht im Gesetz verankert sind.►

Anspruchsgruppen
► Kap. 1.1.2, S. 194

Auch die Ausrichtung von Unternehmen gegenüber den **Mitarbeitern** ist ein wichtiger Betätigungsbereich der Unternehmensethik: Menschenwürdige Arbeitsbedingungen, faire Arbeitsentgelte und das Zulassen von Mitbestimmung sind wesentliche Aspekte.

1.1.1 Unternehmensethische Ansätze

Unternehmensethische Ansätze können Antwort auf die Frage geben, ob und wie Unternehmen auf die Ansprüche reagieren sollen.

- **Instrumentalistische Unternehmensethik:** Ausgangspunkt ist die Ansicht, dass ethisches Verhalten Umsatzeinbrüche, staatliche Eingriffe und Schädigungen des Rufes verhindern soll. Sie sieht ethisches Verhalten als **Instrument für die Gewinnerzielung.** Der Verzicht auf heute möglichen, aber ethisch zweifelhaften Gewinn soll sich längerfristig in Form von späterem Gewinn auszahlen. Das langfristige Ziel bleibt die Gewinnmaximierung und das Mittel hierzu ist ein (kurzfristiges) ethisches Verhalten.
- **Integrative Unternehmensethik:** Sie bezieht **ethische Überlegungen von Anfang an bedingungslos und durchgängig** in das unternehmerische Handeln mit ein. Dies beginnt bei einer sinngebenden Wertschöpfungsidee (Meidung von fragwürdigen Geschäftsfeldern, z. B. die Produktion von Landminen), geht weiter über die Bedingungen der Produktion (z. B. Arbeitsbedingungen, Umweltbelastung) bis hin zu den gesamten sozialen und ökologischen Folgen der Produktverwendung (z. B. Produktion von sparsamen Motoren). Zudem übernimmt das Unternehmen branchen- und ordnungspolitische Mitverantwortung, beispielsweise durch die Schaffung und Durchsetzung von überstaatlichen bzw. internationalen Sozial- und Umweltstandards.

1.1.2 Berücksichtigung der Anspruchsgruppen

Der moralische Druck auf die Unternehmen durch die Gesellschaft nimmt zu. Dabei wird deutlich, dass neben der Einhaltung der rechtlichen Bestimmungen auch eine angemessene Berücksichtigung moralischer Normen gefordert ist. Eine Nichtbeachtung führt zu Protesten und zu Imageverlusten. Unternehmen mit hohen Gewinnen müssen der Gesellschaft nachweisen, dass sie diese Gewinne moralisch korrekt erwirtschaftet haben. Dabei müssen sie versuchen, die unterschiedlichen Ansprüche der Anspruchsgruppen zum Ausgleich zu bringen.

Anspruchsgruppen Gruppen oder Organisationen, die die unterschiedlichsten Erwartungen und Ansprüche an ein Unternehmen haben. Zu den Anspruchsgruppen eines Unternehmens gehören Eigentümer, Arbeitnehmer, Kreditgeber, Kunden, Lieferanten und der Staat.

Bei den Anspruchsgruppen unterscheidet man Shareholder und Stakeholder:

- **Shareholder** sind die Anteilseigner eines Unternehmens. Meist besitzen sie Aktienanteile.
- **Stakeholder** sind von den Aktivitäten eines Unternehmens betroffen und haben bestimmte Erwartungen. Jede der einzelnen Gruppen verfolgt hierbei eigene Interessen. Beispiele sind die Kunden oder die Mitarbeiter.

Außerdem unterscheidet man **interne** Anspruchsgruppen (z. B. Eigentümer, Arbeitnehmer, Betriebsrat) und **externe** Anspruchsgruppen (z. B. Kreditgeber, Kunden, Lieferanten, Staat).

Unternehmen können die Ansprüche dieser Anspruchsgruppen auf verschiedene Weise berücksichtigen:

- Ein Unternehmen, das nach dem **Shareholder-Value-Ansatz**[1] handelt, berücksichtigt nur die Interessen seiner Kapitalgeber und legt die Maximierung des Gewinns als einziges Ziel fest. Diesem theoretischen Ansatz liegt die Annahme zugrunde, dass in einem freien, effizienten und transparenten Markt die „unsichtbare Hand" (Adam Smith) automatisch die gesellschaftliche Wohlfahrt maximiert. Die Bedürfnisse aller Anspruchsgruppen werden damit optimal befriedigt.
- Das strategische Anspruchsgruppenkonzept bzw. der sogenannte **Stakeholder-Value-Ansatz** versucht ebenfalls, den Gewinn zu maximieren. Dabei werden aber nicht nur die Interessen der Kapitalgeber berücksichtigt, sondern auch Anspruchsgruppen, die das Unternehmen heute oder in Zukunft negativ beeinflussen können. Als Stakeholder gelten dabei neben den Mitarbeitern die Kunden, Lieferanten, Kreditgeber sowie der Staat, aber auch die Öffentlichkeit (Parteien, Gewerkschaften, Kirchen, Medien u. a.). Die Verantwortung des Staates für die Umwelt ist in Art. 20a des GG festgelegt.[2]

[1] **Shareholder-Value**
Der Börsenkurs multipliziert mit der Summe der gehaltenen Anteile ergibt den Vermögenswert (Value) eines Aktionärs (Shareholder). Eine auf Shareholder-Value angelegte Unternehmenspolitik wird versuchen, den Marktwert des Unternehmens und damit den Börsenkurs zu erhöhen.

[2] **Art. 20a GG:**
„Der Staat schützt auch in Verantwortung für die künftigen Generationen die natürlichen Lebensgrundlagen [...] durch die Gesetzgebung und nach Maßgabe von Gesetz und Recht durch die vollziehende Gewalt und die Rechtsprechung."

Verschiedene Ziele der Anspruchsgruppen führen zu **Zielkonflikten:** Aufgrund der verschiedenen Ziele der Anspruchsgruppen können sich innerhalb (intern) und außerhalb (extern) eines Unternehmens Zielkonflikte ergeben: Während die Kapitalgeber, z. B. die Aktionäre einer Aktiengesellschaft, auf hohe Gewinne und eine Mehrung ihres Vermögens hoffen, sind die Arbeitnehmer vor allem an einem regelmäßigen und angemessenen Einkommen, an einem angenehmen Arbeitsklima sowie an Möglichkeiten der Mitbestimmung und des beruflichen Aufstiegs interessiert. Die Kreditinstitute erwarten sowohl die vereinbarten Zinszahlungen als auch eine fristgemäße Rückzahlung ihrer Kredite. Die Kunden erwarten eine angemessene und preisgünstige Güterversorgung und zunehmend auch eine umweltverträgliche Produktion mit fairen Arbeitsbedingungen auch bei den weltweiten Lieferketten. Die Lieferanten erwarten die korrekte Erfüllung ihrer Verträge durch pünktliche Bezahlung und möglichst auch Folgeaufträge. Bund, Länder und Gemeinden hoffen auf die Schaffung von Arbeitsplätzen, ein hohes Steueraufkommen und möglichst geringe negative Auswirkungen der Produktion auf Ressourcenverbrauch und Umwelt.

Beziehungen zwischen Unternehmen, Shareholdern und Stakeholdern

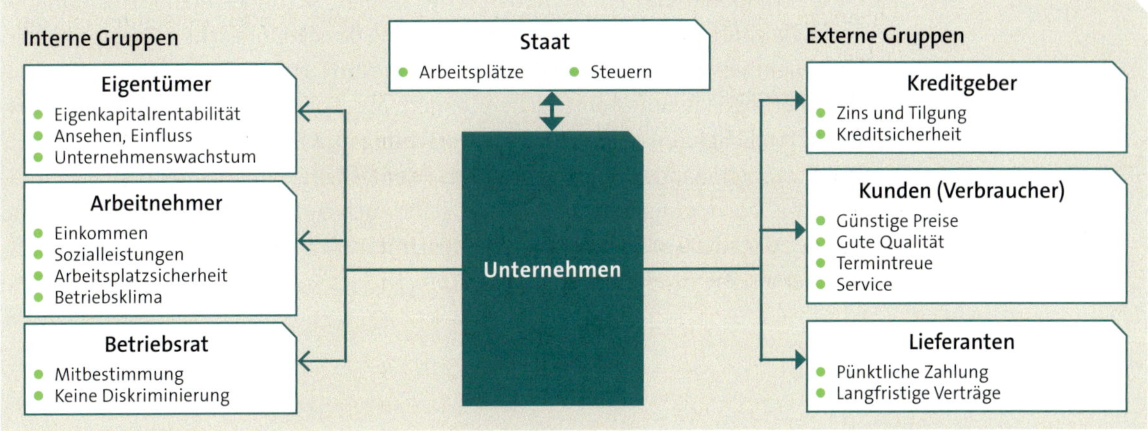

1.1.3 Corporate Social Responsibility (CSR)

Unternehmerische Verantwortung wird häufig mit dem Begriff „Corporate Social Responsibility“ zusammengefasst. Was bedeutet das eigentlich?

Corporate Social Responsibility (CSR) ist die Verantwortung von Unternehmen für ihr Handeln und dessen Auswirkungen auf die Gesellschaft. Die Dimensionen von CSR beziehen sich dabei auf soziale, ökonomische und ökologische Aspekte des unternehmerischen Handelns.

CSR ist ein Unternehmenskonzept, das alle Dimensionen der Nachhaltigkeit einbezieht. Von der EU-Kommission wurde 2011 CSR definiert als „die Verantwortung von Unternehmen für ihre Auswirkungen auf die Gesellschaft“. CSR strukturiert sich in vier Handlungsfelder der unternehmerischen Gestaltung einer nachhaltigen Entwicklung. Sie sind in konkrete Aspekte ausdifferenziert.

Ökonomie	Arbeitsplatz	Gemeinwesen	Ökologie
• Innovation zugunsten nachhaltiger Produktion und Erzeugnisse • Ressourcenschonung • Fairer Umgang mit Lieferanten und Verbrauchern • Digitalisierung und Datensicherheit • Verbraucherschutz • Transparenz der Lieferketten	• Arbeitnehmerrechte • Vereinbarkeit von Beruf und Familie • Aus- und Weiterbildung • Antidiskriminierung • Arbeits- und Gesundheits schutz • Mitarbeiterzufriedenheit • Führungsstil • Frauenförderung • Betriebliche Mitbestimmung	• Spenden für Kunst, Wissenschaft und Sozialeinrichtungen • Kooperation mit Akteuren am Standort • Kommunikation mit Stakeholdern • Unterstützung des gesellschaftlichen Engagements von Mitarbeitern	• Energieeffizienz • Nutzung erneuerbarer Energien • Abfalltrennung • Abwasserrecycling • Minderung von Abgas- und Lärmemissionen • Energiesparende Transportlogistik

Notwendigkeit von Corporate Social Responsibility

Vor dem Hintergrund einer globalisierten Welt und einer internationalen Konkurrenzsituation sind Unternehmen gezwungen, effizient zu wirtschaften. Wo es möglich ist, werden Kosten eingespart, um Gewinne zu erzielen. Hierbei agieren Unternehmen häufig international und Produktionsschritte können sich über mehrere Kontinente und eine Vielzahl von Ländern erstrecken. Im Sinne des ökonomischen Prinzips nutzen die Unternehmen dabei im Produktionsprozess Kostenvorteile und schwächere rechtliche Regulierungen in unterschiedlichen Ländern aus. So findet die Produktion meist in sogenannten Billiglohnländern statt, die Forschung und Entwicklung in den hoch entwickelten Industrieländern. Bei der Wahl des Firmensitzes können unter anderem steuerrechtliche Überlegungen entscheidend sein. Auch auf der internationalen Ebene führt eine zu starke Gewinnfokussierung der Unternehmen zu negativen gesellschaftlichen Effekten, die vermieden werden sollten.

- Der US-Onlinehändler Amazon nutzte zwischen 2006 und 2014 Lücken in der europäischen Steuergesetzgebung und bezahlte auf drei Viertel seiner in Europa erzielten Gewinne keine Steuern. Inzwischen versteuert Amazon auch in europäischen Ländern seine Gewinne, ist aber weiterhin geschickt darin, Vorteile der internationalen Steuergesetze für sich zu nutzen.
- Viele europäische Bekleidungshersteller lassen ihre Produkte in Ländern wie Bangladesch nähen. Die Arbeitslöhne sind dort sehr niedrig und die Arbeitsbedingungen eher unreguliert. 2013 stürzte in Bangladesch ein achtstöckiges Textilfabrik-Hochhaus ein, wobei 1100 Arbeiter starben. Die Welt war empört und fragte sich, wie so etwas überhaupt möglich sein kann. Inzwischen gilt auch in Bangladesch eine schärfere bau- und arbeitsrechtliche Gesetzgebung. Es kommt aber immer noch zu schweren Unfällen.

Internationale Konzerne können nur schwer durch einzelne nationale Gesetze kontrolliert und begrenzt werden. So hat z. B. die deutsche Gesetzgebung keinen Einfluss auf die Arbeitssituation in Bangladesch, wo auch deutsche Textilunternehmen ihre Waren produzieren lassen. Im Sinne einer gesellschaftlichen und sozialen Verantwortung müssen daher die Unternehmen selbst in die Verantwortung genommen werden.

Grenzen von Corporate Social Responsibility

Beim Umsetzen von CSR-Maßnahmen sind Unternehmen jedoch auch von der **Wettbewerbssituation** und den **Konsumentscheidungen** der Kunden abhängig. Ein Unternehmen kann nur CSR-Maßnahmen umsetzen, wenn seine Existenz trotzdem gesichert ist.

Problematisch kann es werden, wenn ein Unternehmen nachhaltig produziert, die Kunden aber nicht bereit sind, dafür einen höheren Preis zu bezahlen, und lieber billigere und weniger nachhaltige Produkte kaufen.

Somit ist eine erfolgreiche Umsetzung von CSR auch von verantwortungsvollen Konsumentenscheidungen abhängig.

1.2 Konsumentenethik

Konsumentenethik bezieht sich auf Verbraucher als Akteure. Die Verbraucher sollen ihre Konsumentensouveränität nutzen, um Verantwortung gegenüber sich selbst, der Umwelt und der Gesellschaft zu tragen.

Konsumentensouveränität bedeutet, dass Verbraucher ausschließlich nach ihren persönlichen Vorstellungen Kaufentscheidungen treffen. Sie bewirken, dass die Produzenten ihr Angebot den Verbraucherwünschen anpassen müssen (z. B. Bioprodukte).

Verantwortung zu übernehmen, bedeutet in dem Fall, dass sich die mündigen Konsumentinnen und Konsumenten für oder gegen Waren und Dienstleistungen entscheiden. Dies schließt ein, dass der Verbraucher die Produktionsbedingungen und ihre Folgen für die Umwelt (und auch die eigene Gesundheit) kennt und geeignete Produkte auswählt oder meidet.

Moralische Fragen sind für Verbraucher von großer Bedeutung. Der Aufschwung des **„fairen Handels"** und der Trend zu **biologischen Produkten,** die trotz höherer Produktionskosten vermehrt nachgefragt werden, zeigen das. Die vegetarische und vegane Ernährung breitet sich aus, da die Verbraucher verstärkt auf sich selbst und ihre Umwelt achten. Mündige Konsumenten sind sich bewusst, dass sie mit ihrem Kaufverhalten Einfluss auf die Wirtschaft nehmen können. Verbraucherzentralen und Einrichtungen für den Verbraucherschutz helfen hierbei mit dem Bereitstellen wichtiger Informationen. Auch die Medien tragen zunehmend dazu bei, dass sich die Bevölkerung ihres Einflusses bewusst ist. Der Staat kann ebenfalls mit Gesetzen oder über das Bildungssystem für eine Sensibilisierung sorgen. Unternehmen sind grundsätzlich versucht, die Nachfrage zu bedienen, ethisch saubere Produkte lassen sich leichter vermarkten.

1.3 Investorenethik

Auch bei der eigenen Geldanlage kann ethisch gehandelt werden. Investorenethik bedeutet, kein Geld in Unternehmen zu investieren, die z.B. Waffen herstellen, für die Abholzung des Regenwaldes verantwortlich sind oder ihre Gewinne durch das Angebot von Glücksspiel machen. Immer mehr Deutsche äußern solche Wünsche, wenn es um ihre Geldanlagen geht. Nach ethischen Standards zu investieren, z.B. Aktien nur von nachhaltig wirtschaftenden Unternehmen zu erwerben, liegt im Trend. Auch nachhaltige Investmentfonds werden immer beliebter. Ihre Renditen, so haben Analysten mehrfach ermittelt, sind oft höher als solche von Unternehmen, deren ethische Ansprüche gering sind.

Gerechtigkeit

2

Carla Petersen macht mit 17 Jahren Abitur. Sie hat keine Ahnung, welchen Beruf sie ergreifen will. Ein Studium muss es nicht sein, zumindest nicht sofort. Sie denkt über eine duale gewerbliche Berufsausbildung in einem Handwerksberuf nach, vor allem wegen der Möglichkeit einer späteren Selbstständigkeit. Carla informiert sich auch über tarifliche Arbeitsentgelte nach dem Ende der Berufsausbildung in Baden-Württemberg. Zu ihrem Erstaunen erfährt sie, dass das Stundenarbeitsentgelt einer Friseurin nicht höher ist als der gesetzliche Mindestlohn. „Ist das gerecht?", fragt sie sich. In einem handwerklichen Elektroberuf läge das Einstiegsgehalt bei 2.565,54 € monatlich. Dies entspricht bei einer 37-Stunden-Woche einem Stundenarbeitsentgelt von 15,94 €. Als Bürokauffrau im Handwerk bekäme Carle ein Einstiegsgehalt von 2.081,00 €. „Ein typisch schlechter bezahlter Frauenberuf", meint sie. Auch das empfindet sie als nicht gerecht.

2.1 Verschiedene Formen von Gerechtigkeit

Was in Bezug auf das Arbeitseinkommen gerecht oder ungerecht ist, wird in Politik und Gesellschaft häufig kontrovers diskutiert. **Ökonomische Gerechtigkeit** wird meist so interpretiert, dass alle Beschäftigten für gleiche Arbeit die gleiche Entlohnung bekommen und die gleichen beruflichen Aufstiegschancen haben, z. B. Männer und Frauen.

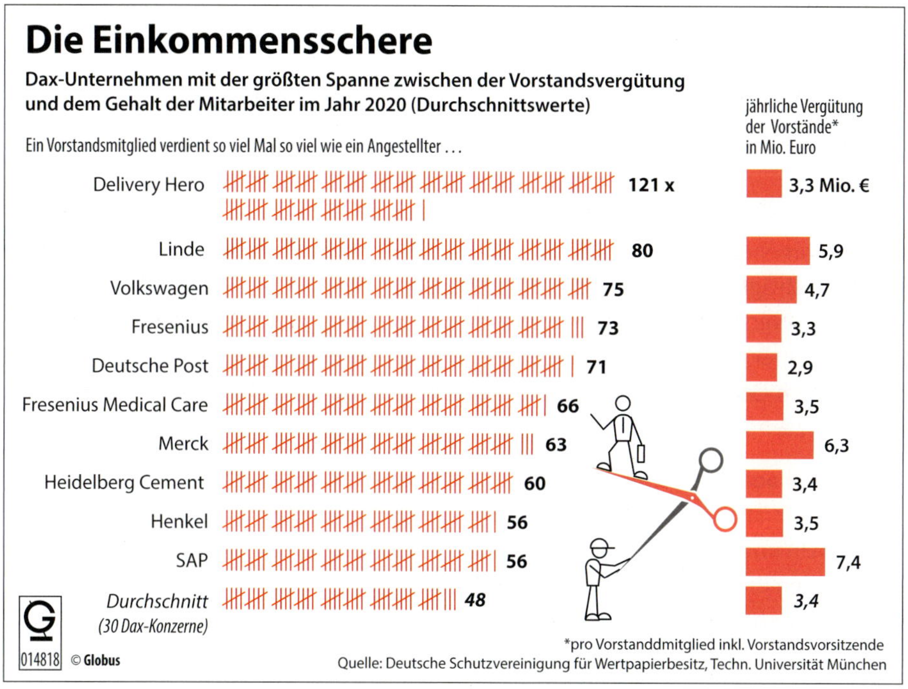

Gleichnis von den Arbeitern im Weinberg

Denn das Himmelreich gleicht einem Hausherrn, der früh am Morgen ausging, um Arbeiter für seinen Weinberg einzustellen. Und als er mit den Arbeitern einig wurde über einen Silbergroschen als Tagelohn, sandte er sie in seinen Weinberg. Und er ging aus um die dritte Stunde und sah andere müßig auf dem Markt stehen und sprach zu ihnen: Geht ihr auch hin in den Weinberg; ich will euch geben, was recht ist. Und sie gingen hin. Abermals ging er aus um die sechste und um die neunte Stunde und tat dasselbe. Um die elfte Stunde aber ging er aus und fand andere und sprach zu ihnen: Was steht ihr den ganzen Tag müßig da? Sie sprachen zu ihm: Es hat uns niemand eingestellt. Er sprach zu ihnen: Geht ihr auch hin in den Weinberg. Als es nun Abend wurde, sprach der Herr des Weinbergs zu seinem Verwalter: Ruf die Arbeiter und gib ihnen den Lohn und fang an bei den letzten bis zu den ersten. Da kamen die, die um die elfte Stunde eingestellt waren, und jeder empfing seinen Silbergroschen. Als aber die Ersten kamen, meinten sie, sie würden mehr empfangen; und auch sie empfingen ein jeder seinen Silbergroschen. Und als sie den empfingen, murrten sie gegen den Hausherrn und sprachen: Diese Letzten haben nur eine Stunde gearbeitet, doch du hast sie uns gleichgestellt, die wir des Tages Last und Hitze getragen haben. Er antwortete aber und sagte zu einem von ihnen: Mein Freund, ich tu dir nicht Unrecht. Bist du nicht mit mir einig geworden über einen Silbergroschen? Nimm, was dein ist, und geh! Ich will aber diesem Letzten dasselbe geben wie dir. Oder habe ich nicht Macht zu tun, was ich will, mit dem, was mein ist? Siehst du scheel drein, weil ich so gütig bin? So werden die Letzten die Ersten und die Ersten die Letzten sein.

Quelle: Die Bibel, Matthäus-Evangelium 20,1–16

Um **soziale Gerechtigkeit** zu beschreiben, werden soziale Ungleichheiten untersucht. Soziale Ungleichheiten entstehen z. B. durch die ungleiche Verteilung von Vermögen und Einkommen, durch Einkommensunterschiede zwischen Frauen und Männern und ungleiche Bildungschancen. Aber auch Faktoren wie der Zugang zum Gesundheitswesen und zum Arbeitsmarkt sowie politische Teilhabe können eine Rolle spielen. In den meisten empirischen Untersuchungen dazu sind die Vermögenskonzentration sowie die Einkommenshöhe zentrale Messkriterien für die soziale Ungleichheit in einer Gesellschaft. 2020 besaßen bei den Privathaushalten in Deutschland 1 % der Erwachsenen 35 % des Gesamtvermögens, weitere 9 % besaßen 32 % und den anderen 90 % gehörten die restlichen 33 %.►

Messgrößen für soziale Gerechtigkeit
► Kap. 2.2, S. 201

Ein zunehmend diskutiertes Thema ist auch die als mangelhaft empfundene **Generationengerechtigkeit.** Aufgrund des demografischen Wandels müssen junge Menschen hohe Sozialversicherungsbeiträge bezahlen, um die Renten älterer Menschen zu finanzieren. In ihrer **ökologischen Dimension** bedeutet Generationengerechtigkeit, die Erde zukünftigen Generationen so zu hinterlassen, dass die natürlichen Lebensgrundlagen dauerhaft erhalten und gestärkt werden.

Auch die **Chancengerechtigkeit** ist ein Aspekt der sozialen Gerechtigkeit. Dabei geht es darum, dass alle Menschen die gleichen Chancen haben sollen, Leistungsfähigkeit zu entwickeln und Leistungen hervorzubringen. Chancengerechtigkeit besteht, wenn alle die gleichen Chancen haben, mehr oder weniger große Erfolge zu erzielen, z. B. das Abitur zu erwerben statt eines Hauptschulabschlusses.

Ein weiterer Aspekt der sozialen Gerechtigkeit ist die **Lohngerechtigkeit** zwischen den Geschlechtern. In Deutschland liegt die Entgeltlücke zwischen Frauen und Männern bei 18 %. Selbst bei gleicher Qualifikation und Vollzeitarbeit beträgt der Entgeltunterschied immer noch 6 %. Die Gründe für die Entgeltlücke sind vielschichtig: Frauen wählen andere Berufe als Männer. Sie arbeiten häufiger in sozialen Berufen, die schlechter bezahlt werden als z. B. technische Berufe. Insbesondere die familienbedingte Erwerbsunterbrechung und der anschließende Wiedereinstieg in Teilzeit und Minijobs sind ein Grund: 47 % der sozialversicherungspflichtig beschäftigten Frauen arbeiten in Teilzeit. Knapp 62 % aller sogenannten Minijobs werden von Frauen ausgeübt.

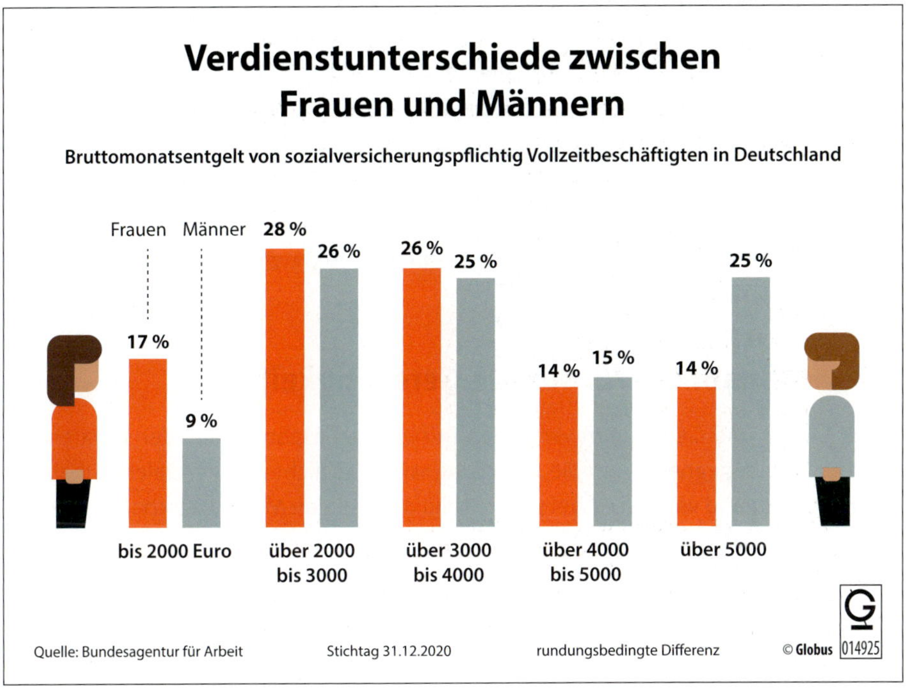

2.2 Messgrößen für soziale Gerechtigkeit

Ein international gängiges Instrument zur Messung von Einkommens- und Vermögensungleichheit ist der nach dem italienischen Statistiker Corrado Gini benannte **Gini-Koeffizient**▸. Dieser misst, wie gleich oder ungleich z. B. Vermögen innerhalb einer bestimmten Personengruppe verteilt ist. Er kann zwischen 0 oder 100 Punkten liegen. Je näher sein Wert an 100 Punkten liegt, desto ungleicher sind die Vermögen verteilt. Deutschland lag 2020 bei der Verteilung der Bruttoeinkommen innerhalb des Euroraums zwar im Mittelfeld, wies aber eine der höchsten Ungleichverteilungen beim Nettovermögen auf, mit einem Gini-Koeffizienten von 34,4 Punkten.

Gini-Koeffizient
▸ Teil VII, Kap. 2.3.2, S. 155

Neben dem Gini-Koeffizienten gibt es auch andere Verfahren, um soziale Ungleichheit zu messen. Eins davon ist der von der Bertelsmann Stiftung erhobene **Social Justice Index.** Dieser gewichtet Faktoren wie Armutsrisiko, Bildungschancen und Arbeitsmarktzugang deutlich höher als die Vermögensungleichheit. In einer Studie der Stiftung von 2019 belegt Deutschland unter 41 OECD-Staaten, darunter auch sämtliche EU-Länder, Rang 10. Die Top 5 nehmen die skandinavischen Staaten und Island ein.

2.3 Soziale Gerechtigkeit und Coronapandemie

Die seit 2020 grassierende Coronapandemie spiegelt die soziale Ungleichheit. So nimmt eine Covid-19-Infektion bei Menschen mit **geringem Einkommen** häufiger einen schweren Verlauf. Eine entscheidende Ursache hierfür wird darin gesehen, dass Ärmere häufiger unter problematischen Vorerkrankungen wie Diabetes oder Bluthochdruck leiden.

In Ländern wie dem Vereinigten Königreich und den USA sterben zudem **Angehörige von Minderheiten** häufiger an dem Virus – betroffen sind insbesondere People of Color und Migranten. Als mögliche Gründe werden hier unter anderem die oft beengten Wohnverhältnisse und die Tatsache gesehen, dass ärmere Menschen und Migranten häufig in schlecht geschützten Berufen ohne Homeoffice-Möglichkeit arbeiten.

Dass die Coronapandemie ökonomische Ungleichheit auch in Deutschland verschärft, zeigt eine Studie der gewerkschaftsnahen Hans-Böckler-Stiftung. Demnach hatten im Juni 2020 rund die Hälfte (48 %) der befragten Haushalte mit einem monatlichen Nettoeinkommen von unter 900,00 € Einkommensverluste erlitten. In der Gruppe der Haushalte, die ein Nettoeinkommen von über 4.500,00 € erzielen, war es dagegen nur etwas mehr als ein Viertel (27 %).

2.4 Maßnahmen für soziale Gerechtigkeit

Bund, Länder und Gemeinden versuchen mit vielerlei Maßnahmen, der sozialen Ungleichheit zu begegnen, denn die Förderung wirtschaftlicher und sozialer Teilhabe ist ein in Deutschland verfolgtes Ziel und Leitbild der sozialen Marktwirtschaft. Progressive Einkommensteuern‣ und Transferleistungen wie BAföG-Leistungen, Arbeitslosengeld II‣, Kindergeld‣ und Wohngeld oder die Befreiung von den Kita-Gebühren tragen dazu bei, dass einkommensschwächere Haushalte am gesellschaftlichen Leben teilhaben können. Dazu dient auch die Aufstockung besonders niedriger Löhne und Renten und die Einführung des gesetzlichen Mindestlohns durch den Staat. Der Mindestlohn reduziert zudem die immer noch bestehende Entgeltungleichheit zwischen Frauen und Männern. Denn überdurchschnittlich viele Frauen sind im Niedriglohnsektor beschäftigt. Zusätzlich wurde mit dem Entgelttransparenzgesetz 2017 eine Möglichkeit geschaffen, um gegen die ungleiche Bezahlung von Frauen und Männern vorzugehen.‣

Progressive Einkommensteuer
‣ Eingangsklasse, Teil III, Kap. 2.4.4, S. 144

Arbeitslosengeld II
‣ Eingangsklasse, Teil III, Kap. 3.5.2, S. 168

Kindergeld
‣ Eingangsklasse, Teil III, Kap. 2.6, S. 148

Lohngerechtigkeit
‣ Kap. 2.1, S. 201

2.5 Integrationspolitik als Sozialpolitik

Deutschland ist ein weltoffenes Land. Die Integration und Teilhabe der Menschen, die rechtmäßig nach Deutschland zugewandert sind oder hier Schutz gefunden haben, ist eine der wichtigsten innenpolitischen Aufgaben und bleibt eine langfristige gesamtgesellschaftliche Herausforderung. Eine wichtige Voraussetzung für gelingende Integration ist das Erlernen der deutschen **Sprache.** Dafür werden bundesweit Integrations- und Sprachkurse angeboten.[1] Auch die frühe **Wertevermittlung** im Integrationskurs wurde gestärkt. Außerdem werden Begegnungen zwischen Zuwanderern und der Aufnahmegesellschaft über Integrationsprojekte aktiv gefördert.

[1] Integrationskurse wurden mit den berufsbezogenen Sprachkursen zu einem gemeinsamen modularen System ausgebaut, einem Programm mit dem Namen „Gesamtprogramm Sprache" (GPS).

Nachhaltigkeit

3

Die 2019 gestartete Klimaschutzaktion „1000 Bäume für 1000 Kommunen“ des Gemeindetags Baden-Württemberg endet mit einem erfreulichen Ergebnis: Über zwei Millionen Bäume pflanzten Städte und Gemeinden bis 2021 landesweit. Damit wurde das angestrebte Ziel, im ganzen Land eine Million neue Bäume zu pflanzen, von den Kommunen deutlich übertroffen.

Im Jahr 1713 verfasste der adelige Forstmann Hans Carl von Carlowitz aus Freiburg in Sachsen ein Werk über die Forstwirtschaft. Dort formulierte er zum ersten Mal den Begriff der Nachhaltigkeit. Es gab zu der Zeit kaum genug Holz als Energiequelle, um die wachsende Bevölkerung Europas sowie Erzgruben und Schmelzhütten zu versorgen. Carlowitz erkannte, dass nur so viel Holz geschlagen werden durfte, wie wieder nachwuchs.

Nachhaltig ist eine Entwicklung, welche die Bedürfnisse der Gegenwart befriedigt, ohne zu riskieren, dass künftige Generationen ihre Bedürfnisse nicht mehr befriedigen können.

3.1 Ökonomie und Ökologie

Die Belastung der Umwelt durch den Menschen ist unstrittig. Spätestens seit der industriellen Revolution im 19. Jahrhundert ist das Wirtschaften des Menschen mit der Verschmutzung der Meere und Flüsse, zunehmendem Lärm, wachsenden Abfallmengen und generell dem Verbrauch der begrenzten natürlichen Ressourcen verbunden.

Wesentliche Gründe für Umweltbelastungen:

- **Güterproduktion der Unternehmen:** Energiebedarf, Rohstoffbedarf, Verschmutzung von Luft und Wasser, Entstehen von Produktionsabfällen
- **Verkehr (Güterverkehr, Personenverkehr):** Flächenbedarf, Energiebedarf, Lärm, Luft- und Wasserverschmutzung
- **Landwirtschaft:** hoher Flächenbedarf, Überdüngung der Böden, Grundwasserverschmutzung
- **Globales Bevölkerungswachstum:** Im Jahr 2100 wird eine Weltbevölkerung von ca. 11 Mrd. Menschen prognostiziert (2021 rund 8 Mrd. Menschen). Eine größere Weltbevölkerung benötigt auch mehr natürliche Ressourcen.
- **Verstädterung:** Flächenbedarf, weniger Fläche für Pflanzen und Tiere
- **Moderner Lebensstil:** Konsum- und Wegwerfgesellschaft

Laut Umweltbundesamt gefährdet die derzeitige Wirtschaftsweise unseren Wohlstand, weil sie die natürlichen Grundlagen des Wirtschaftens zerstört. Daher sei der Übergang zu einer „Green Economy" erforderlich, die in Einklang mit Natur und Umwelt stünde. Fast alle Unternehmen sind sich dessen bewusst.

i

Umweltverbrauch
Der Verbrauch von Ressourcen kann auch als „Umweltverbrauch" bezeichnet werden. Wie hoch – und damit wie problematisch im Sinne der Nachhaltigkeit – der Umweltverbrauch ist, hängt von der benötigten Menge und der Erneuerbarkeit der jeweiligen Ressource ab. Demnach ist ein hoher Verbrauch (große Menge) an Erdöl (geringe Reserven, lang andauernde Erneuerbarkeit) problematisch, wohingegen der Verbrauch von Sonnenenergie (unbeschränkte Reserven, sofortige Erneuerbarkeit) unproblematisch ist.

Da das unternehmerische Handeln Auswirkungen auf die Umwelt und die Gesellschaft hat, ist die ökologische Herausforderung des 21. Jahrhunderts genauso Teil der **Managementaufgabe** wie beispielsweise die finanzielle Führung oder die Strategieentwicklung. Es gilt für Unternehmensführungen, ihre Mitverantwortung wahrzunehmen und die sich daraus ergebenden Chancen zu erkennen und zu nutzen.

Unerwünschte ökologische Auswirkungen wirtschaftlicher Tätigkeiten führen außerdem zu **Reaktionen der Öffentlichkeit,** die wiederum auf die Unternehmen und deren Tätigkeiten zurückwirken.

Heute werden dank neuer technologischer Verfahren zunehmend erneuerbare Energiequellen wie Sonnenenergie, Windenergie, Biomasse, Wasserkraft usw. gefördert und erschlossen. Unternehmen können durch einen effizienten Energieverbrauch enorm Kosten sparen und gleichzeitig die Belastung der Umwelt reduzieren.

Auf jeden Fall entstehen für die Unternehmen **Entscheidungsnotwendigkeiten.** Unter Umständen müssen die Geschäftsmodelle radikal angepasst werden.

3.2 Klimawandel

Zur größten globalen Herausforderung der Menschheit hat sich die Mitte des 20. Jahrhunderts einsetzende Erhöhung der globalen Durchschnittstemperaturen entwickelt. Verursacht wird die Klimaveränderung vor allem durch die **Verbrennung fossiler Energieträger,** bei der große Mengen von Kohlenstoffdioxid (CO_2) freigesetzt werden. CO_2, aber auch andere Gase wie Methan (CH_4) sind für den sogenannten „Treibhauseffekt" verantwortlich.[1] Die **Folgen der globalen Erderwärmung** sind weltweit zu beobachten: Wirbelstürme, Waldbrände, Überschwemmungen, Hitzerekorde, aber auch lokale Kälterekorde nehmen an Intensität zu und werden häufiger. Auf der internationalen Klimakonferenz in Paris (2015) wurde beschlossen, die Erderwärmung auf maximal 2 Grad Celsius, besser auf 1,5 Grad Celsius zu begrenzen. Um dieses Ziel zu erreichen, ist eine Verringerung des CO_2 -Ausstoßes weltweit unabdingbar.

[1] In den vergangenen drei Jahrzehnten ist der Verbrauch fossiler Energieträger auch in bisher noch weniger stark industrialisierten Ländern deutlich angestiegen. Dazu zählen etwa die bevölkerungsreichen Länder China und Indien.

3.3 Ökobilanz

Die Ökobilanz ist eine systematische Analyse der Umweltwirkungen von Produkten, Verfahren oder Dienstleistungen entlang des gesamten Lebenswegs eines Produkts. Dazu gehören sämtliche Umweltwirkungen, die während der Produktion, der Nutzungsphase und der Entsorgung sowie der damit verbundenen vor- und nachgeschalteten Prozesse, z. B. der Herstellung der Roh-, Hilfs- und Betriebsstoffe, entstehen.

Mithilfe einer Ökobilanz werden der relevante Umweltverbrauch und die Umweltbelastungen für ein Produkt oder eine Dienstleistung systematisch erfasst und bewertet.

Eine Ökobilanz gewinnt an Aussagekraft, wenn sie nicht nur für ein Produkt oder eine Dienstleistung gemacht wird, sondern wenn **verschiedene Optionen** (z. B. Elektroauto vs. Benzinauto, Fernbus vs. Zug) miteinander verglichen werden. Sie bietet dadurch den Ausgangspunkt für einen haushälterischen Umgang mit knappen natürlichen Ressourcen, wodurch auf der einen Seite der Umweltverbrauch und die Umweltbelastung und auf der anderen Seite die Herstellungs- und Unterhaltskosten des Produkts gesenkt werden können.

Durch die Verbesserung der Ökoeffizienz kann ein ökologischer Gewinn erzielt werden. Es ist jedoch Vorsicht geboten. Die Ökoeffizienz ist ein relativer Wert. Die relative Umweltbelastung kann zwar abnehmen, die absolute Belastung jedoch zunehmen. In diesem Fall wird von einem **Rebound-Effekt** gesprochen. Der Rebound-Effekt ist kein Naturgesetz, sondern durch das Verhalten des Menschen bedingt.

Die Ökoeffizienz eines Autos kann durch einen geringeren Treibstoffverbrauch gesteigert werden (relative Verbesserung). Wenn allerdings aufgrund dieser Tatsache Herr Brunner als bisheriger Radfahrer aufs Auto umsteigt, Frau Zumstein als Autofahrerin mehr Kilometer als bisher fährt und sich Herr Forster dank der Treibstoffersparnisse einen Urlaub in Australien leistet, wird die Umwelt mehr als zuvor belastet (absolute Verschlechterung).

Umweltfreundliche Produkte

In der Regel weisen umweltfreundliche Produkte folgende Eigenschaften auf:

- wenig Materialverbrauch
- hohe Energieeffizienz
- kurze Transportdistanz
- Recycling oder problemlose Entsorgung
- lange Lebensdauer, Reparierbarkeit

3.4 Nachhaltigkeit von privaten Konsumentscheidungen

Nicht nur Unternehmen tragen als wirtschaftlich Handelnde zur Umweltzerstörung bei und müssen ihre Entscheidungen im Sinne der Nachhaltigkeit hinterfragen. Auch die wirtschaftlichen Entscheidungen von Privatpersonen (Konsumentscheidungen) haben Einfluss auf die Umwelt. So ist z. B. die persönliche CO_2-Bilanz jeder und jedes Einzelnen vom Lebensstil abhängig, also dem Ernährungs-, Mobilitäts- und Konsumverhalten.

Der **ökologische Fußabdruck** beschreibt, wie viel Fläche ein Mensch benötigt, um seinen Bedarf an Ressourcen zu decken. Kriterien sind unter anderem Herkunft und Art der Lebensmittel, die verbraucht werden, genutzte Transportmittel und die Produktionsbedingungen von Konsumgütern. Das schließt Flächen ein, die zur Produktion von Kleidung und Nahrung sowie zur Bereitstellung von Energie benötigt werden. Auch wird berücksichtigt, wie viele Bäume zur Aufnahme des durch menschliche Aktivitäten freigesetzten CO_2 notwendig sind.

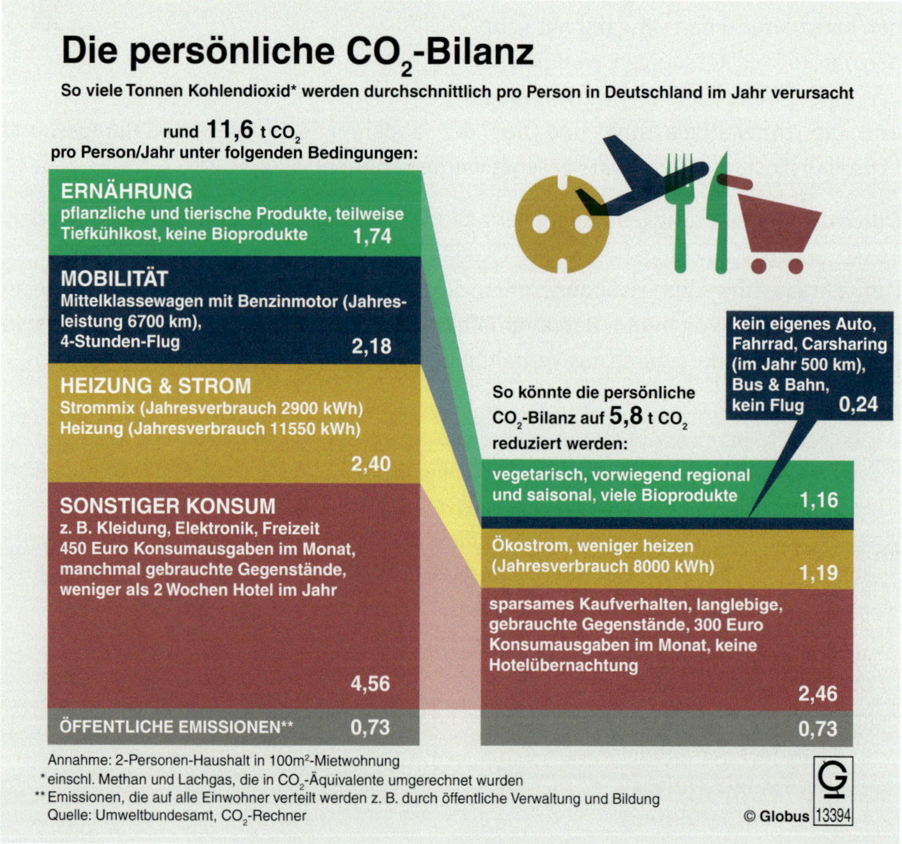

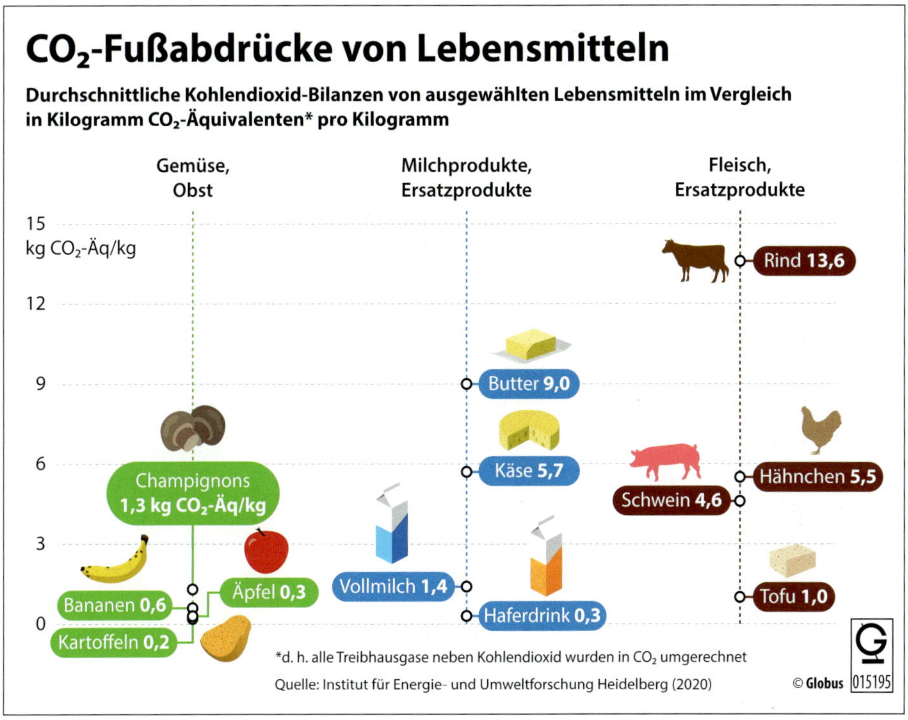

Aufgaben zu Kapitel **1–3**

1. Beschreiben Sie mögliche ethische Verhaltensweisen von Verbrauchern, Unternehmern und Investoren. Suchen Sie auch Beispiele in den Medien.
2. Begründen Sie, warum die Coronapandemie Arme oft mehr trifft als Wohlhabende.
3. Nennen und erklären Sie staatliche Maßnahmen der deutschen Politik, mit deren Hilfe der sozialen Ungerechtigkeit entgegengewirkt werden soll.
4. Beurteilen Sie, welche Rolle Konsumentenethik in der heutigen Konsumgesellschaft überhaupt spielt.
5. Erklären Sie die folgenden Begriffe.
   a) Ökobilanz
   b) Rebound-Effekt
   c) ökologischer Fußabdruck
6. Erklären Sie in eigenen Worten den Begriff „Corporate Social Responsibility“.
7. Im Internet bieten einige dem Umweltschutzgedanken nahestehende Organisationen Tests zur Ermittlung des eigenen „ökologischen Fußabdrucks“ an. Führen Sie so einen Test durch und prüfen Sie mögliche Verhaltensänderungen.
8. Das Gleichnis von den Arbeitern im Weinberg auf S. 200 wird in der Volkswirtschaft oft im Zusammenhang mit „ökonomischer Gerechtigkeit“ zitiert. Lesen Sie den Text und erörtern Sie ihn aus heutiger Sicht.

Stichwortverzeichnis

A
Absatz *32*
- direkter *32*
- indirekter *32*

Abschreibungen *30*
Abschwung (Rezession) *130*
Abwertung *145*
Abzahlungsdarlehen (Ratendarlehen) *57*
Akquise *70*
Aktien *179*
Aktienfonds *180*
allgemeine Geschäftsbedingungen *102*
Altersvorsorge *175, 183*
- betriebliche *185*
- private *188*

Angebot *115*
- aggregiertes *108, 109*

Angebotskurve *113*
Anlageformen *178*
Anlagemotive *181*
Anlagevermögen *49*
Anlaufkosten *49*
Anleihen *180*
Annuitätendarlehen *57*
Anspruchsgruppen *194*
Äquivalenzprinzip *152*
Arbeitgeberverbände *96*
Arbeitsbewertung *70*
Arbeitskampf *98*
Arbeitslosenquote *136*
Arbeitslosenversicherung *154*
Arbeitslosigkeit *137*
Arbeitsmarkt *136*
Arbeitsrecht
- kollektives *96*

Arbeitsstättenverordnung *34*
Arbeitsvertrag *73*
Assessment-Center *72, 73*
Aufbauorganisation *66*
Aufschwung (Expansion) *130*
Aufwertung *144*
Ausbildungsförderung (BAföG) *154*
Ausnahmeprinzip *80*
Außenbeitrag *125*
Außenbeitragsquote *141*
Außenfinanzierung *55*
außenwirtschaftliches Gleichgewicht *121, 122, 141*
Aussperrung *98*
Auswahlverfahren *72*

B
BAföG *154*
Banknoten *160, 161*
Bargeld *160, 161*
bargeldlose Zahlung *162*
Bargeldzahlung *160*
Baunutzungsverordnung *34*
Bausparen *178*
Bedarfsprinzip *154*
Beiträge *103*
berufsständische Versorgung *185*
Beschäftigungspolitik *137*
Beschäftigungsstand, hoher *121, 136*
Beteiligungsfinanzierung *55*
Betriebsrat *84*
Betriebsvereinbarungen *97*
Betriebsverfassungsgesetz (BetrVG) *73, 74*
Beurteilungsmethoden zur Bewerberauswahl *73*
Bewerbungsunterlagen *71*
Bezugskalkulation *29*
Bezugskosten *29*
BIC (Business Identifier Code) *171*
Bilanz der Erwerbs- und Vermögenseinkommen *143*
Bilanz der laufenden Übertragungen *143*
BIP (Bruttoinlandsprodukt) *123, 125, 126, 127*
Bonität *54*
Bonitätsprüfung (Kreditwürdigkeitsprüfung) *54*
Boom (Hochkonjunktur) *130*
Bruttoinlandsprodukt (BIP) *123, 125, 126, 127*
Bruttoinlandsprodukt (BIP) zu Marktpreisen *124*
Bruttonationaleinkommen *126*
Bruttosozialprodukt *126*
Bruttowertschöpfung *124*
Buchgeld *140*
Bürgschaft *62*
Businessplan (Gründungsplan) *13*

C
Chancengerechtigkeit *200*
CO_2-Bepreisung *151*
CO_2-Bilanz, persönliche 206
CO_2-Fußabdrücke von Lebensmitteln *207*
CO_2-Steuer *151*
Coronapandemie *202*
Corporate Social Responsibility (CSR) *196*

D
Darlehen *56, 57*
Dauerauftrag *171*
Debitkarte *162, 163*
Deflation *138*
Delegieren *77, 78, 80*
demografischer Wandel *184*
Depression (Tiefstand) *130*
Deutsche Bundesbank *161*
Devisenbilanz *142*
Dienstleistungsbilanz *143*
Direktversicherung *185, 187*
Direktzusage *187*
Distributionspolitik (Vertriebspolitik) *27, 28, 32*
Diversifikation *182*
Doppelbesteuerung *184*

E
eEPK (erweiterte ereignisgesteuerte Prozesskette) *17*
Ehegattensplitting *153*
Eigenfinanzierung *55*
Eigentumsvorbehalt *62*
Einkommen
- verfügbares *176*

Einkommens- und Vermögensverteilung
- gerechte *152*

Einkommensverteilung *154, 155*
Einlagenfinanzierung *55*
Einstellung *73*
Einzelkosten *30*
Einzelunternehmen *38*
Elterngeld *153*
Emissionshandel *151*
Emissionszertifikate *151*
Emittent *180*
Energiesteuer *150*
Entgeltumwandlung *185, 186*
Entrepreneur *11*
Entscheidungsbewertungstabelle *34, 72*
Entstehungsrechnung *123*
Erderwärmung *204*
Erhalt einer lebenswerten Umwelt *146, 148*
Erhard, Ludwig *92*

erweiterte ereignisgesteuerte Prozesskette (eEPK) 17
ERP (European Recovery Program) 61
Ethik 192
Europäische Zentralbank (EZB) 140
European Recovery Program (ERP) 61
Exchange Traded Funds (ETF) 180
Expansion (Aufschwung) 130
externe (soziale) Kosten 149
EZB (Europäische Zentralbank) 140

F

Factoring 58, 59
Fahrtkosten 149
Fälligkeitsdarlehen (Festdarlehen) 57
Festdarlehen (Fälligkeitsdarlehen) 57
Festgeldkonto 178
Finanzausgleich 103
Finanzierung 48, 53
Finanzierungsanlässe 53
Finanzierungsarten 55
Finanzpolitik
- angebotsorientierte 134
- antizyklische 133, 135
- nachfrageorientierte 134

Fischer, Artur 11
Förderprogramme für Existenzgründer 60
Freihandel 91
Freiheitsrechte 94
Fremdfinanzierung 55, 56
Friedenspflicht 98
Friedensvertrag 97
Friedman, Milton 135
Frühindikatoren 132
Führungsmodelle
- eindimensionales Führungsmodell nach Robert Tannenbaum und Warren H. Schmidt 75
- ethische Führung nach Linda Trevino, Michael Brown und Pincus Hartman 78
- situatives Führungsmodell nach Paul Hersey und Ken Blanchard in Abhängigkeit vom „Reifegrad“ 77
- zweidimensionales Führungsmodell nach Robert R. Blake und Jane S. Mouton 76

Führungsstil 74, 75, 76, 78
Führungstechniken 74, 80
Führungsverhalten 74, 75
Fürsorgeprinzip 152
Fußabdruck, ökologischer 206

G

GbR (Gesellschaft des bürgerlichen Rechts) 40
Gebühren 103
Gegenwartsindikatoren 132
Geldabflüsse 52
Geldanlage 175, 176
Geldschöpfung 140, 141
Geldzuflüsse 52
Gemeinkosten 30
Gemeinkostenzuschlagssätze 31
Gemeinschaftssteuern 103
Generationengerechtigkeit 200
gerechte Einkommens- und Vermögensverteilung 146, 152
Gerechtigkeit 199
- Chancen- 200
- Generationen- 200
- Lohn- 200
- ökonomische 199
- soziale 200, 202

Gesamtangebot 108, 109
Gesamtnachfrage 108, 109
Geschäftsidee 10
Geschäftsprozess 17
Gesellschaft des bürgerlichen Rechts (GbR) 40
Gesellschaft mit beschränkter Haftung (GmbH) 42
Gesellschafterversammlung 44
Gesetz der Nachfrage 110
Gesetz des Angebots 110
Gesetz gegen den unlauteren Wettbewerb (UWG) 101
Gesetz gegen Wettbewerbsbeschränkungen (GWB) 101
gesetzliches Zahlungsmittel 160
Gewerbefreiheit 91
Gewerbeordnung (GewO) 102
Gewerkschaften 96
Gini-Koeffizient 155, 201
Giralgeld 140
girocard 163
giropay 169
Gleichgewicht, außenwirtschaftliches 121, 122, 141
Gleichgewichtspreis 111
Gleichheitsprinzip 154
GmbH (Gesellschaft mit beschränkter Haftung) 42
GmbH & Co. KG 45
Gold 181
Grundgesetz 94
Grundschuld 63
Gründungsberatung 14
Gründungshilfen 60
Gründungskosten 49, 50
Gründungsplan (Businessplan) 13
GWB (Gesetz gegen Wettbewerbsbeschränkungen) 101

H

Handelsbilanz 143
Handelskalkulation 29
Handelsregister 39
Handlungskosten 29
Happy Planet Index (HPI) 128
Hochkonjunktur (Boom) 130
Höchstpreise 116
Human Development Index (HDI) 128
Hypothek 63

I

IBAN (International Banking Account) 171
Immissionsschutzgesetz 34
Immobilien 179
Immobilienfonds 180
Inflation 138
Inflationsrate 139, 140
Innenfinanzierung 55
Integrationspolitik 202
Investitionen 49
Investmentfonds 179
Investorenethik 198

J

Job-Interview 73

K

Kalkulation 29
Kapitalbedarf 48, 50
Kapitalbedarfsplan 49, 51
Kapitalbilanz 142
Kapitalgesellschaften 38
Kartellabsprachen 101
kartengestützte Zahlungssysteme 162
Käufermarkt 20
Kaufkraft 138
Keynes, John Maynard 135
Keynesianismus 135
Kindergeld 153
Klimawandel 204
Kommunikationspolitik 27, 28
Kompetenzen 66
Konjunktur 129, 133
Konjunkturindikatoren 132
Konjunkturpolitik 133
- Geschichte der 135

Konjunkturtheorien 131
Konkurrenzanalyse 24
Konsumentenethik 197
Konsumentensouveränität 197
kontaktlose Zahlungssysteme 166
Kontokorrentkredit 56
Krankenversicherung 154

Kredit *56, 57*
Kreditfinanzierung *55*
Kreditkarte *165*
Kreditlinie *56, 57*
Kreditsicherheiten *62*
Kreditwürdigkeitsprüfung (Bonitätsprüfung) *54*
Kryptowährung *171*
Kundenanalyse *22*
Kündigung *75, 82*
- außerordentliche *83*
- innere *79*
- ordentliche *84*

Kündigungsfristen *84*
Kündigungsgründe *85*
Kündigungsschutz *86*

L

Lagerkosten *30*
Lastschrift *164, 171*
Leasing *58*
Leistungsbilanz *142, 143*
Leistungsbilanzdefizite *144, 145*
Leistungsbilanzüberschüsse *143, 145*
Leistungsprinzip *154*
Leistungswettbewerb *100*
Leitzinsen *140*
Liberalismus *91*
Lieferantenkredit *57*
Liquidität *52, 181*
Liquiditätsengpass *53*
Liquiditätsplan *52*
Liquiditätsplanung *52*
Lohngerechtigkeit *200*
Lohnnebenkosten *30*
Lohnquote *155*
Lorenz-Kurve *155*

M

Magisches Sechseck *146*
Magisches Viereck *120, 121*
Management by Delegation *80*
Management by Exception *80*
Management by Objectives *80*
Managerial Grid (Verhaltensgitter) *76*
Marketing *20, 21*
Marketingbegriff *20*
Marketingcontrolling *21*
Marketingkonzept *21*
Marketingmix *21, 27*
Marketingstrategie *21*
Marketingziele *21, 26*
Markt *106, 107*
- unvollkommener *111*
- vollkommener *110*

Marktanalyse *21*
Marktarten *107*
Markteingriffe des Staates *115*
- marktkonforme *115*
- marktkonträre *115*

Marktformen *107*
Marktmacht *100*
Marktsegmentierung *23*
Marktwirtschaft,
- freie *91, 93*
- soziale *89, 90, 92, 93, 96, 119*

Marx, Karl *92*
Mindestpreise *116*
Monetarismus *135*
Monopol *107*
Motivation *74, 75*
Münzen *161*

N

Nachfrage *115*
- aggregierte *108, 109*

Nachfragekurve *113*
nachgelagerte Besteuerung *188*
Nachhaltigkeit *148, 203*
- ökologische *148*
- soziale *148*

Nettoinlandsprodukt (NIP) *125*

O

Ökobilanz *205*
Ökologie *203*
ökologischer Fußabdruck *206*
Ökonomie *203*
Ökosozialprodukt *128*
Oligopol *107*
Online-Bezahlverfahren *168*
Organigramm *66*

P

PayPal *168*
Pensionsfonds *185, 187*
Pensionskasse *185, 187*
Personalauswahl *71, 73*
Personalbedarfsplanung *67*
Personalbeschaffung *70*
Personalfreisetzung *82*
Personalführung *74*
Personalmanagement *65, 66*
Personalsicherheiten *62*
Personalwesen *65, 66*
Personengesellschaften *38*
Pflegeversicherung *154*
PIN (Persönliche Identifikationsnummer) *163*
Planwirtschaft *92*
Polypol *107*
Portabilität *187*
Portfolio *182*
Preisbildung *108*
Preisbindung *116*
Preisniveau *138*
Preisniveaustabilität *121, 122, 138*
Preispolitik *27, 28*
Preissteigerung *138*
Produktanalyse *22*
Produktpolitik *27*

R

Ratendarlehen (Abzahlungsdarlehen) *57*
Realsicherheiten *62*
Rebound-Effekt *205*
Rechtsformen *37, 38*
Referenz *71*
Reifegrad *77*
Rendite *177, 181*
Renditeerwartung *181*
Rentenversicherung *184*
Restschuld *57*
Rezession (Abschwung) *130, 131*
Riester-Rente *188*
Risikostreuung *182*

S

Sachanlagen *49*
Schenkungsbilanz *143*
Schuldverschreibungen *180*
Selbstfinanzierung *55*
Selbstständigkeit *10, 11*
SEPA-Lastschrift *164*
Shareholder *194*
Shareholder-Value-Ansatz *195*
Sicherungsabtretung *63*
Sicherungsübereignung *62*
Skills *68*
- hard *68*
- soft *68*

Skonto *29*
Smith, Adam *91*
Social Justice Index *201*
Solidaritätsprinzip *152*
Sozialbindung *95*
soziale Gerechtigkeit *94*
soziale Sicherheit *94*
Sparbuch *178*
Sparen *176*
Sparkonto *178*
Sparquote *176*
Spätindikatoren *132*
Staatsverschuldung *103*
Stabilitäts- und Wachstumsgesetz *120*
Stabilitätsgesetz *120*
Stakeholder *194*
Stakeholder-Value-Ansatz *195*
Standortanalyse *32*
Standortfaktoren *33*
Standortwahl *34*
Start-up *11*

Stelle *66*
Stellenbeschreibung *66, 68, 69*
Stellenbesetzungsplan *68*
Stelleninhaber *66*
Stellenplan *68*
Steuern *102, 104*
Streik *98*
Streikarten *98*

T

Tagesgeldkonto *178*
TAN (einmal gültige Transaktionsnummer) *163*
Tarifautonomie *96, 97*
Tarifflucht *100*
Tarifrecht *96*
Tarifrunde *99*
Tarifverhandlungen *99*
Tarifvertrag *96, 97, 99, 100*
Tarifvertragsgesetz (TVG) *96, 97*
Tarifvertragsrecht *97*
Testverfahren zur Bewerberauswahl *73*
Teuerungsrate *139*
Tiefstand (Depression) *130*
Tilgung *57*

U

Übernahme eines bestehenden Unternehmens *11*
Überproduktionstheorie *131*
Übertragungsbilanz *143*
Überweisung *170*
Umlageverfahren *184*
Umlaufvermögen *49*
Umverteilung *102*
Umweltökonomische Gesamtrechnung (UGR) *128*
Umweltverbrauch *204*
Unterkonsumptionstheorie *131*
Unternehmensethik *193*
Unternehmensführung *46*
Unternehmensgründung *8*
Unternehmergesellschaft (haftungsbeschränkt) *44*
Unternehmerpersönlichkeit *16*
Unterstützungskasse *187*
Unverfallbarkeit *187*
Urabstimmung *99*
UWG (Gesetz gegen den unlauteren Wettbewerb) *101*

V

Vakanz *71*
Venturecapital-Gesellschaften *60*
Verantwortung *66*
Verbraucherdarlehensvertrag *58*
Verbraucherpreisindex *139*
Verdienstunterschiede zwischen Frauen und Männern *201*
verfügbares Einkommen *176*
Verhaltensgitter (Managerial Grid) *76*
Verkäufermarkt *20*
Verkaufskalkulation *29*
Verkehrsgleichung *138*
Versicherungsprinzip *152*
Versorgungsprinzip *153*
Verteilungsgerechtigkeit *152*
Verteilungsprinzipien *154*
Verteilungsrechnung *125*
Vertriebspolitik (Distributionspolitik) *27*
Verursacherprinzip *150*
Verwendungsrechnung *124*
Volkseinkommen *125, 155*
Volkswirtschaft *91*
Volkswirtschaftliche Gesamtrechnung (VGR) *123*
Vorstellungsgespräch *73*

W

Wandelanleihen *181*
Warenkorb *139*
Warnstreik *99*
Wettbewerb *100*
Wettbewerbsintensität *100*
Wettbewerbspolitik *100, 101*
Wirtschaftsethik *191, 192*
Wirtschaftsordnung *90, 91*
Wirtschaftspolitik
- angebotsorientierte *134*
- antizyklische *133, 135*
- nachfrageorientierte *134*

Wirtschaftswachstum *121, 122, 123, 126, 146*
Wohlfahrtsstaat *156*
Wohlstandsindikator *127*
Wohlstandsminderung *127*
Wohlstandsteigerung *127*
Wohngeld *154*

Z

Zahlung
- bargeldlose *162*

Zahlungsbilanz *142*
Zahlungsmittel
- gesetzliches *160*

Zahlungssysteme
- kartengestützte *162*
- kontaktlose *166*

Zahlungsverkehr *159*
Zentralverwaltungswirtschaft *92, 93*
Zielgruppe *22*
Zielharmonien *122*
Zielkonflikte *122, 146, 181, 196*
Zielvereinbarungen *80, 81*
Zinsen *57, 177*
Zuschlagskalkulation *30*

Bildquellenverzeichnis

Cover (Foto) Shutterstock.com / aurielaki
S. 8-9 Shutterstock.com / Khakimullin Aleksandr; **S. 10** Shutterstock.com / Dusan Petkovic; **S. 11** Artur Fischer: "Spreizdübel". Deutsches Patentamt: Patentschrift 1 097 117 (13. Juli 1961); **S. 12** Shutterstock.com / stockfour; **S. 13** Shutterstock.com / Rawpixel.com; **S. 15** Shutterstock.com / Drazen Zigic; **S. 17** Cornelsen / Claudia Hild; **S. 18** Cornelsen / Claudia Hild; **S. 20** Shutterstock.com / PH888; **S. 21** stock.adobe.com / chinnarach; **S. 23** Shutterstock.com / Altrendo Images; **S. 24** Shutterstock.com / eamesBot; **S. 26** Shutterstock.com / Fouaddesigns; **S. 28** Shutterstock.com / McLittle Stock; **S. 29** Shutterstock.com / stockfour; **S. 30** Shutterstock.com / CharacterFamily70; **S. 31** stock.adobe.com / bnenin; **S. 32** Shutterstock.com / New Africa; **S. 33** Bergmoser + Höller Verlag AG, Aachen; **S. 34** stock.adobe.com / Takahiro; **S. 37.1** Shutterstock.com / Iryna Inshyna; **S. 37.2** Statista.com; **S. 38** Cornelsen / Vitaledesign; **S. 39** Shutterstock.com / Kite_rin; **S. 40** Shutterstock.com / fizkes; **S. 41** Shutterstock.com / Photology1971; **S. 42** Shutterstock.com / naum; **S. 43** Bergmoser + Höller Verlag AG, Aachen; **S. 44** Shutterstock.com / Farknot Architect; **S. 46-47** Shutterstock.com / Overearth; **S. 48** dpa Picture-Alliance / dpa-infografik; **S. 49** Shutterstock.com / MathieuLphoto; **S. 50** Shutterstock.com / Vintage Tone; **S. 53** Shutterstock.com / Andrey_Popov; **S. 54** Shutterstock.com / Golden Sikorka; **S. 55** stock.adobe.com / Thomas Weißenfels; **S. 57** Shutterstock.com / fizkes; **S. 58** Shutterstock.com / create jobs 51; **S. 59** Shutterstock.com / Panchenko Vladimir; **S. 60** stock.adobe.com / Konstantin; **S. 61** Cornelsen / Erfurth Kluger Infografik GbR; **S. 63** Cornelsen / Claudia Hild; **S. 64** Cornelsen / Claudia Hild; **S. 65** Shutterstock.com / STEKLO; **S. 66** Shutterstock.com / fizkes; **S. 68** Shutterstock.com / GaudiLab; **S. 69** Shutterstock.com / Pressmaster; **S. 73** Shutterstock.com / fizkes; **S. 75** Shutterstock.com / fizkes; **S. 77.1** Cornelsen / Straive; **S. 77.2** Shutterstock.com / GaudiLab; **S. 79** Shutterstock.com / Nadia Snopek; **S. 81** Shutterstock.com / Vectors Bang; **S. 82.1** Shutterstock.com / DC Studio; **S. 82.2** stock.adobe.com / Wolfgang Filser / Wolfilser; **S. 83** stock.adobe.com / Coloures-Pic; **S. 88-89** Shutterstock.com / Champ008; **S. 90** mauritius images / SZ Photo Creative; **S. 93** stock.adobe.com / HBS; **S. 95** Shutterstock.com / nitpicker; **S. 98** mauritius images / Michael Weber; **S. 99** dpa Picture-Alliance / dpa-infografik; **S. 100** dpa Picture-Alliance / dpa-infografik; **S. 102** Shutterstock.com / MakroBetz; **S. 104** Imago Stock & People GmbH / Panthermedia / xRallefx Panthermedia13575082; **S. 106** Imago Stock & People GmbH / Horst Rudel\r; **S. 107.1** Shutterstock.com / Ev Thomas; **S. 107.2** Shutterstock.com / Kwangmoozaa; **S. 107.3** Shutterstock.com / S-F; **S. 109** Shutterstock.com / Tricky_Shark; **S. 111** Shutterstock.com / tilialucida; **S. 112** Shutterstock.com / YRABOTA; **S. 116** Shutterstock.com / Dean Drobot; **S. 118-119** Shutterstock.com / eamesBot; **S. 120** Cornelsen / Straive; **S. 121** Cornelsen / Erfurth Kluger Infografik GbR; **S. 122** Shutterstock.com / wan wei; **S. 123** dpa Picture-Alliance / dpa-infografik; **S. 124** Cornelsen / Erfurth Kluger Infografik GbR; **S. 126** Shutterstock.com / stoatphoto; **S. 128** Shutterstock.com / suesse; **S. 129** Cornelsen / Straive; **S. 130** dpa Picture-Alliance / dpa-infografik; **S. 131** Shutterstock.com / eamesBot; **S. 133** Shutterstock.com / mapman; **S. 134** Shutterstock.com / Vector Juice; **S. 136** Cornelsen / Erfurth Kluger Infografik GbR; **S. 140** dpa Picture-Alliance / dpa-infografik; **S. 142** dpa Picture-Alliance / dpa-infografik; **S. 145** Shutterstock.com / MOLPIX; **S. 146** Cornelsen / Erfurth Kluger Infografik GbR; **S. 147** Shutterstock.com / Yuriy Golub; **S. 148** Cornelsen / Erfurth Kluger Infografik GbR; **S. 150** dpa Picture-Alliance / dpa-infografik; **S. 151** dpa Picture-Alliance / dpa-infografik; **S. 152** Shutterstock.com / SewCream; **S. 153** Shutterstock.com / fizkes; **S. 154** Shutterstock.com / Jacob Lund; **S. 155** Cornelsen / Claudia Hild; **S. 156** Shutterstock.com / eamesBot; **S. 157** dpa Picture-Alliance / dpa-infografik; **S. 158-159** Shutterstock.com / Alex SG; **S. 160** Shutterstock.com / Nancy Beijersbergen; **S. 161** Shutterstock.com / Alex SG; **S. 162** dpa Picture-Alliance / dpa-infografik; **S. 163.1** Shutterstock.com / davidhirjak; **S. 163.2** © Visa 2022; **S. 164.1** Shutterstock.com / Jacob Lund; **S. 164.2** HDE – Handelsverband Deutschland; **S. 165** Shutterstock.com / ADragan; **S. 167** Shutterstock.com / Rido; **S. 168** PayPal (Europe), PayPal.com; **S. 169** paydirekt GmbH; **S. 170** stock.adobe.com / MG / Stockfotos / Stockfotos-MG; **S. 172** Shutterstock.com / Chinnapong; **S. 174-175** Shutterstock.com / anon_tae; **S. 176** Shutterstock.com / Romolo Tavani; **S. 177** dpa Picture-Alliance / dpa-infografik; **S. 178** Shutterstock.com / namtipStudio; **S. 179** Shutterstock.com / wavebreakmedia; **S. 180** Shutterstock.com / Foxy burrow; **S. 181** Shutterstock.com / eamesBot; **S. 182** Shutterstock.com / Piscine26; **S. 184** dpa Picture-Alliance / dpa-infografik; **S. 188** Shutterstock.com / insta_photos; **S. 190-191** Shutterstock.com / 3rdtimeluckystudio; **S. 193** Shutterstock.com / NDAB Creativity; **S. 197** Shutterstock.com / Prostock-studio; **S. 198** Shutterstock.com / Nelosa; **S. 199.1** Shutterstock.com / Pixel-Shot; **S. 199.2** dpa Picture-Alliance / dpa-infografik; **S. 201** dpa Picture-Alliance / dpa-infografik; **S. 203** Shutterstock.com / A3pfamily; **S. 204** Shutterstock.com / FotoIdee; **S. 205** stock.adobe.com / Parradee; **S. 206** dpa Picture-Alliance / dpa-infografik; **S. 207** dpa Picture-Alliance / dpa-infografik